Овладение мудростью – ваш путь к полноценной жизни

Овладение мудростью

Ваш путь к полноценной жизни

Я Джей Наяк

Индия
2023 год

СОДЕРЖАНИЕ

Глава 1 ВВЕДЕНИЕ: Наша эпоха

Я слушатель ради жизни. Я ищу мудрости и красоты, а также голосов, которые не кричат, чтобы услышать. В книге рассказывается о некоторых аспектах того, что

Я извлек уроки из того, что превратилось в разговор, охватывающий поколения, время, дисциплины и религиозные конфессии.

Приключение началось, когда век изменился, и он вырос и изменился. На этих страницах я сосредоточен на аспектах, присущих жизни, которые застали меня врасплох, разрушив мои убеждения. В последующих абзацах я попытался продемонстрировать, как мои идеи воплощались в жизнь посредством разговора, между изящным умом и жизнью. Я столкнулся с взаимосвязанностью в своих произведениях как с картой мудрости относительно нашего меняющегося мира. Это написанная словами дорожная карта огромной территории, по которой мы все вместе находимся. Это набор указателей, которые воспринимают края так же серьезно, как и многолюдный центр. Потому что перемены всегда были на задворках истории человечества, и они происходят прямо сегодня. Изменения сейсмической среды повседневной жизни, а они происходят и в мире геофизической науки, начинаются в трещинах и пространствах.

Этот захватывающий и ослепительный век раскрывает фундаментальные вопросы, которые, как думал двадцатый век, он разрешил. Вопросы, которые мы задаем, одновременно глубоки и цивилизационные, определяя определения времени зарождения жизни и времени ее начала.

Смерть случается, о значении семьи и брака, а также о значении идентичности; нашего отношения к природе; нашей связи с технологиями, а также наших связей через технологии. Интернет на заре своего существования изменил наше представление о творчестве и руководстве, а также о том, как быть его частью. Это приводит нас в эпоху Реформации, однако на этот раз это касается всех наших институтов одновременно, включая образовательные, политико-экономические, религиозные и так далее. Самое интересное и сложное в данный момент то, что мы осознаем, что старые структуры не работают. Мы пока не можем определить, как будут выглядеть будущие формы. Мы придумываем их в «реальном времени»; мы даже переосмысливаем концепцию времени.

Человечество впервые начало смотреть на себя изнутри с глобальной точки зрения в период, который иногда называют осевой эпохой, то есть за несколько столетий до того, как середина тысячелетия стала нашей эрой. В полностью разобщенных культурах альтернативного мира перемен Конфуций родился в Китае, а Будда искал просветления. Платон и Аристотель рассматривали душу и разум, в то время как еврейские пророки начали писать идею о рождении народа Божьего. Стремление к внутреннему миру началось в контексте шокирующей идеи о том, что благополучие тех, кто находится за пределами племени и родственников — сироты, чужака, а также обездоленных — связано с благополучием отдельного человека. Человечество озвучило вопросы, которые сформировали мир религии и философии со времен «Что значит быть человеком?». Что самое важное в жизни? Что наиболее важно учитывать при смерти? Что мы можем сделать, чтобы служить нашим собратьям и миру?

Вопросы возрождаются и переформулируются во времена постоянно растущей взаимозависимости с далекими незнакомцами. Вопрос о том, кем быть человеком, становится неразрывно связанным с вопросом о том, как мы определяем себя по отношению к каждому из наших собратьев. У нас есть богатое понимание и мудрость инструментов, как физических, так и духовных, для решения этой задачи. Мы наблюдаем, как наши технологии становятся все более продвинутыми, и с трепетом думаем об их способности быть сознательными. В любое время в нашем разуме есть потенциал стать разумным. Мудрость обогащает наш интеллект, расширяет сознание и ускоряет сам процесс эволюции.

Духовные и религиозные традиции принесли мудрость сквозь время, даже в напряженной обстановке они могут быть искажены и превращены в пародии. Когда я говорю об этих вещах, я имею в виду места, которые уделяют нашей человечности самое пристальное внимание, не имеющее себе равных в других дисциплинах: наша способность быть любимыми и чувствовать удовольствие, наша способность саботировать и обманывать наших врагов, неизменность неудач. и неудача, желание служить. Меня восхищает глубокая проницательность в отношении надежды, которую порождает религия, ее преклонение перед недооцененной ценностью красоты и ее серьезность в отношении универсального человеческого опыта тайны.

Наша духовная жизнь — это места, где мы сталкиваемся с тайной нас самих и наших собратьев.

В последние несколько сотен лет мы боролись за то, чтобы положить конец тайне Запада, но вместо этого мы вновь подтвердили острые края реальности - решения, идеи и планы, а также фашизм, коммунизм и империализм капитализма, меняющиеся между ними. В наше мрачное и мрачное время мы возвращаемся к реальности, которая существует уже долгое время: человеческое состояние во всем его хаосе и великолепии является основой, на которой наши надежды и амбиции могут реализоваться или потерпеть неудачу. Старая поговорка «тот, кто не знает истории, обречен повторять ее» не совсем верна. Цикл истории повторяется до тех пор, пока мы по-настоящему и глубоко не осознаем нашу собственную историю. Сегодня хаотичная глобальная экономика предполагает, что вмешательство человека имеет место. То же самое относится и к непогоде. Терроризм, единственный «изм», оставшийся чванливым в мире после «холодной войны», является результатом человеческого отчаяния повсюду.

Я убежден в том, что моральное уравнение, созданное Эйнштейном, столь же радикально, как и его математические уравнения, хотя и гораздо менее известно. Эйнштейн начал свою жизнь с глубокой убежденностью в социальной пользе науки — коллективных космических усилий, которые должны преодолеть племенные конфликты и национальные границы. Затем он стал свидетелем капитуляции немецкой науки перед фашизмом. Он видел, как физики и инженеры-химики создавали устройства массового поражения. Он утверждал, что ученые в его время превращались в острое лезвие, находившееся в руках трехлетнего младенца. Он начал узнавать таких людей, как Ганди или Моисей, Иисус, Будда и святой. Франциска Ассизского, как «гениев искусства жизни». Он утверждал, что их таланты, являющиеся результатом «духовного гения», более важны для обеспечения человеческого достоинства, безопасности и счастья, чем объективные знания.

Моя работа научила меня тому, что духовные гении повседневной жизни окружают нас повсюду. Они на обочине и не имеют публициста. Они не на радаре и сломаны. То, как мы говорим о нашей повседневной жизни, становится все более удручающим. В моей профессии журналиста, где мы пытаемся создать нашу первую версию истории, мы используем наши самые аналитические способности для расследования недостаточности, коррупции, катастроф и неудач. В журналистике «новости» определяются как самые экстраординарные события дня, однако в большинстве случаев их интерпретируют как невероятно ужасные вещи, происходящие в мире. В информационном цикле 24 часа в сутки, 7 дней в неделю легко принять поток плохой информации за нормальную реальность того, кем мы стали, и за проблемы, с которыми мы боремся как вид.

Однако наш мир наполнен красотой, смелостью и грацией. Я осознаю, что растет желание внести свой вклад, используя все имеющиеся в нашем распоряжении инструменты, в преобразование людей, которое может привести к социальным изменениям. Цифровая эпоха, хотя во многих отношениях это совершенно современный Дикий Запад, на фундаментальном уровне он представляет собой всего лишь экран, на котором мы показываем роскошь и возможности жизни во плоти и крови. Духовность развивается, и источники питания становятся все более доступными. Наука раскрывает знания о нашем мозге и теле, которые являются повседневной формой власти, которая может преодолеть разрыв между тем, кем мы являемся, и тем, кем мы хотим стать, как личности, так и люди. С помощью медицинских и социальных дисциплин мы развиваем совершенно новое понимание состояния человека. жизнеспособность и полнота.

Мы можем создать преобразующую, прочную новую реальность, став устойчивыми, преобразованными людьми. Речь идет о любовнике и любимом человеке, гражданине и политике, социальном предпринимателе и нуждающемся человеке. Это я, и это также означает вас.

* * *

Присутствовать – значит слушать. Это не значит оставаться на месте. Я общаюсь с другими людьми, которые разделяют мой опыт, а не только мои вопросы. Я научился быть благодарным за непредсказуемость пути, по которому прошла моя собственная жизнь, и за перспективы, которые мне были предоставлены. Это дало мне глубокие знания о маргинальных пространствах, которые на самом деле являются основой общества, и дало мне доступ к областям, где проявляется сила – потенциал идей и сила действия. У меня было понимание длинных дуг прошлого, которые являются источником вдохновения для того, что мы считаем кризисами, которые мы переживаем сегодня. Я узнал, откуда мы пришли и как мы пришли туда, где мы находимся.

Место моего рождения было ранним поздним вечером, когда стали известны результаты выборов 1960 года, в том году, когда Джон Ф. Кеннеди был избран президентом. Я вырос в Шони, штат Оклахома, маленьком городке в центре молодого штата, который находился между Америкой и где люди имели тенденцию забывать историю своего прошлого и оставлять в прошлом бич своих предков. Мои бабушка и дедушка по материнской линии ездили на своих повозках по старой индейской территории, чтобы создать свою жизнь с нуля в дикой пыли Оклахомы. Когда мне было три года, моего отца усыновила семья, которую я называла бабушкой и дедушкой. Для него и для нас это был всего лишь тонкий, хрупкий слой.

Я вырос с большим желанием, но не был уверен в том, для чего оно нужно, и понятия не имел о Вселенной за пределами Оклахомы или Техаса. Основным источником социального взаимодействия была Южная баптистская церковь, пастором которой был мой дедушка. Единственной книгой, которую мне приходилось изучать, была Библия, поэтому допоздна я часто боролся с огромными вопросами, которые она поднимала, а также с теми, которые, казалось, не разрешал. После этого я провел весь летний сезон в старшей школе в дебатных лагерях в Чикаго и встретил людей, которые помогли мне понять возможности светского мира. Один из них был готов на все, чтобы поступить в Университет Брауна, о котором я никогда не слышал, поэтому я тоже смог подать заявление. Поездка в Браун для меня была похожа на поездку на Марс. Я приехал и нашел одного из своих родителей, давно умершего президента, живущего в моей комнате в общежитии. Мир параллельных вселенных, другие планеты и те истории, которые я обожал в научной фантастике и которые ученые теперь считают серьезными, - так много о прыжке из Шони и Провиденса показалось мне идеальным.

Волнующие прыжки, какими бы захватывающими они ни были, по большей части тяжелы для существ. Дно ямы я теперь вижу, поскольку, когда я впервые испытал депрессию на втором курсе университета, я чувствовал себя ошеломленным всеми книгами, которые я никогда не читал, и местами, в которых я никогда не был. Я думал, что никогда не догоню своих одноклассников в этом уединенном мире. Однако я решил с головой погрузиться в возможности, которые теперь были в моем направлении. Я прошел курс немецкого языка, путешествовал по Европе, а затем отправился на Марс во второй раз: мне удалось провести семестр, участвуя в нереальной программе обмена в Ростоке, коммунистическом восточногерманском городе Росток, расположенном на Балтийское море.

В Ростоке я был захвачен – интеллектуально и эмоционально – разделением Германии в частности и мира в целом на коммунизм и капитализм, геополитическое Добро и геополитическое Зло. Я был очарован посланием середины 20-го века о том, что политическая арена находится там, где находятся все ключевые вопросы, и что существуют все законные решения. Я отбросил свои мысли о Боге и начал с уважением защищать мир через средства массовой информации и политическую систему.

После колледжа я учился в тихой западногерманской столице Бонне, а затем переехал в разделенный Берлин в качестве стрингера New York Times. Мне не гарантировали стабильный доход или какую-либо подпись. Но в Центральной Европе это было напряженное время, и я записывал истории по телетайпу в Восточной Германии и с помощью новых инновационных модемных технологий, пришедших с Запада. Через 18 месяцев я получил должность в Государственном департаменте, который, по сути, был правительственным органом в послевоенной системе четырех держав, действовавшей в

Стена была разрушена. Я занимался развитием отношений по всей Берлинской стене, и мне было поручено поддерживать их. Между теми, кто пересекал «внутреннюю немецкую границу» на протяжении восьмидесятых годов, наблюдалось распространение человеческих связей, когда защитники окружающей среды пробудились в результате человеческих взаимодействий и окружающей среды, которую они разделяли со своей церковью, искусством и политикой, сталкиваясь в увлекательной подрывной деятельности. пути; молодые люди, достигающие совершеннолетия, - мир коммунистической пропаганды днем и западного телевидения ночью. быть шизофреником, культурно сбитым с толку и взволнованным до предела понимания.

Мне посчастливилось получить интересную работу на Западе, и в конечном итоге я стал руководителем аппарата недавно назначенного американского посла, который был экспертом по ядерному оружию. Карьера, которую я создавал, была моим удостоверением личности. В Берлине я многому научился, что привело к совершенно другому карьерному пути, на котором я сейчас нахожусь. В те дни не было дискуссий о религии, духе или любом другом значении, не являющемся политическим. Однако геополитическая драма в тот момент и в том месте была экзистенциальной проблемой. В детстве меня завораживал этот азарт. Немецкая история представляла собой лабиринт слоев, столь напряженный для людей всех возрастов, с могучей, непоколебимой тяжестью. Его демоны присутствовали в каждой комнате, их выявляли и с ними постоянно боролись.

Что было для меня более убедительным в заключении, чем политика, которая доминировала в Берлине, так это масштабный социальный эксперимент, в который она превратилась. Город, в котором был один народ и общий язык, а история и культура были разделены на два совершенно противоположных мировоззрения и перспективы, которые прочно укоренились, когда я впервые приехал в Берлин. Меня восхищали люди с каждой стороны Стены, проходящей через середину и душу этого города. Однако меня привлекла отчаянная попытка сохранить рассудок в сторону Востока и Востока, где могла быть опасность, а моя жизнь и разум были более жизненными и полными энергии. Осознание этого потрясло мое представление о моем личном развитии и образовании и заставило меня осознать, что на Западе можно наслаждаться свободой и многим и жить уединенной жизнью. Для меня также было возможным «не иметь ничего» на Востоке и вести атмосферу интимности, красоты и достоинства.

Когда 9 ноября 1989 года, в мой двадцать девятый день рождения, Стена начала открываться, никто не мог себе представить, что она рухнет или что упадет железный занавес. Мы ограничиваем наше повествование об этих инцидентах сферой ракет, дипломатии и захватывающей харизмы Рейгана и Горбачева. Каждый из них сыграл важную роль в этой драме, как и окружавшие их стратеги и дипломаты. Однако они довели ситуацию лишь до определённого момента. Наконец Стена была разрушена шёпотом, а не с грохотом, и ужас разом исчез со всей страны. Я прошел или проехал через контрольно-пропускной пункт Чарли.

много раз, признавая при этом его абсурдность как источника авторитета. Вечером Стену разрушили, после оплошности чиновника во время пресс-конференции весь город весело прошел сквозь стену. К ним присоединились пограничники. Это действительно было так просто. В нашей жизни есть области, о которых мы не можем думать или даже рассмотреть, и которые предлагают больший потенциал для изменений, чем мы можем себе представить.

Мой опыт в Берлине начал подводить меня к тем вопросам, которые я задавал с тех пор. Как мы можем говорить с необузданными, жизненно важными, дающими жизнь и душераздирающими местами внутри нас, чтобы мы могли лучше понимать их и осознанно, практиковать уроки, которые они нам преподают, и использовать их мудрость в нашей совместной жизни?

Когда мне было за тридцать, я начал задумываться о богословии: оно предлагало разнообразную богословскую лексику и инструменты для постановки различных вопросов. Хотя публичное появление теологии во все времена ассоциировалось с абстрактными представлениями о Боге и битвами за Бога, я благодарен за ее богатую традицию борьбы с чрезвычайно сложной природой людей, их действий и человеческого существа. Он подчеркнул развитие черт, которые могли показаться подозрительными и набожными, но в то же время идеалистическими для моего молодого человека, трепетавшего перед богословием: целостность, превосходящая прогресс; надежда, превосходящая прагматичность; любовь за пределами реальной политики.

На последующих страницах написаны люди и голоса, способные увидеть эту возможность в нынешней трансформации, которую мы переживаем прямо сейчас. В этой книге масса стихов, поскольку они прекрасны и содержательны, а также из-за более глубоких мотивов, которые я буду исследовать. Там тоже много науки. Моя разговорная жизнь наполнена мудростью нейробиологов и физиков-биологов, а также нейробиологов, которые задают вопросы и делают открытия, проливающие свет на вопросы морали, которые когда-то были прерогативой философов и теологии.

Основой на этих страницах является язык, используемый для описания добродетели, возможно, это старомодный термин, но я обнаружил, что он притягивает молодых людей, которые мгновенно осознают необходимость конкретных дисциплин, которые преобразуют желание в действия. Наши религиозные традиции на протяжении веков воплощали в себе добродетели. Это не работа святых или героев, а инструменты для жизни профессионала. Это часть мудрости о человеческом поведении, которую нейробиология изучает с помощью новых образов и слов, которые мы можем практиковать. То, что мы делаем и чему учимся, мы трансформируем. То, что происходит с игрой на фортепиано или игрой в футбольный мяч, верно и для нашей способности исследовать мир разрушительным и бессмысленным или изящным и щедрым способом. Я смог увидеть положительные качества и

ритуалы как духовные техники, помогающие нам быть лучшими в крови и плоти, в пространстве и времени.

Есть определенные добродетели, которые сразу приходят на ум и могут стать результатом одного дня или всей жизни: любовь, прощение, сострадание. Именно тонкие изменения в мышлении и поведении позволяют добиться этого, отпуская сырье, из которого состоит наша жизнь.

Я структурировал свои мысли по пяти категориям основных элементов — фундаментальных аспектов повседневной жизни, которые, как я пришел к убеждению, являются основой мудрости. Мое понимание и опыт в этих вопросах полностью изменились.

Первый из них – слова. Мы потеряли веру в истинность фактов, которые могли бы предоставить нам всю историю или даже раскрыть нашим читателям всю правду о себе и мире. Нас часто маргинализируют и удивляют то, что в нашей повседневной жизни считается дискурсом. Слова, которые мы называем добродетелью, также подвергаются саботажу из-за чрезмерного использования и клише. Я исследую реальное значение, которое заключено в «мерцающих словах» в стихах писательницы Элизабет Александер. Я убежден, что можно выразить наши самые глубокие убеждения и страсти таким образом, который расширяет воображение, а не подавляет его. Я делюсь своим опытом о важности задавать больше вопросов. Сегодняшнему миру нужен самый яркий, преобразующий язык, который мы с вами могли бы создать. Мы можем немедленно начать разговоры, которые нам хотелось бы услышать, и рассказать историю нашего времени по-новому.

Третье относится к физическому. Тело — это место, где каждая добродетель существует или умирает, однако это имеет другое значение в моей жизни, чем для мира религии в моей юности. Последние научные исследования показывают, что исцеление и регенерация столь же осуществимы, как и раньше. Наши физические тела, когда мы учимся, являются больше, чем просто физическими. Они несут в себе боль, радость и воспоминания, а также нашу способность открывать и закрывать мир и друг друга. Между красотой, радостью и мудростью существует глубокая связь. И мы изучаем это снова на практике, начиная с выбора продуктов питания. Я пришел к выводу, что наша способность выйти за пределы самих себя – познать тайну или присутствовать перед другими – зависит от того, насколько полно мы погружены в свое тело со всеми его недостатками и изяществом.

Третий – любовь. Это единственная цель, которая достаточно велика, чтобы справиться с огромными человеческими взаимодействиями и проблемами 21 века. «Любовь» — это другое слово, которое немного (или более) разрушено. Мы часто забываем, что оно есть.

Мы называем это чем-то, частью чего мы можем быть и из чего можем быть. Это немного мудрости о человеческом состоянии и о том, на что мы способны, это свойство и образ жизни, которые мы едва начали открывать. Люди, которые на протяжении всей истории перемещали мир вокруг своей оси, призывали человечество принять любовь. Теперь мы должны более ревностно отнестись к этому вызову в нашей собственной жизни и научиться тому, что значит любить практичное, творческое и стойкое как социальное благо, а не только как частное благо. Речь идет уже не только о политике, как говорится, но почти все имеет гражданскую ценность. Куда бы я ни пошел, я слышу, как термин «любовь» упоминается как потребность в нашей совместной жизни. Я делюсь тем, что слышу о том, какой может быть любовь, когда мы боремся с проблемами расы и экономического благополучия. Наше растущее понимание работы мозга также является частью этой истории. Фантастический новый друг, позволяющий уйти от страха и заботы и понять нашу неотъемлемую принадлежность друг другу.

Четвертый элемент – это вера. Моя жизнь началась с обсуждения темы веры. Мои вопросы менялись по мере того, как менялась моя вера в начале 21 века. Мудрость духовного прошлого теперь доступна нам, как когда-либо прежде, и теперь мы можем выбирать, как строить свою собственную духовную жизнь. В некотором смысле это ведет к новому открытию самых глубоких аспектов традиции в интересах всей планеты. Мои мысли и опасения обогащаются беседами с физиками, а также появлением нерелигиозных людей. Парадоксальная природа связей, которые меня интересуют, заключается в том, как наши технологии открывают понимание того, что буквальный мир — это еще не все, что существует, а богатый словарный запас математиков и ученых обладает красотой и тайнами. Я считаю, что переживание тайны — это нормальный человеческий опыт, включающий в себя рождение, переживание любви и смерти. Повышенное понимание языка тайны и присущая ему добродетель задавать вопросы, выходящие за рамки неверия и убеждений, науки или веры, могут помочь нам с радостью воплощать в жизнь наши собственные личные истины и таланты, признавая при этом существование других. Я не знаю, как будет выглядеть религия через столетие, однако развитие веры изменит нашу жизнь к лучшему.

Пятое – надежда. Разговоры в моей жизни привели меня к новому определению значения надежды. Я определяю надежду как отличие от идеализма или оптимизма. Это не связано с принятием желаемого за действительное. Он отражает реальный мир на каждом шагу и обожает истину. Он непредубежден и трепетно относится к тьме, которая неизбежно вплетается в яркий свет мира и временами кажется, что побеждает его. Надежда, как и все добродетели, — это выбор, который со временем становится привычкой и трансформируется в духовную мышечную память. Это возобновляемый ресурс, который поможет вам прожить жизнь такой, какая она есть.

Не таким, каким мы хотим его видеть. Я опишу некоторые красивые лица и истории, которые я видел как часть повествования нашего века, и укажу на то, на что мы способны, как и в любой другой истории упадка и опасности.

Иезуит-палеонтолог Пьер Тейяр де Шарден вдохновил меня на эту работу, особенно когда я размышляю о надежде человечества. За свою жизнь он воспринял научную революцию, интеллектуальную строгость, а также захватывающее и обширное видение человеческого духа. «Интерпретация Вселенной, — писал он, — остаётся неудовлетворительной, если она не охватывает как внутреннюю, так и внешнюю сторону вещей, разум и материю». Когда выкапываете древнее ископаемое «пекинского человека» в Китае и представляете будущее человечества, раскапываете нашу современную душу и психику — только для того, чтобы выглядеть примитивными. Он предсказал, что мы охватим биосферу и ноосферу — область человеческого интеллекта, знаний и способности действовать. Он предсказал, что это будет похоже на Интернет. Он был убежден, что Интернет станет катализатором следующего этапа эволюции, а именно эволюции сознания и духа. Это грандиозное и захватывающее видение, позволяющее представить себе будущие ставки будущего, которые мы могли бы пережить прямо в настоящем.

Однако Тейяр верил в медленное и глубокое геологическое время, и мы тоже должны верить в это. Долгосрочный взгляд на время поможет нам восстановить понимание нашего собственного существования и мира вокруг нас. Мы все еще находимся на подростковой стадии нашего вида и еще не полностью обладаем своими способностями. Мир 21-го века похож на то, что мы имеем сейчас с мозгами подростков, крайне неровными, временами инновационными и творческими, а иногда опасными и разрушительными.

В Америке многие аспекты нашей общественной жизни больше подходят подростковому этапу, чем взрослой жизни. Мы не занимаемся тем, чему могут научиться взрослые, например, успокаиваемся и становимся менее эгоцентричными. Большинство средств массовой информации и политики ведут нас в негативном и нарциссическом направлении. Мы сводим большие моральные вопросы к «проблемам», упрощаем их до двух сторон и позволяем средствам массовой информации и политикам представлять их как противоречивые крайности. Однако большинство из нас не смотрят на мир таким образом, и мир устроен не так. Я не уверен, что существует что-то вроде культурного «центра» или что он вообще интересен, если он вообще существует. Но, как вдали от центра, так и в центре нашей жизни, у всех нас есть вопросы, на которые мы не отвечаем, а также немного очарованы нашими убеждениями. Эта книга для тех, кто хочет ответить на важные вопросы.

нашей жизни, которые способны думать и действовать смело, создавать новые реальности в мире, в котором мы живем в настоящем, и делать это охотно и радостно.

Я еще не встречал человека, который не умел бы найти чувство радости, когда это нелегко, и умел бы свободно улыбаться и смеяться даже над самим собой. Юмор находится на вершине списка моих добродетелей в сочетании со смирением и состраданием, а также способностью адаптироваться, когда это лучший выбор. Это добродетель, которая позволяет нам чувствовать себя более комфортно по отношению ко всем остальным добродетелям. Десмонд Туту, которого я считал бесспорным, верит, что у Бога есть врожденная способность смеяться. Наука помогает нам рассматривать юмор мозга как проявление творчества, формируя маловероятные связи и воспринимая эти связи с чувством энтузиазма. Поэтому я верю и надеюсь, что с этих страниц иногда можно будет услышать улыбку в голосе. Кроме того, я привожу сюда несколько голосов, небольшие отрывки разговоров, которые дополняют и формируют мои мысли, точно так же, как они постоянно происходят в моей работе и жизни.

Меня не шокирует мысль о том, что нелогичные и ужасающие вещи происходят в такой сложной вселенной, как наша, и шоу управляют разумные существа, подобные нам. Однако меня воодушевляет тот факт, что неожиданность — единственное, что остается постоянным.

Мы никогда не отвечаем и не контролируем ситуацию. Все будет не так, как мы себе представляли. Наши величайшие цели не будут достигнуты, как и худшие прогнозы. Меня восхищает захватывающая и искупительная истина, для которой каждый мой разговор является тонким напоминанием о том, что мы созданы вещами, которые заставляют нас ломаться. Само рождение — это победа в кровавом и опасном процессе. Ходьбе учатся только в тот момент, когда мы рискуем упасть, и это справедливо — с соответственно более сложной динамикой, на протяжении всей нашей жизни. Я слышал много вариаций на эту тему: борьба с болезнью, которая приводит к тому, что человек остается позади, и боль детства, которая приводит к призванию, к физической инвалидности, которая позволяет достичь полноты и осознания целостности мира. Есть ваши личные истории о драматических и повседневных моментах, когда то, что не удалось, стало прорывом к более глубокому пониманию вас и части дара, который вы предлагаете Вселенной. Именно здесь вы начинаете развивать мудрость.

То, что применимо к отдельным людям, справедливо и для каждого. Наши проблемы не более болезненны, чем разрушительные войны и депрессии прошлого столетия. Наши демографические, экономические и экологические проблемы действительно жизненно важны. Я считаю, что мы чувствуем это внутри наших тел, хотя эта история не основана на единстве контуров. Глобальный кризис и масштаб ставок, на которые мы играем, могут стать началом конца нашей цивилизации.

Мы это видели. Это может быть причиной того, что люди извращенно вынуждены брать на себя реальную работу, а именно эффективно и разумно решать проблемы человеческого состояния, а затем начинать его развивать.

Глава 2: СЛОВА: Поэзия существ

Я считаю, что это важный факт нашей жизни: слова важны. Это настолько очевидно, что мы можем упускать из виду это много раз в день. Слова, которые мы произносим, определяют то, как мы

знать наше собственное восприятие, то, как мы воспринимаем мир вокруг нас и что мы делаем с другими людьми. Со времен Бытия, через песни коренных народов Австралии, люди всегда понимали, что имя — это ключ к пониманию всего, что есть в жизни. Раввины прошлого понимали тексты, книги и сами буквы конкретных слов как живые существа. Слова – основа миров.

Мы сделали выбор, который в то десятилетие, когда я родился, был слишком малозначащим словосочетанием – слово «толерантность» – чтобы создать общество, в котором мы хотели бы жить сегодня. Мы открылись расовым различиям, которые существовали долгое время, отчетливым, но равным, и новому слиянию различных этнических групп, религий и убеждений. Однако толерантность не всегда приветствуется. Терпит, позволяет и потворствует. В медицинском лексиконе речь идет об ограничениях жизни в негативной среде. Толерантность была лишь первым шагом, сделавшим возможным плюрализм, а плюрализм, как и все другие концепции, является источником иллюзии контроля. Это не требует от нас беспокойства о незнакомцах. Он не требует от нас встречи, а также проявления любопытства друг к другу, прикосновения или удивления друг другом.

Вот несколько слов, которые мне нравятся, слова, которые выражают присутствие, а не являются средством достижения цели: питательные, назидательные, искупительные, смелые, щедрые, очаровательные, а также любопытные, предприимчивые, мягкие. Я начал свою профессиональную

Жизнь журналистов во многом напоминает работу со словами: 20-й век был временем кризиса и сдерживания, реальной политики. В то время и позже у нас были зарезервированы определенные слова, которые нам больше всего были нужны для нескольких боковых полосок новостей. Они были отброшены и стали клише. Мир – это странным образом разделенный вопрос. справедливость немного политическая. Меня не удивляет идея о том, что речь идет о «прославлении разнообразия», вознося его на высокий пьедестал, но игнорируя его беспорядочность и глубочайшие глубины. Я смешиваю слова повседневной жизни с социальной жизнью, поскольку за последние несколько поколений мы исказили наше восприятие общественной жизни, которое слишком узко сфокусировано на политической жизни. Я всегда быстро добавляю уточнения всякий раз, когда использую такие слова, как «вежливость» — такие слова, как внушающий трепет, например, такие слова, как «мускулистый» или «возбуждающий», — потому что можно быть слишком дружелюбным, вежливым и вежливым.

Слова — это всего лишь контейнеры на уровне, но это главное. Связь между значениями и словами напоминает синергию духовности и религии. Слова создаются людьми, ими манипулируют. Они отражают все наши несовершенства и недостатки. Они подавляют или преувеличивают истины, для передачи которых были созданы. Мы часто их ломаем и роняем. Они обновляются снова и снова.

Посмотрите этот диалог с писателем и Элизабет Александер.

Мы хотим чего. Мы ищем говорящих правду. Мы ищем истину. Постоянно много ерунды. Исполнение политических речей, речей, которые вы видите в новостях, не кажется ли вам часто так, будто над ними должен быть пузырь мысли, который говорит: «Что бы я действительно сказал, если бы у меня была возможность, это… ."

Элизабет Александер была поэтессой, написавшей стихотворение во время первой инаугурации Обамы, и входит в число моих лучших авторов, говорящих об отсутствии «официального языка и дискурса». Стихотворение, которое она сочинила и которое прочитала в Вашингтонском торговом центре в январе 2009 года, было о туманной удивительной игре слов и реальности. Я обратился к ней за беседой два года спустя, во времена политической эпохи, когда язык стал диким. Затем представитель Габриэль Гиффордс была ранена, а еще несколько человек были убиты во время ее смерти.

общественные собрания перед продовольственным магазином в Аризоне. Меня беспокоило то, что выступление с поэтом в эпоху национальной разрухи могло быть в лучшем случае немного наивным, а в худшем — наивным. Вместо этого это был поток той же радостной благодарности, которую я испытываю, когда поэзия входит в мою жизнь и требует, чтобы я позволил ей вторгнуться в мой разум.

Мы голодны и ждем возможности выучить новый язык, на котором сможем общаться друг с другом; это то, что называет Элизабет Александер.

Послушайте этот разговор между создателем и Элизабет Александр.

Я получаю так много каждый день как мама. Моим мальчикам сейчас 11 и 12 лет, и вы можете наблюдать, как дети чувствуют, когда их застают врасплох. Их также привлекает блестящий язык или отдельные слова, обладающие силой. Они попросят вас повторить мерцающее слово, если слышат это впервые. Это видно по их глазам.

Еще у нас есть маленький сын. Можете ли вы вспомнить какой-нибудь из этих терминов?

На самом деле, если бы они были здесь сегодня, им бы хотелось, чтобы их обманули и обманули. Люди иногда спрашивают меня, когда читают стихи, в которых есть «Я», которое кажется автобиографичным — людей интересуют детали. Что именно вам пришло в голову? Вы стали причиной этого? Я пытаюсь донести, что даже если я черпаю вдохновение из личного опыта, реальность стихотворения выходит далеко за рамки того, произошло оно на самом деле или нет. Что важно, так это скрытая истина, которую я считаю, — это сила поэзии.

Когда вы говорите, я думаю о написанном вами стихотворении «Ars Poetica #100: Я верю», особенно о таких фразах:

Поэзия – это то, что вы можете найти.

в грязи за углом

Послушай водителя автобуса, Боже.

В более мелких деталях единственный способ пройти через детали.

чтобы добраться отсюда на другую сторону.

Поэзия (и теперь моя вокализация растет)

Любовь – это не все, чем кажется. это все любовь, и любовь,

Сожалею о смерти собаки. скончался.

Поэзия (здесь я слышу свой голос громче всего)

Человеческие голоса – это голос человека.

Мы не представляем друг другу никакого интереса?

Поэтому я считаю, что суть этого стихотворения не в реальных событиях или происшествиях, которые произошли, а скорее в вопросе, действительно ли мы интересны друг другу? Для меня это не означает, какие туфли она носит, или что мне нравятся ее туфли или интересная работа. Это нечто большее. Являемся ли мы людьми, живущими в обществе? Общаемся ли мы друг с другом? Уделяем ли мы внимание друг другу? Хотим ли мы подружиться? Преодолейте то, что может быть огромной пропастью между людьми. Когда я смотрю на своих детей и думаю, хоть я и знаю вас, но не знаю, что у вас на уме. Однако я хочу знать своих детей настолько глубоко. Вот почему общение с близкими так эмоционально, однако я считаю, что это эффективный способ путешествовать по всему миру. Если мы не будем делать это на языке, который является точным, предельно и очень точным – не слишком изящным, но точным – действительно ли мы общаемся друг с другом?

* * *

Я начал изучать искусство беседы об фундаментальных фактах у монахов-бенедиктинцев из аббатства Св. Иоанна в Колледжвилле после того, как в середине 1990-х переехал в Миннесоту по одному из странных и незапланированных жизненных путей. Религиозная резкость, преобладавшая в американской жизни, находилась на пике своего развития.

токсичность, подогреваемая жаждой средств массовой информации к голосам, которые обеспечивают развлечение. Я только что закончил богословие и остро осознавал тот факт, что у нас крайне ограниченные знания и словарный запас, чтобы говорить о проблемах, важных публично. В 1960-х годах бенедиктинцы основали уединенный, но крупный институт для проведения «экуменических и культурных исследований». Идея о том, что католики и протестанты находятся в отношениях, была невообразимо смелым шагом. Это стало рассадником перекрестного религиозного оплодотворения во второй половине 20-го века.

У основателей экуменического учреждения диагностировали болезнь Альцгеймера. Некоторые просто постарели. Они попросили меня записать устный рассказ о том, что произошло и что произошло именно в этом месте. Многие жизни издалека вступили здесь в контакт, а затем повлияли на то, как их религия смогла установить отношения с религиозной противоположностью. В их число входили римско-католические и восточно-православные, пресвитерианские и назарейские святые и пятидесятники. Одним из них был известный президент евангелической семинарии, а также рукоположенный пастор-паулист Том Странски, который был связующим звеном Папы с некатолическими католическими наблюдателями во время Второго Ватиканского собора, а теперь руководил своим собственным Экуменическим институтом Тантур, местом, которое было местом христианского, еврейского и мусульманского взаимодействия посреди дороги, пролегавшей между Иерусалимом и Вифлеемом.

Связь между этими незнакомцами с религией была необычайной. Мой опыт, полученный в Берлине, стал прямым результатом того, что в нашей жизни произойдет больше изменений, чем мы можем себе представить. Все они остались такими же и пылкими в своих убеждениях, какими они были долгое время. И все же радость любопытства, уважения и восхищения, которую они получили в умах друг друга и во время путешествий, глубоко изменила мир. Это сделало доктрину более человечной. Это возродило понимание их собственных традиций, а также дало людям чувство удивления перед различными традициями, которые они приносят в мир. Они приняли эти новые способы мышления и интегрировались в свои дома и сообщества. Великий историк религии Мартин Марти сказал, что переход Америки от протестантского большинства к католическому большинству был одним из самых плавных переходов в истории человечества. В этой истории много глав, и та, что произошла в Колледжвилле, — лишь одна из них.

Отец Килиан МакДоннелл, монах из аббатства Св. Иоанна, основавший экуменический институт, после своего детства, проведенного в лесу в Южной Дакоте, был разъезжающим по миру богословским послом. «Это был не конец света», — говорил монах о городе, в котором был его дом.

"но ты мог видеть это оттуда." Это было десять лет спустя, после того, как я познакомился с ним, и когда ему исполнилось 70 лет, поэт стал довольно успешно публиковавшимся поэтом. Лично мне больше всего нравятся его работы:

Совершенство, Совершенство

Я довел это до совершенства.

Я положил свои сумки в машину,

Я выхожу отсюда.

Ушел.

Так же уверенно, как дождь

сделает тебя мокрым.

Совершенство будет вашим

в.

Это не роса

На траве лета

обеспечить свободу и зеленый цвет

радость.

Совершенство - это набухание

добродетель милосердия

Уизерс был в восторге от этого

рождение.

Когда война уже наполовину началась,

Холодная честность - это мысль

выиграть невозможно, это факт, что дает понять, что это не игра, признает

война.

Я отправил свое уведомление

вернул мне ключи,

Я подписал выходное пособие, я

покидать.

Некоторые предложения, которые я мог бы сделать:

Идеальная точеная форма

Потрясающий Давид Микеланджело

щурится,

Венера Милосская

не имеет оружия,

Колокол Свободы – это

треснул.

Отец Килиан и его семья научили меня искусству прятать смысловые слова в цветах и сложности туманного материала нашей жизни. Истина глубинная, как и язык добродетели, ускользает от формул. Это быстрый процесс ригидности, который может трансформироваться в абстракцию или клише. Однако, если вы примените к событию или опыту духовную перспективу, образ; запишите место, где оно закреплено в основе вашего существа, и это изменит то, как вы говорите об этом и других людей, которые слушают.

В Колледжвилле дискуссия по огромной, серьезной теологической проблеме началась с того, что она была сформулирована в виде вопроса, а затем предложено всем сидевшим за столом ответить на этот вопрос, используя рассказ о своей жизни. Что такое Бог? Молитва? Как лучше всего решить проблему зла? В чем суть христианской надежды? Я могу с вами не согласиться, поскольку оказывается, что это не мое мнение, но я согласен с тем, что вы испытали. Когда я понимаю, что вы пережили, мы с вами находимся в отношениях, осознаем сложность позиции друг друга и слушаем более открыто.

Различия во взглядах, вероятно, сохранятся, но они не определяют границы между нами.

В Сент-Джонсе у нас была возможность поделиться своими историями и услышать другие истории, а также провести несколько дней, чтобы изучить то, что мы узнали о поставленных вопросах «почему», «что дальше» и «ну и что», а затем обсудить их вместе. . Мне удалось сохранить фундаментальную мудрость этой модели и применить ее к разным местам и временам. Я сопровождаю людей, которые ходят взад и вперед к пересечению того, что они знают, кто они, их убеждения и образ жизни, и чему это может научить нас. Мой самый частый вступительный вопрос, будь то атеист или ученый, родитель, поэт, атеист или религиозный человек, звучит так: было ли в вашем детстве какое-то духовное или религиозное прошлое, независимо от того, как вы его определяете сейчас? ? Важно отметить, что это сильно отличается от менее очевидного и страшного вопроса, который я бы никогда не задал: расскажите мне о своей духовной жизни сегодня. Этот аспект, который мы личностны, как и все, что мы пытаемся объяснить, но это полная противоположность этим вопросам. Знающий писатель-квакер и учитель Паркер Палмер, мой любимый друг и наставник, сравнивает наши души с дикими животными, живущими в глухих лесах нашей психики, которые, столкнувшись с ними, скорее всего, убегут.

«Термин «душа» входит в число многих слов, которые волнуют многих из нас. У большинства людей, которых я нашел, есть история, которой они могут поделиться о духовных корнях своего детства. Этот простой вопрос побуждает к открытому и честное воспоминание, которое учитывает все нюансы, креативность и ясность, которые мы собрали в отношении концепции слова «душа» или «дух», оно пробуждает ту часть нас, на которую влияют нюансы уверенности, через опыт, мечты и страхи. Это место, где мы помним вопросы так же ясно, как и ответы, за которыми мы могли бы следить всю жизнь, и где при соответствующем поощрении мы можем поделиться с другими людьми. поза, которая является более созерцательной и менее формальной, чем та, которую мы обычно представляем в глазах других, и естественным образом ведет прямыми или скользкими путями к источнику любопытства, которое перерастает в страсть взрослой жизни и призвание.

Я слышал ответы, обобщенные одним словом, а затем продолжали говорить: «любовь» и «одиночество». Многое из того, что люди говорят о религии своей юности, основано как на ее отсутствии, так и на ее присутствии. Например, мать водила семью в церковь, а папа оставался дома, чтобы читать газету. Имя отца, читающего газету, вплетено в ткань будущих религиозных размышлений, как и любой другой ритуал в стенах религии. Я разговаривал с учеными, которые рассказывают о своих открытиях о том, что математика может объяснить цветовые узоры на поверхности нефтяного пятна, а также о движении звезд, и о том, как это открытие внушало трепет и наполняло их ощущением основной цели, которая было трансцендентно, что это была возможность открыть, как работает Вселенная и как мы вписываемся в нее. У меня был разговор с нейропсихологом, который, будучи начинающим волонтером Специальной Олимпиады, начал ломать голову над концепцией того, что делает разум уникальным и красивым. Я имел удовольствие познакомиться с тибетским буддийским монахом французского происхождения и страстным фотографом, который начал свою карьеру атеистом и молекулярным биологом. Его жизнь изменилась благодаря изображениям лиц монахов, которые он увидел, изображениям, которые открыли удивительную модель прекрасного , гармоничная и сияющая жизнь.

Существует множество приятных, фундаментальных и животворных мотивов для открытия силы личных повествований во всех аспектах средств массовой информации и нашей культуры. Искусство разговора, о котором я здесь говорю, связано с искусством разговора, но оно тонкое и имеет другое направление: мы делимся своими историями с целью понять, кто мы есть и кем мы хотели бы стать. Я считаю, что каждая великая история начинается со стимулирующего обмена мнениями, в котором мы можем участвовать друг с другом: в чем вопрос? Как

Как это влияет на то, как вы смотрите и живете? Какие последствия это имеет для того, как я думаю и живу? Я верю, что мы можем пойти дальше и использовать слова с большей силой и рассказать историю нашего времени по-новому.

Одним из моих любимых примеров этого является предыдущий разговор, которым я поделился с мудрой женщиной и врачом Рэйчел Наоми Ремен. Ее слова изменили мой способ передвижения по миру, и с тех пор я никогда не оглядывался назад. Она начала подвергать сомнению процесс лечения рака, а затем и предмет медицинского образования, осознав, что каждая болезнь — это история. У человека диагностируют рак, диабет или заболевание сердца, однако специфика жизни человека делает каждый случай онкологического заболевания сердца или диабета уникальным, а каждое лечение – особенным. Когда я размышлял о духовных последствиях ее существования, она поделилась историей о своем дедушке-хасиде, раввине, а также о дне рождения мира – предыстории мощных и требовательных еврейских указаний «исправить мир». "

Посмотрите этот диалог между автором и Рэйчел Наоми Ремен.

Эта история была моим подарком самому себе на день рождения. Вначале все, что было, было Эйн Соф, источником всей жизни. На протяжении истории и в определенный момент времени мир, который представляет собой вселенную тысячи вещей, возник из глубин священной тьмы, как огромный луч света. Затем, возможно, из-за того, что это история еврейской сказки, произошла авария и сосуды, которые держали в себе все светила этого мира и всю вселенную, развалились. Весь мир, как и этот сияющий свет во Вселенной, был рассыпан на миллион фрагментов света. Они попали в разные люди и события, поэтому до сих пор остаются неясными.

По словам моего отца, у всего человечества есть реакция на эту катастрофу. Мы здесь, потому что у нас есть способность видеть скрытый свет внутри всего и каждого, поднимать его и раскрывать во времени, и тем самым восстановить первоначальную полноту вселенной. Его

важная история в наше время. Эта миссия известна как «тиккун олам», что на иврите. Это процесс восстановления мира.

Это, конечно, работа группы. Это коллективное усилие, в котором участвуют все, кто родился, и все живущие люди, и все, кто еще родился. Мы все целители в этом мире. Эта история дает нам ощущение возможностей. Речь идет не о реабилитации мира путем оказания значительного воздействия. Речь идет об исправлении мира вокруг вашей жизни и вокруг вас.

Мир, который вам близок.

Вот в чем наша сила. Ага. В это время многие чувствуют себя беспомощными.

Верно. Однако когда вы ни с того ни с сего употребляете фразу «исцелить мир», «исцелить мир», это похоже на сон или мечту, которая совершенно недостижима.

Это старая история, берущая свое начало в 14 веке и представляющая собой новый взгляд на нашу власть. Я думаю, что это может стать решающим фактором в наших нынешних обстоятельствах, и это решающий фактор. Я не из тех, кто политически настроен в обычном смысле этого слова, однако я считаю, что все мы чувствуем себя недостаточными, чтобы изменить мир к лучшему, и мы должны стать богаче. , более могущественные, или более образованные, или отличающиеся от людей, которыми мы являемся. Согласно этой сказке, это именно то, что требуется. Интересно немного подумать: а что было бы, если бы мы были именно тем, что требовалось? Что случилось бы? Что бы я сделал, если бы я был именно тем, что необходимо для исцеления мира?

Я рассказала своему семилетнему сыну эту историю о сотворении Вселенной, а также об искрах и святом воздухе, которые вылетали из нее. Он выслушал так внимательно, а затем заявил: «Мне это нравится».

Мне рассказали эту историю. Мне рассказали эту историю, давайте посмотрим на нее, около 63 лет назад. И моя реакция на это была такой же. Вот что очень важно в историях. Они касаются чего-то человеческого внутри наших тел и могут оставаться неизменными. Возможно, именно поэтому самая важная информация передается через истории. Это то, что объединяет культуры. У каждой культуры есть своя история, и каждый, кто является ее частью, разделяет эту историю. Мир состоит из историй, а не из фактов.

Хотя мы можем выдумывать собственные факты, нам все равно нужно помочь нам собрать воедино истину.

На самом деле, факты говорят о многом, если вы хотите видеть это именно так. Факты включают, например, то, что я болею болезнью Крона в течение последних 52 лет. Я перенес восемь серьезных операций. Однако это ничего не говорит вам о моей истории и о том, что произошло со мной в результате нее. Каково это — иметь такое состояние и открыть в себе силу человеческого бытия. Когда происходит такой кризис, как 11 сентября, вы видите, что все Соединенные Штаты обратились к этим историям? В том районе, где я был, что происходило, что происходило внутри этих домов, какова была судьба тех, кто входил в состав жильцов домов. Только так мы можем понять мир, пересказывая истории. Есть большая вероятность, что в этом районе были убиты несколько человек. Истории говорят об удивительности человеческого существа и его хрупкости.

Я считаю, что вы создаете интригующий контраст, указывая на то, что в нашем обществе существуют всевозможные истории, формы развлечений и информации, однако эти истории всегда будут иметь начало и конец. Вы также говорите, что истории в нашей жизни, истории, которые рассказывают нам, как они используются в нашей жизни, требуют времени. Настоящие истории требуют времени.

Есть звучное высказывание о том, что иногда для жизни нам нужно нечто большее, чем просто еда. Они сообщают нам о том, кем мы являемся.

какие у нас планы и о чем можно спросить. Кроме того, они напоминают нам, что мы не единственные, кто сталкивается с нами. Если я говорю, что история не закончена. Например, часть истории рассказывает вашему ребенку историю о рождении всего мира. Это тоже часть истории моего деда, не так ли? Ваш сын не имел удовольствия познакомиться с человеком, который был моим отцом, однако, возможно, мой дедушка каким-то образом вмешается в его жизнь. Это может произойти в небольшом количестве или не произойти, я не уверен, и все же, таким образом, нельзя сказать, что история когда-либо может быть завершена.

Проблема с сырыми субстанциями духа в том, что они постоянно меняются. То, как вы смотрите на прошлое, зависит от того, что вы способны увидеть сегодня. До этого я много писал, и мог бы начать свой ответ на вопрос о духовных корнях моей жизни с рассказа о жизни моего деда-проповедника из южных баптистов и его влиянии на меня. На этих страницах будет много информации о человеке. На этом этапе моей жизни я остро осознаю, что потеря моего отца чувства истории своей семьи была духовной основой его ранних лет и была огромной черной дырой, которая находилась в моем сердце. Это отличная аналогия, когда можно сказать, что время и пространство схлопнулись друг на друга. Не было света, чтобы можно было войти или выйти. Его забрали на усыновление без предварительного уведомления, как и старшую сестру, а также младшего брата. Я не уверен, что первые несколько лет его жизни были такими же, как до этого, но предполагаю, что они были самыми трудными. Мой отец сказал, что его совершенно не интересовали ни его братья и сестры, ни братья, ни его мать, хотя я думаю, что он помнил их имена. Когда он стал более зрелым, мама попыталась забрать его обратно. Он рассказал эту историю непредвзято. Время от времени ему снились ужасающие кошмары, которые кричали, что добавляло ощущение опасности в мою ночь и заставляло меня поверить, что его мать собиралась забрать его.

Когда я был ребенком, в моей семье эти вопросы не обсуждались. В нашей семье вопросов было много, но они никогда не задавались. Конечно, неназванная реальность и вопросы, на которые нет ответов, повлияли на всех нас изнутри, и мне потребовалось много времени, чтобы это понять. В процессе написания этой книги я начал прослеживать пыл моего желания говорить о вещах, которые имеют значение – теперь во всем мире – к самому началу моей личной истории. Это по-своему и иронично, и красиво. Разговор за разговором каждый год я побуждаю других открыть для себя пересечение их величайших идей.

цели и лучшая мудрость из реального мира, мест и времен, из прошлого и настоящего, из раны в настоящее. В настоящее время, когда я нахожусь в процессе передачи того, что я узнал, другим, я впервые могу получить это знание полностью, и я сам.

* * *

Если я затянусь в своей метафоре слишком далеко, меня привлекут черные дыры нашей жизни — болезненные сложные, смущающие проблемы, которые мы вообще не можем обсуждать в дополнение к аргументам, которые мы повторяем неоднократно в одном и том же духе. причем именно две стороны определяют термины «выигрыш» или «проигрыш», в зависимости от того, на какой стороне вы находитесь. Это предсказуемые тупиковые результаты. Искусство начинать новые разговоры и создавать новые отправные точки и конечные результаты в наших повседневных спорах — это не ракетостроение. Однако необходимо изменить или устранить определенные модели поведения, которые настолько укоренились, что являются единственным способом достижения этой цели. Нас научили быть защитниками того, чем мы увлечены. Это хорошая вещь и ценность в мире гражданского общества, однако забота друг о друге может помешать процессу принятия решений.

Слушание – это распространенное социальное искусство, однако это навык, который мы забыли и которому необходимо научиться. Слушание — это нечто большее, чем просто слушать, как говорит другой человек, до тех пор, пока вы не сможете сказать то, что вам нужно сказать. Я фанат того, что Рэйчел Наоми Ремен использует, объясняя молодым врачам, что им нужно делать: «щедро выслушивать». Щедрое слушание движимо любопытством — добродетелью, которую мы можем поощрять и развивать в себе, чтобы сделать ее врожденной. Это требует определенной степени уязвимости, способности удивляться, освобождаться от предвзятых представлений и участвовать в неопределенности. Слушающий человек стремится понять смысл слов другого и стремится вызвать лучшую версию себя, а также свои лучшие мысли и вопросы.

Щедрое слушание на самом деле приводит к лучшим вопросам. То, чему нас учили в классе, не соответствует действительности; задавать плохой вопрос - это искусство. Когда дело касается американского общества, мы вкладываем много ответов и соревнований, а также вопросов, которые бесят, раздражают или соблазняют. Журналистика – это одержимость «сложными» вопросами. «Жесткие» вопросы обычно представляют собой презумпцию, замаскированную под расследование и стремление к драке. Я долгое время вырезал такие вопросы, как вопрос «духовная основа вашей жизни», из нашего шоу, опасаясь, что он может показаться мягким, но я знал, какое влияние он оказал на все последующие вопросы. Единственный способ оценить качество вопроса — это откровенность и красноречие, которые он порождает.

Если я узнал что-нибудь кроме этого, я понял силу вопроса: он может быть мощным инструментом и мощным средством использования языка. Они подсказывают сходные ответы. Ответы отражают вопросы, которые они поднимают или не решают. Таким образом, хотя простой вопрос может быть именно тем, что необходимо, чтобы понять суть проблемы, на базовый запрос сложно ответить чем-то большим, чем простой ответ. Трудно преодолеть напряженный характер вопроса. Также трудно отказаться от щедрого вопроса. У каждого из нас есть способность задавать вопросы, требующие честности, честности и открытости. Есть что-то священное и воодушевляющее в том, чтобы задавать правильные вопросы.

Еще одно преимущество открытых вопросов, которые являются инструментами гражданского и социального искусства, заключается в том, что на них могут не потребоваться ответы немедленно или даже не нужны. Их можно было бы вынести на рассмотрение и обдумать, но нет. Глубокие социальные проблемы, с которыми мы сталкиваемся сегодня, вряд ли будут решены ответами, которыми мы сможем удовлетвориться в ближайшее время.

Поэзия Райнер Мария Рильке, который был моим другом во времени и пространстве много лет назад, когда я был в Берлине, был сторонником задавать вопросы, вопросы, которые живут:

Воспринимайте вопросы целиком так, как если бы они были заперты в комнатах или написаны на другом языке. Не ищите решений, которые могут быть недоступны для вас сегодня, поскольку вы не сможете прожить эти вопросы. Дело в том, чтобы прожить свою жизнь. Найдите время, чтобы ответить на вопросы сегодня. Возможно, чуть позже, в ближайшем будущем, вы медленно, даже не осознавая этого, проложите себе путь к ответу.

Я бы с удовольствием облекла вопрос Элизабет Александер в стихотворную форму «Разве мы не интересны друг другу?» на городских собраниях или в залах Конгресса и дайте этому немного порассуждать.

Наша культура обсуждения проблем посредством противоречивых мнений сопровождается желанием найти решение. Мы хотим, чтобы другие люди признали нашу правоту. Мы можем объявить дебаты или убедиться, что мы находимся в одном и том же месте, или проголосовать и продолжить. Другой вариант - использовать альтернативный подход к цели разговора вообще, который заключается в поощрении поиска не того, кто прав и кто виноват, а аргументов, которые есть с обеих сторон, а не того, согласны мы или нет, однако , о том, что будет поставлено на карту с точки зрения людей для всех нас. Есть от чего почерпнуть

способность говорить правдиво и разговаривать друг с другом с уважением и уважением, не пытаясь найти соглашение, которое оставляет все трудные вопросы нерешенными.

У меня есть опыт участия в самых сложных дискуссиях, которые разрывают наши семьи и наши учреждения. Переосмысление вопросов, которые ведут нас вперед, может привести к новым разговорам. Мы способны уйти от привычной риторики и избежать неизбежного застоя. Фрэнсис Кисслинг наиболее известна как активистка, выступающая за выбор, и долгое время возглавляла организацию «Католики за выбор». Не так известно то, что после того, как она покинула «Католиков по выбору» около десяти лет назад, она пришла решение посвятить свое время изучению того, что значит быть в отношениях в реальном времени со своими политическими оппонентами. Однажды я беседовал с ней с евангелистским этическим философом Дэвидом Гуши об абортах. Нашей целью было определить, что следует учитывать с точки зрения прав человека в отношении всех вопросов, которые мы обсуждаем, когда речь идет об абортах, и почему эта тема является столь глубоко спорной и противоречивой. Мы были близки к тому, чтобы полностью отказаться от терминов «за выбор» и «за жизнь». Дискуссия была большой и беспорядочной по-новому. Это было неудобно, но в то же время интересно, потому что это открыло неизведанную территорию, которую мы никогда не исследовали до начала обсуждения: была ли сексуальная революция полезной для нашего общества, а также что мы могли бы сделать, чтобы очеловечить и углубить нашу связь. к сексуальности как в общественных, так и в частных пространствах. В комнату пришло осознание того, что мы хотели бы подумать над этими вопросами, но были прикрыты обычными и избитыми аргументами.

Иногда один голос мудрости, который звучал какое-то время, менялся и переживал схожие человеческие истории с разных точек зрения, может обеспечить большую глубину, чем любая двусторонняя дискуссия. Фрэнсис Кисслинг для меня один из таких голосов. Она глубоко погружена в конкретную область репродуктивных прав, однако то, что она узнала, можно применить к любому аспекту жизни. Она также избавилась от некоторых слов, к которым мы инстинктивно прибегаем как к основе диалога, например, от слов, позволяющих найти общий язык среди глубоких разногласий. Она заявляет:

Послушайте этот разговор с писателем и Фрэнсис Кисслинг.

Я верю, что между людьми, у которых нет глубоких разногласий, есть точки соприкосновения. В политике можно встретить компромисс. Искусство политики возможно. Однако верить в то, что вы сочтете само собой разумеющимся Национальную конференцию католических епископов и Национальную организацию женщин и они придут к общему пониманию относительно абортов, невозможно. Этого не произойдет. Это можно продлить. Но я думаю, что те, кто не согласен друг с другом, собираются вместе, чтобы лучше понять, почему они так считают, и в результате получаются отличные результаты. Однако давление, направленное на достижение консенсуса, не способствует по-настоящему узнать друг друга. И мы не можем понять друг друга.

Крайняя поляризация в отношении абортов, когда люди десятилетиями ругали и ругали друг друга, конечно, не отражает тот уровень доверия, который позволяет людям найти взаимопонимание. Следовательно, вы должны начать с идеи, что есть несколько людей, но не все, которым может быть полезно понять, почему другие думают так, как они. Некоторые из них представляют собой основную идею гуманизации: человек — это реальный человек, а не тиран, не движимый злонамеренными действиями, и что, возможно, для некоторых вы сможете преодолеть оскорбления, в которых нас обвиняют. Это то, чего я ярый поклонник.

Я многому научился и изменил свое мнение о некоторых аспектах абортов за последние 10 лет, потому что стал лучше понимать убеждения и мнения тех, кто не согласен с моими взглядами. В конце концов, я заинтересован в том, чтобы найти способы сохранить некоторые из их ценностей, но не жертвовать своими собственными. Для меня это та ситуация, которая произошла.

Это, конечно, сильно отличается от того бешеного давления, которое, как мне кажется, мы имеем в нашем обществе, и от ссылки на поиск общего языка или на то, чтобы быть на одной волне, как вы думаете? Дело не в том, чтобы быть на одной волне.

Нет нет. Но, как вы уже догадались, Сидни Каллахан, который, как правило, является сторонником жизни, давно заявил, что признаком гражданской дискуссии является способность признать, что правильно для человека, с которым вы не согласны.

Я хотел бы прочитать статью, которую вы написали. Вы описали ряд качеств, которые, по вашему мнению, необходимы для конструктивного и дальновидного подхода к спорной проблеме. Одним из качеств, которые меня поразили, была «готовность быть уязвимой перед лицом тех, с кем ты страстно противостоишь».

Я считаю, что это самая сложная задача. Всем нам, оказавшимся в таких обстоятельствах, очень трудно признать, что, например, у нас нет всех решений этого вопроса. Я не уверен, что у нас есть все ответы на проблему абортов в обществе, в котором мы живем, независимо от того, идет ли речь о проблеме абортов как таковой или о том, как мы будем разрешать наши разногласия по поводу абортов. и готовность признать это чрезвычайно, очень трудна.

Что в вашей ситуации вызывает у вас проблемы? Что вам нравится в позиции другого человека? В каких областях вы сомневаетесь? Недавно я разговаривал с кем-то: я не уверен, как можно работать над чем-то более 35 лет, столь сложным, как этот, и не передумать ни по одному вопросу. То, что мы сделали, не было эффективным. Я считаю, что вы станете более уязвимыми, когда поймете, что то, что вы сделали, не привело вас к тому месту, где вы хотели бы быть. Следовательно, часть уязвимости — это немного беспомощности. Если вы не верите, что вам нужна помощь, и думаете, что все идеально, вы не уязвимы. у тебя нет причин подвергать риску.

Что вы узнали о том, как происходят социальные изменения? Как, по вашему мнению, будет выглядеть прогресс в ближайшие годы?

Трудно ответить. Какие уроки я извлек? Для любой трансформации важно подходить к другим людям с позитивным настроем и энтузиазмом к переменам. Изменить кого-то другого невозможно. Я один из самых сильных бойцов. Давайте будем конкретны. Моя репутация слабака в дебатах хорошо известна, я обожаю острые ощущения от боя и люблю побеждать. Однако я узнал, что вы слышали это раньше. Проще говоря, можно поймать больше мух, используя уксус, чем мед. Это отличная фраза.

Мой опыт показывает, что люди, находящиеся посередине, не станут главными инициаторами перемен. Вы должны быть готовы поставить себя посередине и пойти на риск, чтобы добиться перемен. Кроме того, вы должны смотреть на различия, понимая, что в обоих есть что-то хорошее. Вот и все. Если мы не сможем найти способ сделать это и если не удастся найти разрыв, в котором есть те, кто с обеих сторон выступает против того, чтобы рассматривать одну сторону как угрозу, конфликт будет продолжаться какое-то время. Давления много, и гораздо проще поговорить с хором, чем слушать тех, кто не согласен с вашими взглядами. Хор уже существует и не требует нашего присутствия.

* * *

Разрыв, в котором люди с обеих сторон совершенно не считают каждую из сторон злом, — это то место, где я хотел бы быть и то, что я хотел бы расширить.

Нигде слова не являются более явным разногласием и более мягким инструментом исцеления, когда мы сталкиваемся с нашей природной средой. На каждом континенте остается все меньше и меньше людей, которые не страдают напрямую от нестабильности окружающей среды. Единственное, о чем нам приходится говорить в публичных дебатах, — это напряженные дебаты по поводу «изменения климата», которые имеют реальные последствия, но в конечном итоге отвлекают. Это вызывает тревогу и гнев по поводу и без того подавляющей лавины негативных экологических новостей. Он упускает из виду духовные аспекты нашего экологического будущего на планете. Это, как и любой другой вопрос, является фундаментальным вопросом: могут ли люди научиться видеть свое личное благополучие по отношению к благополучию других в более широком и всеобъемлющем смысле?

более широкие круги, выходящие за рамки семей и племен? Природа является основой и фоном нашей повседневной жизни и остается в безвестности.

Процесс его восстановления и воспитания указывает на универсальный животворный опыт, такой как еда, рождение детей, принятие места, откуда ты родом, и признание красоты среди красоты. Это тот тип разговорной речи, который я слышу от людей, которые выполняют работу, которую необходимо выполнить в мире, которую они могут потрогать и почувствовать. Язык — это язык, который меняет смысл поведения, уводя необходимость действовать из сферы вины в более позитивную сторону.

Многие из них религиозные. В консервативных христианских кругах существует интригующая история, которая разворачивается в резком контрасте с хриплыми голосами в новостях. Это история об изменениях в языке, которые ускоряются и приводят к изменениям в мыслях и сердцах. Произошло покаяние в словах, причинивших вред, отказ от классических библейских слов, которые были усвоены линейно, буквально и сформировали отношения западной цивилизации с миром природы, как ближним, так и дальним. Его интерпретация Божьего благословения человечеству в Бытии в версии короля Иакова была истолкована как благочестивый объединяющий клич христианскими промышленниками и колонизаторами, а также исследователями-исследователями: «Плодитесь и размножайтесь, и наполняйте землю, и покоряйте ее; и владычествуйте над рыбами над морем и над птицами небесными и над всем живым существом, пресмыкающимся по земле».

Сегодня эти идентичные строки интерпретируются и воспроизводятся. Когда я учился в Йельской школе богословия в 1990-х годах, я изучал еврейскую Библию у профессора по имени Эллен Дэвис, которая в каждой книге использовала формулировки, говорящие об уважении к земле. Спустя десять лет она рассказала мне, что была плохо готова к этому опыту и к тому, как он изменил ее жизнь и учебу на многие годы позже.

Посмотрите этот диалог с писателем и Эллен Дэвис.

Впервые я читал лекции по еврейской Библии, Ветхому Завету. В конце моего первого семестра ассистент моих аспирантов в классе сказал, когда мы писали выпускной экзамен: «Вам нужно задать вопрос о земле». Тогда я спросил:

"Почему?" И он ответил: «Потому что ты все время об этом говоришь». Я не осознавал этого, я просто осознавал, что проговариваю каждую книгу Библии. Теперь я бы сказал, что очевидно, что я буду говорить о земле каждый день, потому что невозможно пройти больше пары глав, не упомянув о воде, земле и ее здоровье, плохом здоровье или отсутствии плодородных почв. и вода. Однако в тот момент для меня это было неожиданностью.

В тот же момент я совершил экскурсию по Калифорнии в часть Калифорнии, близкую к тому месту, где я вырос, однако это было достаточно далеко, и я не посещал ее долгое время. Я был поражен изменениями, произошедшими в моих воспоминаниях. Затем я осознал огромную разницу между исключительным вниманием, которое библейские авторы уделяют хрупкому ландшафту, на котором они живут, и забвением, которое мы имеем в нашей культуре или в то время в отношении землепользования. Калифорния и Израиль очень похожи своими пейзажами. Оба хрупкие, полузасушливые. Вот почему я почувствовал, что время определенным образом сжимается. Была приводящая в ярость аналогия между заботой о земле, которая считается образцом в Библии, и ее отсутствием, которое я видел на своем собственном уровне.

Тем временем я обнаруживаю, что, читая главы и абзацы, о которых я писал ранее или неоднократно читал лекции, я смотрю на них в контексте того, что они говорят нам о земле, на которой мы живем, и здоровье Я вижу, как на меня выходят вещи, которые я упускал раньше. Мне ясны многие вещи, которые я даже не пытался понять.

Как вам уйти от подчиняющего языка Книги Бытия и особенно от «владычества» — что вы находите неясным в том, как мы перевели и использовали текст?

Еврейское слово «битва» — очень сильное слово, которое я интерпретирую как «проявлять умелое мастерство среди существ». Идея квалифицированного мастерства подразумевает что-то вроде ремесла или человеческой практики. при этом не отрицая существования людей, с точки зрения почти всех библейских авторов. Не каждый, но почти каждый занимает уникальное место силы и ответственности во вселенной. Однако необходимое условие для проявления нашего умелого мастерства указано в предыдущем благословении для созданий моря и небес в предыдущих стихах. Они также должны быть продуктивными и размножаться. Поэтому, что бы ни значило для нас практиковать искусное мастерство, оно не способно обратить вспять предыдущее благословение. Я нахожу это весьма убедительным для нас, поскольку мы вступаем в шестую великую эпоху вымирания вида.

Очень важно отметить, что, по вашим словам, первая глава Бытия — это литургическая поэма. Что это значит для того, как мы читаем то, что он пытается передать и что он нам говорит?

Поэзия – это язык, который говорит в нашем сердце. В данном случае я использую библейский термин «сердце». Ближе всего к этому слову в современном языке было бы слово «способности воображения». Сердце, как описано в библейской биологии, является центром эмоций, а также нашего разума. Эти два аспекта невозможно разделить. Поэтический язык точен. Это подробно и реалистично, но это не просто рассуждения о фактах. Поэтому важно отметить, что и начало, и вторая главы Библии разными способами сообщают нам о нашем положении в мире и рассказывают нам о сложной паутине отношений, в которой мы рождаемся как вид. Мы — существа, помещённые в определённое место. Мы находимся в определенном порядке. Это другой подход к размышлению о себе по сравнению с тем, что мы обычно считаем буквальным чтением Библии. На мой взгляд, это скучный способ изучения Библии.

На протяжении многих лет, углубляясь в эту тему, вы писали статьи и сотрудничали с Венделлом Берри. Вы написали о поэзии забот и потерь, назвав ее «поэзией созданий».

Исходной точкой отсчета для меня в созерцании себя как существа является наблюдение Роуэна Уильямса, бывшего архиепископа Кентерберийского и Кентерберийского, который заявил, что «теперь искусство быть существами — это почти утраченное искусство». Идея о том, что нам нужно учиться, что мы должны быть компетентными и получить образование, чтобы стать существами. На самом деле мы существа. Мы видим существ как любого человека, который не является человеком.

Это власть, которой мы обладаем над своими собратьями.

Вот почему я предпочитаю значение «осуществление умелого мастерства» вместо «владычества», потому что оно предполагает искусство быть человеком. Обычно вы ищете учебное пособие, учебник или что-нибудь еще, что хотите прочитать, не уделяя особого внимания. Вы просто пролистываете его, пока не обнаружите суть вопроса. Но так писать стихи невозможно. Поэзия замедляет сердцебиение. В нашем современном мире все, что в настоящее время заставляет нас медлить, следует беречь и, возможно, как дар или даже как призыв Божий.

Эллен была первым человеком, который познакомил меня с миром экологической религии, о существовании которого я даже не подозревал. Один из самых известных деятелей, Кэл ДеВитт, биолог и ученый, который уже более трех лет строит и живет в здоровом сообществе на водно-болотных угодьях, окружающих сельский Данн, штат Висконсин. Он также христианин-евангелист.

Послушайте этот разговор между создателем и Кэлвином ДеВиттом.

Когда вы впервые начали делать это в своем районе, город, в котором вы живете в Висконсине, более 30 лет назад, вероятно, считался чем-то радикальным.

Вероятнее всего. Нас считали странными, потому что на самом деле проблемы не было, хотя я верю, что вы могли бы ее обнаружить, если бы попытались ее найти. Однако мы заглянули в наш город. Мы провели инвентаризацию всего, что там было, среди них были фермы и болота, источники и болота, старые места, индейские тропы, здания и наши табачные фермы. То, что произошло после того, как мы провели эту чрезвычайно тщательную и обширную инвентаризацию, нам очень понравилось в этом районе. Мы даже не знали, где находимся. Мы просто въезжали и выезжали, не осознавая красоты мира вокруг нас.

Мне нравится определение религии Кэлом ДеВиттом: «Страсть жить правильно на земле и распространять правильный образ жизни». На его собственном газоне растет семьдесят видов растений. Он с радостью описывает его как «многофактурную среду для яркой растительной и животной жизни». Он рассказывает, как однажды во время сезона миграции три тысячи малиновок спустились на его лужайку, чтобы полакомиться дождевыми червями, «потому что я произвожу их так много не благодаря попыткам, а потому, что именно так и происходит». Кэл ДеВитт сыграл важную роль в формировании критических евангелических сторонников такого законодательства, как Закон об исчезающих видах 1996 года. Его Институт экологических исследований в О-Сейбле был основан им и работал в течение 25 лет, разрабатывал учебные программы и учебные программы для христианских университетов и колледжей. Он открывает мой разум человеческим экосистемам, скрытым от яркого света расовой напряженности, посеянным в жизнь, подобно визитам малиновок на его двор. Он объясняет фундаментальную важность обращения как богословской добродетели, которой обладает евангелическое христианство для быстрых социальных изменений в реальном мире.

Послушайте этот разговор с писателем и Кэлвином ДеВиттом.

В евангелическом мире существует глубокое сомнение в авторитете человека, а мудрость Библии является источником нашей жизни, работы и повседневной практики. Следовательно, если чтение Библии показывает, что забота о творении является важным аспектом человеческой ответственности, а мы откладывали это, то пришло время для повторного обращения. Евангелисты привыкли к идее

все дело в том, чтобы изменить свое мнение во имя процесса обращения. Я наблюдал это в начале-середине 1970-х годов, когда речь шла о проблемах голода в мире. Хлеб для мира был основан христианами вместе с другими организациями, которые помогали бороться с голодом. Это было замечательно и очень похоже на текущую ситуацию в таких местах, как Виноградник Бойсе в настоящее время и церковь Виньярд, расположенная в Айдахо. Это пятидесятничество. У пастора Виньярд Бойсе Три Робинсона есть дочь, которая посещала экологические курсы и убеждала своего отца высказываться по поводу экологических проблем. Три Робинсон — консервативный владелец ранчо-республиканец. Что он и сделал, с помощью дочери осознав, что ему нужно принять меры. Ему потребовался год изучения Библии, чтобы понять, как можно выразить это в библейской манере. С небольшим трепетом и множеством молитв он произнес речь о том, как важно быть хорошим управителем творения. Невероятно, но в самый первый момент его жизни толпа подошла к проповеднику и аплодировала ему стоя.

У них на регулярной основе есть программы по искоренению инвазивных видов, переработке материалов и даже привлечению горных туристов к прокладыванию троп. У них также есть кладовая, которая функционирует не только как их личная кухня, но и обеспечивает 23 дополнительных кладовых с едой. Район живой и оживленный. Также очевидно, что число членов церкви резко увеличивается, потому что есть самые разные защитники окружающей среды, которые лишены собственности и ждут действий церкви, и вот оно. Это происходит. Будьте начеку.

Кэл Девитт обнаруживает «управление» и «служение» в корнях библейского слова короля Иакова, переведенного как «владычество». Как Эллен Дэвис и весь мир трансформации, неотъемлемой частью которого он является, слова, которые он выбирает, меняют его жизнь. Он также провел время, любознательно изучая значение слова «окружающая среда». Это слово возникло, говорит он мне, в результате создания Чосером термина «окружающий». Слово было творческим эффектом установления границ между нами и миром природы. Между нами, а также миром природы, а также друг другом, чего в мире «творения» сделать не удалось. Говоря лингвистически, мы с помощью Чосера сконструировали язык Чосера, метод создания барьера между нами друг от друга. «Так что же самое важное в возрождении

таких слов, как слова, подобные слова, такие как создание, такие термины, как создание и забота о творении, - говорит он, - это то, что оно объединяет эти два слова.

В 2002 году вместе с британским физиком по имени сэр Джон Хоутон Девитт организовал мероприятие, которое стало переломным по своему масштабу, чтобы познакомить консервативное евангелическое руководство с трудной наукой, лежащей в основе изменения климата. Бывший главный представитель Национальной ассоциации евангелистов в Вашингтоне Ричард Сизик заявил, что после встречи группа «переключилась» на науку об изменении климата. Джизик вместе с другими продолжали пропагандировать подобные проблемы в церквях по всей стране. Это произошло в связи с развитием нового поколения верующих, которые считали, что забота об окружающей среде является очевидным долгом. В этих общинах продолжает происходить продолжающийся разговор о природе Бога; то, что произошло в церкви «Виноградник в Бойсе», произошло и в других местах. Дети бросали вызов своим пасторам, а также родителям, и Библии вынимали и исследовали. Происходит размышление и действие над порождающими обязательствами веры в творение. Словосочетание «творческая забота» теперь является энергичным выражением слов и источником практической необходимости даже для тех, кто не принимает научные объяснения стоящих перед нами проблем. «Учение Иисуса: «Смотрите на полевые лилии, созерцайте птиц небесных» здесь действительно хорошо воспринимается», — говорит Кэл ДеВитт о своем болоте, — «и созерцание настолько отличается от простого вычеркивания видов в списке жизни». ."

Термин «забота о творении» легко спутать с формой креационизма, противоположной тому, чем он является. На самом деле этот язык подвергается критике на одном конце культурной войны, а изменение климата критикуется на другом. В пустоте посередине, когда люди с обеих сторон не видят друг в друге угрозы, мы заново открываем способность слов приближать нас друг к другу и отдалять. В то же время мы возвращаемся к необходимости морали, чтобы гарантировать, что мы используем послушный тон голоса, цель, которую мы вкладываем в то, что говорим; уверенность и доброту, которые мы привносим в места, где проживаем свою жизнь. Цель научиться говорить по-другому — прожить жизнь по-другому. Это танец и живое искусство.

КОНЕЧНЫЕ ПРИМЕЧАНИЯ

Мари Хоу

Поэзия — это результат яркого и безоговорочного взгляда Марии Хоу на произнесенное слово и молчание, которого мы придерживаемся. Она поэтесса и артистка, у которой есть суровость католического детства, универсальная семейная драма и повседневная рутина, которая нас питает. Возможно, ее самая известная работа – это сборник стихов «Что вы делаете для живых», посвященный кончине ее брата Джона в возрасте 28 лет от СПИДа.

Послушайте этот разговор между автором и Мари Хоу.

Я понятия не имел, что один был поэтом и до сих пор жив. В детстве я читал классическую Гарвардскую классику. Они были в гостиной. Я просматривал эти книги, которые провозились контрабандой, и пытался найти язык, достаточный для того, чтобы их можно было пережить, или найти язык, который мог бы выразить непостижимое. Некоторые из Мессы сделали именно это. Как вы увидите, притчи могут иметь такой эффект. Я большой поклонник притч и рассказов о Ное, Аврааме и Исааке, а также многих других удивительных старых историй. Я обнаружил, что это стихи. Они полны тайн и сложностей. Истории повсюду, но мы также знаем, что истина – не единственная история. Настоящая история не поддается изложению. Вот что мне в этом нравится. Мне нравятся паузы между событиями.

и поскольку с поэзией вы познакомились чуть позже в своей жизни, мне интересно, каким был ваш опыт и как вы размышляли о том, что вам нравится в поэзии, чего мы не можем сделать с другими языками, и что оно служит в нашей жизни?

Что ж, поэзия — это истина, которую невозможно выразить. Это не пересказ. Это не перевод. Прекрасная поэзия, которая мне нравится, — это тайна жизни. Это коллекция слов, которая кажется чем-то само собой разумеющимся. Есть фантастическая, великая и великолепная проза, знаете ли, красивая проза. Мы с вами, вероятно, сможем использовать некоторые из них сегодня. Поэзия — это тип трансового характера. Это похоже на опыт. Моя дочь была дома, когда это произошло.

день, и она делала это быстро. «Не заставляй меня щелкать пальцами в форме буквы Z/объяснение/говорить с рукой, говорить с запястьем/Ох, девочка, тебя только что отругали». Это было похоже на контрзаклинание для злой девчонки. Я подумал, что это то, через что мы все можем пройти, несколько контрзаклинаний. Поэзия, если задуматься о ее истоках, такова.

Слова, которые творят волшебство.

Абсолютно. Возможно, в исходном стихотворении была песня, которую мать пела своему ребенку, или заклинание «Все хорошо». Все хорошо и все хорошо. Были здесь. готовься идти спать. Или мы просили дождя, или благодарили Бога богам кукурузы, или пели оленям, на которых собирались охотиться. Это заклинание. Будто его корни никогда не будут вырваны из священной земли.

Мне очень нравится последняя строка написанного вами стихотворения «Луг»:

«...Ослепленный, человек, твоя борьба, когда ты просыпаешься, состоит в том, чтобы выбрать между предложениями, которые в данный момент задерживаются у тебя на языке, и осознать, что посреди них и совершенно новая фраза, которая может изменить тебя навсегда». Это фантастический подход к размышлению о том, как работает язык и о том, как он появился в нашей жизни.

Сегодняшний язык — это почти все, что осталось от действий в современном мире. Для многих из нас, как минимум, то, что мы делаем, превратилось в то, что мы говорим, а мораль нашей жизни проявляется в том, что мы говорим больше, чем на самом деле.

Джон Пол Ледерах

На протяжении более трех десятилетий Джон Пол Ледерах провел четыре-пять месяцев в этой области, способствуя кризису смерти и жизни в более чем двадцати пяти странах и на пяти континентах. Сегодня он один из самых уважаемых медиаторов, а также преподаватель Нотр-Дама и пожизненный житель Соединенных Штатов.

Меннониты являются символом пожизненной приверженности миростроительству.

Посмотрите этот диалог между Джоном Полом Ледераком.

В последние несколько лет меня очень заинтриговала связь с поэзией, миром и построением отношений. Одним из открытий и важной областью моей личной практики было изучение важности использования своего рода хайку для понимания сложности. На мой взгляд, это способность понимать сложное. В каком-то смысле хайкуисты всегда пытаются уловить всю глубину человеческого взаимодействия, но в самых маленьких словах, какие только могут. Это увлекательно. Я большой поклонник хайку и возвращаюсь к истокам хайку в классах, которые вели японские поэты. То, как они понимали работу, которую они писали, заключалось в том, чтобы находиться в определенной среде, в частности, в естественном контексте. Они соединили наш человеческий опыт и красоту природы со стилем, который мог по-настоящему передать время и время года, а также человеческий опыт в очень кратких пяти слогах, семи слогах, пяти слогах. Оливер Венделл Холмс однажды написал: «Я бы не дал денег за простоту по эту сторону сложности, но я бы отдал свою жизнь за простоту по другую сторону сложности».

Я обожаю это.

Именно этого и добиваются хайкуисты. Поэтому я пробую несколько вещей. Один из них заключается в том, что я стал лучше осознавать связь между миром природы и пребыванием в нем, а также осознавать, что происходит, когда мы находимся в ситуациях насилия. Для меня это в каком-то смысле перезагрузка. Другой

Вот почему, когда я еду на работу, я ищу хайку в разговорах людей. Что я замечаю, так это то, что в большинстве случаев, когда кто-то что-то говорит, и у всех возникает момент ага по поводу того, что было сказано, часто это способ уловить эту простоту посреди сложности. Часто это выглядит довольно близко к хайку, но не в форме хайку. Если хочешь, я могу подарить тебе парочку таких.

Да.

Я считаю их стихами в разговорах.

Через семь лет после подписания Соглашения Страстной пятницы я присутствовал на образовательном семинаре в Северной Ирландии. Люди, хотя и были удовлетворены тем, что соглашение вступило в силу, считали, что это признак того, что Северная Ирландия закостенела в своей религиозной и политической напряженности. Было ясно, что ничего не изменить и что лучше быть не может. В разговоре за ужином один из моих коллег из Северной Ирландии, с которым я сидел, поделился этой мыслью, и я облек ее в форму хайку. Я не всегда даю имена своим хайку, а этот называется «Конец радуги?»

Он мог бы сказать, что это

может быть настолько высоким, насколько это возможно

Мирное фанатизм.

Другой. У меня было несколько случаев работы с этнической группой из Бирмы. Их называют этническими меньшинствами, хотя они составляют большинство. Это означает, что они не бирманцы. У них также есть вооруженные силы, и многие из них годами и десятилетиями борются против нынешнего режима. Я работал с избранной группой людей, которые по своим собственным причинам были привлечены в качестве посредников для шаттлов. Они пытались обсудить, открыть или инициировать какое-то соглашение между людьми, входившими в правительство Бирмы, а также различными этническими группами. Были небольшие группы особей каждой из этнических групп по семь-восемь человек.

группы. В 2003 году я впервые просидел больше недели, просто слушая их рассказы. С точки зрения непредвзятого посредника, это одна из самых сложных историй, которые я когда-либо слышал.

Я помню группу, которая располагалась в непосредственной близости от границы Бангладеш с Бирмой и должна была передавать информацию через границу командиру бронегруппы, находившейся на противоположной стороне. Однако им не удалось пройти напрямую через границу в регион. Им пришлось дойти до Янгона, столицы страны. Янгон, а затем получить паспорт. каждый паспорт должен быть возвращен после каждого посещения. После этого они летели в другую страну, чтобы отправить одно сообщение. Затем, полностью назад, чтобы передать сообщение вперед. Много раз встречались с местными лидерами или группами, которые задерживали задержанных на несколько недель, пока не смогли определить, законны ли они.

Когда вы находитесь в таких ситуациях, вам открывается удивительная перспектива в отношении проблем, с которыми они сталкиваются. Группа, с которой я общался, называла свою группу «Содружество посредников». Вот почему, покидая Янгон, я написал краткое хайку, озаглавленное «Советы Содружества посредников».

Не утруждай себя спрашивать гору

чтобы двигаться, нужно просто двигаться, просто взять

каждый раз, когда вы посещаете.

Вы ищете второго?

Да!

Таджикистан. Это было переведено обратно с таджикского языка на английский, и манера исполнения в переводе выглядела как почти идеальное хайку. В Центральной Азии существуют очень странные границы, которые были установлены Сталиным и образовали крошечные участки основных групп. Каждая страна представляет собой незначительную часть населения другой страны.

Некоторые из крупнейших городов одного типа находятся в странах, в которых нет населения. Вот это стихотворение было опубликовано:

Боги и люди любят карты

Они рисуют границы с помощью ручки, которой они рисуют границы.

Разделить жизни, как топор.

Энн Гамильтон

Философ по имени Симона Вейль определила молитву как «абсолютно несмешанное внимание». Художница Энн Гамильтон воплощает эту идею в своих обширных произведениях искусства, которые объединяют все чувства, чтобы удовлетворить желание многих из нас, по ее словам, «быть наедине вместе».

Послушайте этот разговор между авторами и Энн Гамильтон.

Одна из моих подруг, замечательная писательница, Сьюзан Стюарт, сказала, что слух — это то, что мы чувствуем, когда нас разлучают. Чем это не красиво? Именно так я начинаю свои проекты разными способами: я просто пытаюсь понять, чем я хочу, чтобы что-то стало. или определить лучший вопрос. Слушание, очевидно, является особым занятием в разговоре. Для меня это упражнение в моей реакции на пробелы. Ощущение качества структуры комнаты уже содержит всю эту информацию. Пространство слушает вас.

Я считаю, что умение слушать — это навык, который мы должны практиковать, поскольку наше повседневное пространство не предназначено для того, чтобы быть местом для прослушивания.

Мы связаны. Мне действительно трудно носить какие-либо наушники или солнцезащитные очки, потому что я боюсь, что меня нигде нет. Я не там. Есть несколько

фильтр идет. Однако вопрос в том, как вы обращаете внимание на свой голос?

Вам нравится язык, который называется «создатель, создатель»… Так же, или, возможно, так же, как его называют под титулом «художнию». Художники специализируются и специализируются, однако творчество — это то, что мы все делаем по-своему, даже в семейной жизни.

Существует множество способов изготовления. Мне нравится читать словарь. Например, Оксфордский словарь английского языка содержит не знаю сколько страниц, посвященных «сделать», «делать» и всем его возможностям. Это похоже на инвентаризацию всех веществ, доступных в мире, которые вы можете изменить любым способом. Это отличный способ развлечься на всю оставшуюся жизнь. Мы ослеплены возможностями, которые у нас есть. Поэтому у меня есть небольшие хитрости, которые я использую, чтобы раскрыть эти возможности. Каждый должен это попробовать.

Меня очень заинтересовала идея чтения словаря. Я никогда об этом не думал.

Вау, это так великолепно. Подобно тому, как у материалов есть история животного или технологии, которая их создала, или места, из которого они произошли на земле, слова имеют все эти истории. Есть причина, по которой определенные слова эффективны, и она связана с историями, о которых они нам рассказывают. Вот почему важно поднять его до уровня признания.

Винсент Хардинг

Мне выпала честь взять интервью и познакомиться с Винсентом Хардингом, который скончался в 2014 году в возрасте восьмидесяти двух лет. Он и его жена Розмари сыграли важную роль в оказании помощи Мартину Лютеру Кингу-младшему в создании концепции и практики ненасилия в Меннонитском центре в Атланте, а также он помог Кингу написать свою книгу.

Спорная речь о войне во Вьетнаме. Винсент Хардинг провел десятилетия с момента своей смерти до жизни, знакомя молодежь с ветеранами борьбы за гражданские права и пожилыми людьми. Он также делился своим опытом, описывал их не как персонажей книг по истории, а скорее как «живых, ярких и великолепных».

Послушайте этот разговор автора с Винсентом Хардингом.

Меня заинтриговала вершина духовного и морального воображения, возникшая на основе вашего разнообразного опыта и, очевидно, борьбы за гражданские права. В настоящее время в Америке часто используются термины «цивилизованный» и «цивилизованность». Вы ясно дали понять, что сведение к «гражданским правам» той трансформации, в которой вы участвовали в 1960-е годы, было неверным, и что слово «цивилизованность» — недостаточно громкое слово. Я слышу, что многие люди думают, что вежливость — неподходящее слово для использования в настоящем.

Невероятно, но я еще не понял связи, которую вы устанавливаете, с моими собственными мыслями, и это здорово. Вот почему мы все должны быть вместе. Я все больше убеждаюсь в том, что мы обсуждаем не то, как мы можем участвовать в более цивилизованных дискуссиях. В социальном контексте мы, в частности, обсуждаем, как участвовать в инклюзивном разговоре. Это то, что нам нужно. Мы не являемся экспертами в создании эмансипированной нации, состоящей из многих, многих разных народов, различающихся по своему происхождению, имеющих множество связей и убеждений, а также с различным опытом. Важно понять, что мы можем, несмотря на всю боль, которую мы причинили друг другу, как продолжать открытый и честный диалог, который в некотором смысле побуждает нас учитывать лучшие аргументы друг друга и наиболее ценные вклады, чтобы выяснить это. как соединить эти элементы, чтобы сформировать лучшее единство.

С самого начала вы говорили, что вопрос о том, как быть демократическим, на самом деле предполагает рассмотрение вопроса о жизни в концепции «более совершенного союза». Я думаю, что это полезно как способ сделать слово более доступным.

Я, например, Криста, также поднимаю вопрос о том, что делает нас по-настоящему людьми. Демократия — это всего лишь еще один метод обсуждения этого вопроса. Религия — еще один метод обсуждения этой проблемы. Какова наша роль в мире? И связана ли цель с нашими обязательствами перед самим собой и перед миром в целом? На первый взгляд все это представляет собой смесь разных языков, которые пытаются понять одно и то же.

Давайте не будем забывать, что сообщество, которое сыграло важную роль в создании Кинга и которое он помогал развивать, было единым и укоренилось в духовной и религиозной жизни. Это был их образ жизни. Например, все вокруг него понимали, что он чрезвычайно серьезно относился к этому старому красивому языку, когда заявлял, что он хочет не просто равенства или прав. Чего он добивался, так это развития «любимого сообщества». Он видел все, что было камнем преткновения на пути к нашему высшему человеческому развитию и нашему величайшему коллективному развитию, например, сегрегация людей и превосходство белой расы.

В своем решении принять меры по прекращению этих законов, этих методов он делал это не как вопрос гражданских прав, а, скорее, как акт глубокого духовного долга. Такие люди, как Джимми Болдуин и другие, Малкольм какое-то время не могли себе представить, что Мартин мог видеть эти возможности. Однако я считаю, что Мартин видел это, потому что он смотрел глазами, полными сострадания и любви. Этот глаз позволяет нам наблюдать за вещами, которые в противном случае мы могли бы упустить из виду.

Вы заявили, что наиболее интересными и поучительными для молодежи, с которыми вы сталкиваетесь, являются истории борцов за гражданские права, которые помогали обществу и все еще стремятся совершенствоваться.

Мой личный опыт, Криста, показывает, что глубоко внутри нас есть что-то, что зависит от самой истории. Истории являются источником понимания того, что без истории невозможно стать настоящими людьми для себя и друг для друга. И не находя способов поделиться этим с другими, передать его и развивать, чтобы помочь молодым людям рассказать свои собственные истории. Мы также призываем молодых людей искать старших, искать тех, кто был там, и не знаменитостей и не телезвезд, а людей, которые не известны другим и прожили такую замечательную жизнь. Найдите их, затем проведите с ними время и научитесь задавать соответствующие вопросы, чтобы открывались новые возможности. Я считаю, что нация не станет лучшей, пока мы не найдем методы более эффективной институционализации этого процесса обмена историями старших.

Когда вы утверждаете, что у людей есть естественная потребность в историях, ваша работа доказывает, что люди тоже умеют обращаться с историями, вам не кажется? Чтобы гарантировать то же самое, вы заявляете, что дети, с которыми вы работаете, понимают, как использовать эти истории в качестве инструментов и возможностей в современном мире.

Да, это инструменты для лучшей работы. Это идеальное время для нашей молодежи и других людей, чтобы задаться вопросом, для чего мы здесь? Неужели мы здесь по какой-то другой причине, кроме конкуренции с Китаем или стремления к наиболее эффективным технологическим достижениям? Есть ли вещи, для которых мы созданы или призваны достичь? Джимми Болдуин любил говорить о том, что мы «достигаем себя», находим себя такими, какими мы есть, чем мы являемся, и приносим это друг другу.

Когда мать и ее ребенок на коленях начинают делиться историями, это не просто передача информации. Большую часть времени, куда бы я ни пошел, я начинаю с того, что прошу людей рассказать некоторые из их историй. Интересно видеть, что люди узнают о своей жизни, своих отношениях и своей жизни.

сообщество. Это заметно даже в самых странных ситуациях. Это замечательно.

Вальтер Брюггеманн

Титул Вальтера Брюггемана был синонимом термина «пророческое воображение» в течение трех лет среди христианских проповедников и учителей. Когда вы сидите с ним, вы становитесь частью яростного высказывания правды и яростного оптимизма традиции, с которой он знаком. Он является живым примером того, что в нашем современном хаотичном мире существует «пророческое воображение». Пророки, он говорит, что они всегда были поэтами.

Послушайте этот разговор автора с Вальтером Брюггеманом.

В той более открытой богословской традиции, в которой я вырос, мы говорили только о роли пророков как моральных наставников. Основное внимание уделялось не художественному или эстетическому аспекту их преподавания. Однако это единственный способ мыслить нестандартно. Другими словами, либеральное стремление к справедливости — это всего лишь идеология, не способная трансформироваться. Вот почему поэзия так примечательна: она настолько неясна, что ее невозможно свести к форме формулы. Для либералов, которые обеспокоены тем, что справедливость очень привлекательна, было бы свести ее к формуле. . .

. . . сделать еще один изм.

Это верно. Затем появляется поэзия и затем она раскрывается.

Это сила языка и форм языка. В вашем письме есть слова, которые взяты из пророческих писаний, но не являются пророческими.

является частью современного языка. Плач – один из них. Расскажи мне что-нибудь о плаче.

Оплакивание — важная часть моего изучения и одержимости. Книга Плача представляет собой сборник стихов, оплакивающих разрушение Иерусалима. Однако Книга Псалмов, примерно на одну треть от нее, или по крайней мере на одну треть Книги Псалмов, представляет собой песни или молитвы о печали, утрате, горе и гневе, а это означает, что большая часть из того, что мы знаем о у нас отбирают ветхозаветный опыт веры. Удивительно то, что в институте церкви, при лекционарии и литургиях, был ликвидирован ритуал плача.

Мы не знаем, что делать с этими тревожными отрывками.

Мы не хотим. В конце концов, Иерусалим можно рассматривать как ветхозаветный эквивалент событий 11 сентября. Это их 11 сентября.

В дни, последовавшие за событиями 11 сентября, я разговаривал с несколькими людьми, например, с раввином, а также с евангелистским богословом, который прочитал мне первую строку из «Плача»: «Как одиноко сидит город».

Это как раз то, что нужно. Мы пренебрегли печалью, мы не готовы справиться с утратой, с которой столкнулись в нашем мире. Мы продолжаем делать вид и делать вид, что с нами ничего не происходит.

Мы склонны думать о закономерностях и преемственности, о предсказуемости схем и планов. В Библии «Мы есть Библия» в значительной степени сосредотачивается на способности Бога раскрыть эти планы и разрушить формулы. Если это позитивные прерывания, Библия называет их чудесами. Обычно мы не применяем эту фразу к негативным событиям. Однако на самом деле она подразумевает, что реальность нашей жизни и реальная реальность Бога не отражаются в наших планах рационализации. Неважно, желает ли кто-то обсуждать это через призму Бога или нет, это вопрос личного выбора.

Тем не менее, реальность жизни заключается в том, что наша жизнь является платформой для любого рода беспокойства, когда дела идут не так, как мы себе представляли.

Более крупный аргумент, который вы обсуждаете, — это литературная, эстетическая и поэтическая чувствительность пророческой традиции. Дело в том, что слова уникальны и преобразуют. Это удаляет этот голос из политической рамки. Я прекрасно понимаю, что многие слова почитаются религиозными людьми и важны для них: слово «справедливость», «мир» и «мир».

Сами слова запятнаны. Они полны личного и политического багажа, не так ли? Они либо либеральные, либо консервативные, либо являются частью идеологии.

Я все чаще думаю о том, как меня удивляет тот факт, что ветхозаветные пророки почти никогда не говорят о «проблеме». То, что они делают, — это углубляться в темы, которые являются источником беспокойства для людей в настоящем, и переходить к более фундаментальным убеждениям, которые можно раскрыть неуловимым языком. Большая часть церковных учреждений озабочена этими проблемами. Когда мы сосредотачиваемся на проблемах, мы теряем силу трансформации. Тогда это идеология против идеологии, что является не лучшим результатом для любого человека.

Можете ли вы вспомнить случай, когда вы стали свидетелем того, как религиозный лидер или община нарушили правила? В смысле, выйти за пределы базы?

Да, Мартин Лютер Кинг иногда это делал. Я считаю, что на пике карьеры был библейский поэт. Если подумать только о строчке «У меня есть мечта» — она улетела. Он не обсуждал возможность принятия закона о гражданских правах, но это была его мечта. Подобное происходит время от времени.

Цель состоит в том, чтобы по-новому определить проблему, чтобы позволить нам заново пережить реальность нашего общества, которое находится прямо перед нами, но с новой точки зрения.

Материя связана с океаном, деревом и небом; плоть и кровь делают нас частью этой реальности; принятие этой истины одновременно освобождает и утешает.

Разум и дух неразрывно переплетены; наше понимание лишь ограничивало их сосуществование. Эмоции и воспоминания от отчаяния до радости пронизывают всех нас; от глубокой любви, горя или «ожесточенного сердца» фараона — слов, которые мы давно использовали, теперь имеющих какое-либо осмысленное толкование. Наш мозг создает физические пути; тела служат воплощением тоски и радости, а также страха.

Медицина все больше превращалась в искусство лечения наших частей, а не целого. Религия еще больше разделяла нас высокими мистическими представлениями о том, что наши души заключены внутри тел, а также теологиями, которые делали плоть и грех неразличимыми. Как ни странно, даже Просвещение сыграло свою роль в этой тенденции; Декарт наблюдал, как новая наука пытается очертить реальность с помощью математических средств, оставляя при этом место для воображения и духа своим знаменитым утверждением «Я мыслю, следовательно, существую». К сожалению, позже эта фраза стала звучным отрывком эпохи Просвещения и уменьшила то, что делало нас людьми, одновременно уменьшив духовные элементы как часть этого уравнения.

Вкус, прикосновение, обоняние, зрение и слух — это мои чувства, которые объединяются в моем сознании, чтобы сформировать мой опыт и историю жизни; моя жизнь движется в гармонии с этими ощущениями, как это описано в Книге общих молитв более поэтическим языком – тем самым я формирую себя!

Философы и врачи никогда не намеревались нас еще больше поляризовать, но именно это и произошло, поскольку люди инстинктивно доводят великие истины до крайности, пытаясь контролировать эту хаотичную жизнь, которую мы ведем, с желаниями, потребностями и дырами, заполненными излишествами. Однако теперь мы возвращаемся на землю; Воссоединить наше стремление к целостности с физиологией, которую мы так хорошо знаем, а также с ее нейронами, которые обеспечивают это знание, — это сила.

Физическое, эмоциональное и духовное благополучие пересекаются друг с другом теснее, чем мы себе представляли, и эти знания дают власть над обоими.

Религия на протяжении большей части истории была захватывающим опытом всего тела: мы танцевали и пели, а также смеялись и плакали, ритуализируя жизненные этапы с помощью ритуалов, которые включали танцы и пение, смех и плач, совместное преломление хлеба во время общих литургий или просто

стоять на коленях и складывать руки, чтобы помолиться или преломить хлеб; ритуальные литургии для скорби, собраний или празднования — эти действия создают внутренние контейнеры времени и позы; они подобны физическим следствиям поэзии, имеющим огромную символическую ценность; Ритуалы помогают высвободить эмоции, одновременно воплощая воспоминания через коллективное время — они создают интуитивные контейнеры времени и позы, которые воплощают память посредством коллективного, основанного на времени действия, которые создают интуитивные контейнеры времени и позы, которые служат своему значению, обеспечивая при этом непрерывность во времени и позе. ;
И все традиции, которые придают нам смысл и мораль, имеют воплощенное сердце: буддизм предлагает своих учителей, индуизм — своих божеств; Пророки иудаизма и ислама, воплощающиеся во времени; в то время как христианство провозглашает Бога, входящего с нами в физическое существование, разделяющего как радости, так и печали, вспышки славы и постоянные возвращения к беспомощности.
Протестантский мир моего детства превратил богослужение в опыт, когда спина выпрямлена на неудобной скамье, а глаза направлены вперед. Поначалу святые личности, которые очаровали меня, когда я вернулся, чтобы серьезно задуматься о религии, когда мне было двадцать с небольшим, все появились на поверхности, чтобы моделировать твердую границу между физическим и духовным; однако теперь я смотрю на вещи через другие линзы: мистики отвергают такую сдержанную, безопасную телесность, поскольку они погружаются в плоть и кровь в ее необработанном состоянии - например, когда Будда покинул свой дворец, чтобы жить на открытом воздухе, где он проснулся, чтобы увидеть ряд человеческих страданий, или Джулиана Норвичского. которая жила одна в своей камере, где она осознала все виды человеческих страданий;
Реагируя на Черную смерть пьесами о смерти и Страстях, эти древние писатели пытались понять Бога через эти действия. Были также труды брата Лоуренса, чья практика присутствия Бога заключалась в выполнении даже мирских повседневных физических задач как священных действий, таких как мытье каждой посуды как часть его повседневной практики присутствия Бога.

Руми писал о том, как дервиши вращаются, чтобы сохранять равновесие во время движения, и я могу засвидетельствовать, что медитация при ходьбе с Тить Нат Ханом оставляет ощущение по-настоящему живой в теле, дыхании и разуме.
Буддизм в его различных вариациях разработал сложную психологию сердца и ума, никогда не разделяя их на своих родных языках. На протяжении тысячелетий она сосредоточивалась на созерцательных дисциплинах для

исследования и успокоения ума в качестве повседневной практики. Поскольку современность и колониализм поставили под угрозу саму традицию, монахи, служившие ее хранителями, открыли эти практики для всех. А в ответ на социальные волнения 1960-х годов молодые жители Запада начали ездить в Индию и Бирму, чтобы изучать техники медитации. Я взял интервью у некоторых из этих пионеров: Шэрон Зальцберг, Джозефа Гольдштейна, Сильвии Бурштейн и Мирабай Буш – среди многих других – когда они вернулись домой не как проповедники, а как импортеры духовных технологий, которые могут предложить немедленные решения в сегодняшнем современном мире.

Джон Кабат-Зинн впервые столкнулся с медитацией во время изучения молекулярной биологии в Массачусетском технологическом институте. По словам Кабат-Зинна, из ученых получаются отличные медитаторы, потому что им комфортно знать то, чего они не знают, - что он нашел особенно полезным как попытка примирить энергии, которые тревожно сосуществовали в его детстве, когда родители-ученые и художники тревожно сосуществовали вместе. . Со временем он почувствовал, что то, что он узнал, должно быть доступно и полезно для лечения болезней и снятия стресса; в 1980-х годах он основал то, что стало известно как «Снижение стресса на основе осознанности»; внося значительный вклад в трансформацию западной медицины, которая продолжается и сегодня.

Послушайте диалог между Джоном Кабат-Зинном и доктором Эми ЛеФевер. Эти технологии или интрапсихические технологии — как бы вы их ни называли — предлагают нам возможность постоянно восстанавливать связь с тем, что самое глубокое и лучшее внутри нас самих. Это больше не является чем-то достижимым только благодаря занятиям в Гарвардс или десятилетиям работы на виноградниках — вы уже обладаете всем этим, в том числе благодаря практике осознанности, включающей медитацию в сидячем положении, сканирование тела лежа, осознанную хатха-йогу или любую другую формальную или неформальную форму — это сама жизнь, охватывающая слух, зрение, обоняние, вкус, осязание и «разум».

Ваша аналогия прекрасно иллюстрирует, что поставлено на карту: любой момент, который мы не признаем важным, потерян навсегда, по словам Торо в «Уолдене»: «Только наступает тот день, когда мы просыпаемся.

Только наступает тот день, когда мы просыпаемся. Эта цитата из предпоследней строки Уолдена описывает его реализацию в Конкорде в 1844 году, которую часто называют идиллической, во время идиллической жизни, полной сельского хозяйства и миротворчества в его время. На самом деле Уолден описывал жизнь местных жителей и фермеров как жизнь тихого отчаяния, мало чем отличающуюся от того, как мы сегодня воспринимаем электронную почту или Интернет как отвлекающие нас от самих себя.

Люди живут в состоянии, известном как homo sapiens sapiens; это имя происходит от латинского sapere, что означает пробовать или знать; другими словами, мы знаем, что знаем, и это часть того, что нас определяет. Возможно, чтобы по-настоящему владеть этим титулом, нам нужно развивать осознанность, чтобы само осознание было нашим проводником как людей.
На каждом этапе нашей жизни нам необходимо принимать решения о том, во что инвестировать и где мы живем, куда отправлять наших детей в школу и кто должен сидеть за нашими обеденными столами. По сути, каждый момент имеет значение, если жить так, как следует.

По мере того, как мы усваиваем эти уроки, тем больше вероятность того, что мы не будем бежать навстречу смерти, а вместо этого откроемся жизни. Между этими двумя путями существует огромная разница, и все доступные научные данные свидетельствуют о том, что, когда люди таким образом выбирают жизнь вместо смерти, их мозг меняется как с точки зрения формы и функций, так и с точки зрения реакций иммунной системы, резко меняется регуляция температуры тела - в конечном итоге. заботиться о том, что для нас важнее всего как физически, так и психологически, включая улучшение отношений с друзьями, близкими и самим собой.

Мой дедушка-проповедник из южных баптистов обладал огромным количеством энергии, заразительным смехом и непреодолимой страстью к моей бабушке. Его присутствие было противоядием от его теологии, которая была подкреплена репрессивным набором правил: употребление алкоголя, курение или сексуальные отношения не допускались, а другие включали танцы, игру в карты, плавание и ношение шорт как запрещенные действия. Его проповеди изображали мир как место, по своей сути коварное, а наши тела — как потенциальные входы в опасность. Позже я понял, что за его правилами стоял разум; каждый из них предвещал предстоящее путешествие под гору при его жизни. Мой дедушка вырос в труднодоступной зоне Оклахомы задолго до того, как «Двенадцать шагов» стали мейнстримом – до того, как такие зависимости, как азартные игры или алкоголизм, больше не рассматривались как смертный приговор, до того, как сексуальная активность стала возможна без страха забеременеть, до того, как внебрачные роды стали повседневным явлением и до того, как аборт мог принести хаос в жизни.

Как и мои родители, я презирал его правила. Они больше не имели смысла в нашем мире контроля над рождаемостью, и пары проводят ночи с алкоголизмом, поскольку его последствия исчезли, но мы потеряли необходимое смирение по отношению к природе, которое поколение моего деда знало достаточно хорошо, чтобы признавать и уважать. Вместо этого мы жили в середине века видением контроля над природой с помощью политики и рецептов, позволяющих управлять ее дикой стороной большими и малыми способами.

Дом и окружающая среда являются взаимозависимыми сферами: контроль рождаемости и сокращение загрязнения играют центральную роль в борьбе с бедностью; Дома мы подчинили элементы огня, воздуха, воды и земли с помощью микроволн и кондиционеров, чтобы создать фаст-фуд. Моя мать изучала домоводство, как и все ее поколение; они стали свидетелями того, как обед появился из коробок и банок. Удобство стало новой добродетелью в послевоенной Америке, преобладающей над любой мудростью, которую может дать тело.

Сегодня я верю, что наши чувства служат главным испытанием для нашей души. Хотя слова моего дедушки могут показаться вам знакомыми, сегодня это также включает в себя обширную и сокровенную любовь к нашим телам, которые были бы ему чужды; наряду с осознанием того, что наслаждение — абсолютная добродетель, а удобство — лишь иллюзия; поверьте, мудрость вашего тела имеет первостепенное значение, и ее легко обнаружить даже в обычных условиях. Удобство — это лишь временное облегчение, пока труд остается реальным — и тем не менее удовольствие остается также реальным, если ему отдается приоритет в процессах принятия решений и их последствиях, одновременно снимая это бремя с процесса и последствий; труд остается реальным, а удовольствие остается реальным, несмотря на эти факты - используя старые/новые способы, мы можем более внимательно учитывать удовольствие и настаивать на удовольствии как идеальной добродетели! Аристотель рассматривал удовольствие как меру честности; то же самое сделала и Библия в своем изображении человечества. Как только из хаоса был создан порядок, вторая глава Книги Бытия помещает нас в Эдем – среду, наполненную восторгом, – где правит праведное желание. Красивый сад, наполненный деревьями, «приятными для глаз», приносит восхитительные плоды; Эллен Дэвис помогла мне осознать, что повседневная человеческая жизнь связана не столько с сексуальным удовлетворением и греховным поведением, сколько с пропитанием как частью существования как частью самой жизни.

Особое внимание уделяется плодородию земли. «Пусть земля произрастит траву», — написано на иврите. «Пусть семенные растения и фруктовые деревья

всех разновидностей на Земле принесут плоды с семенами», и эта тема продолжается в другом стихе. Постоянное внимание уделяется тому, что наша планета Земля представляет собой автономную самовоспроизводящуюся систему плодородия и плодородия, поддерживающую все живые существа, включая человечество. Бог напоминает человечеству в конце главы 2, вскоре после того, как им было поручено проявлять искусное мастерство, что каждое семенное растение на Земле и каждое плодоносящее дерево станут для них источником пищи; звери и птицы тоже».
Вся жизнь на Земле теперь имеет доступ к пище в виде зеленых растений для потребления, что гарантирует каждому наличие продовольствия.

По крайней мере, я так понимаю: это может быть нашим лучшим и первым показателем того, что значит для людей осуществлять умелое доминирование среди других существ: люди — единственный вид, осознающий, что каждому нужна пища для выживания.

Поэтому мне кажется правильным и уместным в этом столетии, что это одна из начальных точек, когда мы начинаем осознавать, кто мы и какую жизнь ведем. Поскольку мы сталкиваемся с продовольственным кризисом, наши меры реагирования должны включать изучение преимуществ земли как для экосистем, так и для экономики. В основе всего этого анализа лежит осознание того, что вкус может служить индикатором морального благополучия — будь то свежесть продуктов, жизнь или смерть животных или жизнеспособность почвы. Поскольку наша эра небрежного питания подходит к концу, мы заново открываем для себя возвышенное удовольствие от бережного выращивания и приготовления продуктов, открывая, как пересекаются знания, мудрость и вкус. Дэн Барбер — энергичный человек и страстный сторонник принципа «от фермы к столу», воссоединяющего базовый человеческий опыт через еду.

Послушайте дискуссию между автором Дэном Барбером и Дэном Бейкером.

Моя мать умерла, когда я был еще очень молод, и отец остался моим единственным источником приготовления пищи. Его усилия далеко не соответствовали его способностям - часто яичница готовилась твердая, подгоревшая и недоваренная; во время этих приступов тонзиллита, когда мне было 15 лет, когда моя тетя, опытный шеф-повар, с любовью готовила еду, используя французское масло с рынка, взбитое на пароварке со свежеприготовленной яичницей! Это блюдо осталось моим самым ярким воспоминанием из детства.

«Боже, эта еда личная. Это настоящая яичница, приготовленная настоящими людьми! Это любовь». Вы могли бы возразить, что я игнорировал своего отца, но на самом деле его яйца помогли мне еще больше оценить яйца моей тети!

Дэн Барбер утверждает, что когда дело касается еды, этический выбор часто совпадает с приятным выбором. Я брал у него интервью в рамках фестиваля еды, духа и искусства в синагоге Индианаполиса; один из его ресторанов можно найти на действующей ферме в северной части штата Нью-Йорк — вместо этого он предлагает Еве искупительную морковку.

Послушайте разговор между Дэном Барбером и автором.

Приятные вещи и восхитительные вкусы часто совпадают — в этом радость того, что я делаю! Приготовление вкусной еды и поиск великолепных вкусов всегда было моей страстью, поэтому, естественно, это идет рука об руку с хорошими экологическими соображениями. Это кажется очевидным, но мы часто забываем, что оно существует. Американские потребители прошли через длительный период, когда мы забыли даже самый очевидный факт: вкусная морковь и баранина требуют решений, принимаемых на пастбищах и в поле, которые были бы одновременно этически сознательными и экологически чистыми. Вы просто не можете сочетать неэтично приготовленное блюдо из баранины с небрежно выращенной морковью; даже нашим величайшим поварам будет сложно это сделать.

Один пример, который мы недавно продемонстрировали: мы вырастили морковь Мокум в феврале, собрали ее и принесли прямо на кухню, где провели тест Брикса, или тест на сахар, с помощью рефрактометра, измеряя содержание сахара в миллиардной части.
Измерения рефрактометра зарегистрировали эту морковь Мокум на уровне 13,8. Ради любопытства мы провели измерение Брикса на другой моркови, которую использовали в качестве бульона в нашем ресторане; тот, который вы можете найти в Whole Foods или аналогичной высококачественной органической моркови. Что он измерил по шкале Брикса? 0,0: не обнаруживается сахаром! Это открытие совершенно сбило меня с толку, поскольку я знал, что будет очевидное различие; в конце концов, я сам чувствую разницу. Но было ли это так неожиданно драматично?

«Когда мне пришло время выбрать физиолога растений, я быстро влюбился в него: он еще и поэт-любитель! То, что он мне сказал, было весьма поэтично, но имело прямое отношение к делу: морковь превращает свой крахмал в сахар, потому что в твердом состоянии замерзает, он не хочет кристаллизации льда, которая привела бы к его смерти; то, что вы ощущаете как сладость, на самом деле может быть индикатором этого корнеплода, говорящим вам о его желании не погибнуть в этих суровых условиях.

Между прочим, существует интересная корреляция между уровнем Брикса и плотностью питательных веществ (интересное явление, если задуматься над ним) и стремлением нашего организма к ароматной пище с высоким уровнем Брикса, например, производимой на фермах, и ее питательной плотностью. Если мы выбираем что-то, где нашей основной целью является сладкая сладость, мы также можем выбирать то, что окажется для них экологически обоснованным решением!

Вы утверждаете, что не являетесь специалистом по этике, однако ваше обсуждение касается чего-то животворящего, имеющего этическую ценность.

Как только я стану раввином, этика станет моим приоритетом.

Но эти действия имеют моральную ценность в рамках еврейской традиции.

Действительно правда. Я считаю чрезвычайно удачным, что вся моя философия вращается вокруг удовольствия. Знаете, быть защитником таких идей — чрезвычайно полезный опыт? Если вы жаждете самых вкусных продуктов, это по определению означает ваше стремление к ответственному использованию окружающей среды – вот что определяет устойчивость!

Мой дедушка купил ферму после того, как оставил проповедь, начал разводить скот, собирать урожай орехов пекан с деревьев и посадить огород. Даже сейчас я помню, как пробовал его потрясающий лук, который остается незабываемым вкусовым ощущением; одно из многих воспоминаний, которые сейчас имеют для меня такое большое значение и очень духовны по своему значению.

* Меня привлекает еврейская концепция души (нефеш), которая не существует заранее, а возникает, формируясь посредством телесности и межличностного опыта. Это говорит о том, что нашим телам необходимо требовать наши души, чтобы претендовать на них; наши тела являются источником добродетели или порока, точками доступа к тайне - это кажется нелогичным, но каким-то образом имеет смысл: выйти за пределы и выше нас.

Наши тела показывают нам правду жизни, которую не может показать наш разум, то есть в любой момент нам нужно столько же мягкости, сколько и силы духа; всегда нуждается в заботе и нежности со стороны других. Жизнь постоянно развивается; ни один момент не стоит на месте и дыхание не воспринимается как нечто само собой разумеющееся. Никогда не совершенный, быть живым означает всегда иметь дело с беспорядком и неожиданностями, возникающими на протяжении всего пути; то, как мы открываемся или закрываемся для этой реальности, когда мы никогда не достигаем безопасности, устойчивый застой, является ключевым материалом мудрости.

Среди нас так много мудрых учителей осознают истины жизни с позиции болезни или кризиса, когда их истина становится более прозрачной, чем когда-либо. Они появляются не излеченными, а более цельными, чем прежде, воплощая в себе мистические идеи, которые казались чуждыми, но оказались здравым смыслом. По своей сути жизнь — это потери, как незаметные, так и катастрофические — рак, автомобильные аварии, — но также и любовь и возрождение после утраты или смерти — старение, потеря любви, угасание мечтаний, уход детей из дома… Горе и радость сосуществуют как отдельные пути друг от друга; ни один из них не существует как отдельные пути опыта друг от друга...

Каждый шаг, который мы делаем, помогает нам глубже закрепиться в себе, сквозь все свои недостатки и благодать.

У Мэтью Сэнфорда одно из самых ярких тел, которые я когда-либо видел, и он выдающийся учитель йоги. Он находится в инвалидной коляске уже тридцать лет с тех пор, как в четырнадцать лет его парализовало ниже пояса после автомобильной аварии на дороге в Миссури, в которой погибли оба его родителя. Сначала, следуя советам врачей и терапевтов, он попытался развить у бодибилдера руки вместо ног, что в конечном итоге оказалось неэффективным. Йога помогла ему восстановить все аспекты своего тела, настаивая на том, что он может исцелиться, даже если его ноги не могут. С тех пор он стал пионером адаптивной йоги для людей с ограниченными возможностями, ветеранов и молодых женщин, страдающих анорексией. По его словам, он никогда не встречал человека, который чувствовал бы себя более комфортно в своем теле и не стал бы более сострадательным ко всем формам жизни – удивительное заявление, но каким-то образом имеющее смысл!

Послушайте беседу между Мэтью Сэнфордом и писателем Эриком Ребергом.

Мой шестилетний ребенок плачет и нуждается в моих объятиях не только из-за любви, но и для того, чтобы создать границы вокруг своих переживаний – знать, что любой дискомфорт не будет ограничивать все его существо, и, таким образом, объятия помогают ему вернуться в себя и облегчить любое беспокойство. или напряжение, которое он чувствует. Одним объятием он быстро возвращается в себя.

Когда Мэтью начал заниматься йогой, он заметил, что, хотя его сознательная память об аварии со временем потускнела, его тело все еще помнило ее последствия; таким образом, это совпало с новым рубежом в биологии стресса и травм – что переживания могут оседать в наших телах и к ним обращаться. По его словам, путешествие Мэтью — это путешествие, которое мы все совершаем; он опережает других в том, что касается достижения физических пределов раньше, чем большинство других, и более быстрого упадка сил.

Послушайте разговор между Мэтью Сэнфордом и писателем Полом Дюгидом.

Итак, вы описываете, как с течением времени и после всех видов операций и травм, включая первоначальные и последующие травмы, исцеление может происходить во многих формах, помимо простой ходьбы. В какой-то момент всего этого вы начали понимать, что исцеление может принимать самые разные формы, помимо физической. Когда люди говорят: «Мое тело меня подводит», что сейчас слишком часто говорят все ваши коллеги, которым за сорок, — все, кого я знаю, делали подобные наблюдения — неважно, подводит ли у них зрение, подкашиваются колени, проблемы со спиной и т. д.

И я говорю это с сожалением, потому что в 13 лет я воспользовался своим телом, подвергнув его всевозможным травмам. Один урок, который с тех пор нашел для меня отклик, заключался в том, что именно мое тело позволяло мне жить; жизнь — это то, в чем он старается изо всех сил.
Мое тело не просило, чтобы его сильно ударили и сломали, его позвоночник был разорван в клочья, а множественные кости сломаны, но оно восстановилось, быстро перегруппировавшись, чтобы продолжать жить полноценной и активной жизнью. Лишь некоторая часть меня не смогла восстановиться - пара дюймов спинного мозга не смогла восстановиться после инцидента, - но мне все же удалось нормально функционировать, производя новые клетки там, где это необходимо, и стремясь прожить как можно дольше.

Пранаяма, или йогическое дыхание, может помочь улучшить баланс, силу и гибкость в позах йоги. Когда вы практикуете эту форму дыхательного упражнения в позах, которые вы непосредственно не чувствуете, пранаяма позволяет вашему дыханию заполнять пространства, которые вы не можете почувствовать; не только бицепс, который вы действительно можете согнуть. Улучшается ваш баланс, усиливается сила и расширяется гибкость; не говоря уже о том, чтобы почитать свое тело, не превращая это в этический урок - лично я предпочитаю «благодать».

Осознайте грацию своего тела

Или осознайте, что даже те части вас, которые вы не признаете изящными, изящны сами по себе — не упускайте из виду их как потерянные или отсутствующие; они составляют часть вашей силы, гибкости и устойчивости; похоже на текстуру древесины, где есть не один, а оба вида, которые добавляют прочности; инклюзивность делает мир светлее и проще, когда сюда включено больше вас самих.

Эта работа может быть тяжелой. Необходимо терпение и настойчивость. Мне бы хотелось, чтобы было одно волшебное прозрение, которое сделало бы все проще; к сожалению, это работа, как и все остальное. Мои мысли часто вращаются вокруг прогресса моего тела в направлении к спокойной жизни: когда кожа борется со старыми пролежнями или старыми травмами, и я стараюсь не думать: «О, оно не выдерживает!», вместо этого кажется, что мое тело усердно работает в своих попытках. . Вместо этого я говорю себе: «Чувак! Он усердно работает. Мое тело не отпускает».
Возможно, мое тело исцеляется не так эффективно, но сострадание, которое я могу проявить к себе и другим, исцеляет мое физическое тело другими способами.

Тейяр де Шарден не осознал существенной части картины: духовная эволюция не уменьшила биологическую значимость, а усилила ее, заставляя нас жить в наших телах более сознательно и уважительно. Некоторые из нас добиваются прогресса в этом, бегая, гуляя, занимаясь боевыми искусствами, занимаясь садоводством или готовя еду – или любым другим способом. До встречи с Мэтью Сэнфордом я был заядлым пловцом; после этого я занялась йогой, которая буквально спасла мне жизнь! Тонкое по своему происхождению, но глубокое по своим последствиям. Сосредоточение внимания на том, где были мои ладони и своды ног, принесло немедленное облегчение и с тех пор оказалось неоценимым в улучшении моего благополучия. Когда я приблизился к среднему возрасту, я впервые начал заниматься йогой и был поражен тем, насколько полезно было не быть экспертом в ней - хотя позы йоги важны, переходы между позами одинаково изящны; Я применяю этот физический опыт различными способами в своей повседневной работе.

Существует множество плохой йоги, равно как и много плохой религии. Поэтому, когда двадцатилетние учителя советуют мне «сформулировать намерение» для моей практики и послать его в мир как благословение, я не знаю, верю ли я им; все, что я знаю наверняка, это то, что забота о том, чтобы соединить тело, дыхание и намерение вместе, меняет мою способность мгновенно концентрировать внимание и меняет способ моего перемещения по миру.

Принятие своего тела со всеми его изяществами и недостатками стало неожиданным подарком в среднем возрасте. Старение неизбежно для всех нас, однако его последствия порой застают нас врасплох. Старение больше не происходит постепенно, и сколько бы я ни практиковал йогу, наступил момент, когда первоначальный танец между порядком и хаосом больше нельзя было скрыть, скрывая или скрывая определенные симптомы. Наблюдая за тем, как мои дети проходят первичную метаморфозу подросткового возраста, я решил принять, а не пугающие реакции в ответ на мою собственную трансформацию; Точно так же я надеюсь, что это решение применимо и к моей собственной метаморфозе старения.
Горе, страх и неверие могут быть частью жизни; тем не менее, принимая этот вызов с таким большим одобрением, на которое я способен, появляется неожиданное благословение: мир.
Удовлетворенность не всегда была чем-то, что я испытывал или даже осознавал, насколько сильно я этого хотел. Однако этот дар физиологии, наряду с выпадением волос и старением кожи, напоминает мне, как наш мозг был создан для получения новых впечатлений в молодости. На этом этапе жизни люди находят большее удовлетворение рутиной. Замедление дает пространство для наблюдения; Теперь я обладаю осознанием, которое раньше ускользало от меня, когда моя кожа была более сияющей; Внимательное отношение к красоте в повседневных аспектах моей жизни доставило мне огромное удовольствие. В начале каждого утра ничто не может сравниться с моим восторгом от первой чашки чая; объятия моего сына никогда не смогут превзойти мои; или красоту белой сосны на моем заднем дворе, которая растет год за годом.

* * *

Ценить красоту как животворящий мост между чувственным и духовным удовольствием — неожиданная, но изменяющая жизнь добродетель, с которой я столкнулся позже, чем ожидалось. Поначалу это застало меня врасплох, поскольку это путь к добродетелям суперзвезды; поначалу я не увидел красоты в полупустынном ландшафте Оклахомы; хотя теперь я вижу в этом привлекательность. Никто не научил меня их именам, кроме тех, что жалят или отравляют; поэтому никто не научил меня, какие растения или существа нас жалят или отравляют! Для научных проектов я прикреплял кузнечиков к коробкам из-под сигар, обрабатывая хлороформом больше, чем лягушек; шокирующе вспоминать, что было до того, как пришла леди Берд Джонсон и сказала нам всем остановиться!

Когда я был молодым человеком, живущим в Берлине, мое внимание было сосредоточено как на моей внутренней жизни, так и на геополитических интригах вокруг меня. Если бы меня тогда спросили о месте красоты в осмысленной жизни, я бы ответил, что это хорошо, но не обязательно актуально или основано на реальности. Об этом могут свидетельствовать коробки, полные моих сочинений тех лет: очерки, рассказы и полуроманы на бумаге формата А4 с матричными краями, а также блокноты, заполненные интенсивными каракулями, тому подтверждение. В моих произведениях очень мало чувственных свидетельств за пределами высокого серого неба Германии; просто слова, нагроможденные на слова.

Мое первое воспоминание о том, как я смотрел вверх и наружу, произошло, когда я приехал в Шотландию из Берлина в возрасте двадцати пяти лет, когда я ехал туда на междугороднем поезде из Берлина. Выйдя из автобуса, курсирующего до аэропорта, мои глаза широко открылись, увидев то, что лежало перед ними: горы, озера и леса вокруг меня.

Шотландия сразу привлекла мое внимание своими острыми углами, каскадом оттенков зелени и вереска и необыкновенным светом. Он ошеломил меня своим поразительным пейзажем с угловатыми углами, каскадом оттенков зелени и вереска и необычайной яркостью; Я нашел там утешение от своего замешательства и беспокойства, затмив их присутствие до незначительности; этот опыт помог мне осознать не просто величие, но и прочную реальность, которая смягчила сильные геополитические потрясения; Лично для меня этот опыт положил начало духовной жизни.

В моих повседневных разговорах часто всплывает красота: ее разнообразные проявления и основанная на реальности природа, какой может быть политический дискурс. Эта тема часто возникает в дискуссиях с учеными: физики и математики, занимающиеся математикой, обладают богатым словарным запасом для описания красоты; если уравнение не соответствует этому эстетическому стандарту, они часто будут утверждать, что оно, вероятно, неверно, в то время как астрономы и астрофизики, использующие телескопы и радиоволны прошлых времен, также могут посеять семена красоты в наше коллективное воображение.

Мои собеседники-мусульмане с течением времени страстно связывали красоту с духовной добродетелью: красота как ключевая моральная ценность. Впервые я получил этот подарок, как только произошло 11 сентября, от профессора права Калифорнийского университета в Лос-Анджелесе Халеда Абу эль-Фадла, с которым я познакомился в ходе публичного диалога в Лос-Анджелесе вместе с раввином Гарольдом Шульвейсом. Халед рисковал своей жизнью, защищая ислам от экстремистов. Он родился и вырос в Египте и Кувейте и в юности едва избежал радикализации. Он утверждает, что ключ к будущему ислама заключается в повторном открытии его основной моральной ценности красоты. Бог наслаждается красотой; Ислам учит и является красотой. Красота заключается в созидании, а не в разрушении и равновесии; его воплощение находится в людях и их способности применять священные тексты к творчеству и знаниям, которые назидают и обогащают.

На вечернем мероприятии в Лос-Анджелесе раввин Шульвейс повторил запоминающуюся еврейскую библейскую фразу: «красота святости». По его словам, эта красота олицетворяет целостность – не только формы и формы, но и отношения. Разделяющая сила религии уже давно опровергнута, поскольку она была изобретена людьми – в отличие от самого Бога! Мы вместе исследовали некоторые из самых сложных жизненных проблем, например, почему религия парадоксальным образом лежит в основе такого насилия и войн, ведя нас по неожиданным путям; к другому виду критики, которая позволила нам понять, и к перспективе, которая принесла понимание.

Эти религиозные люди, как евреи, так и мусульмане, обсуждали, что действия, совершаемые во имя религии, могут рассказать о ее авторах: красиво это или безобразно? Этот вопрос послужил лакмусовой бумажкой, позволяющей оценить, может ли любое действие, совершаемое под его знаменами, проявить благоговение перед вселюбящим и милосердным Богом, который мог сотворить всю эту красоту?

С культурной точки зрения определение красоты может быть сложным термином; мы привыкли видеть совершенство на обложках журналов как наше представление о красоте; однако, как отметил Джон О'Донохью в своих блестящих произведениях и философии красоты: гламур – это другое слово. Я использую его определение для своих собственных целей, чтобы осознать все его нюансы в нашем повседневном опыте: красота — это то, что каким-то образом улучшает нашу жизнь, а сам Джон О'Донохью приехал из Коннемары в западной Ирландии в поисках вдохновения при создании своих философских произведений. , поэзия и поэзия о красоте, которые были его творческим продуктом поэзии, философии и поэзии, которые создали его произведения и заставили меня принять мое определение: красота заставляет нас чувствовать себя живыми!

Послушайте разговор между Джоном О'Донохью и автором.

Регион Буррен, состоящий из известняка, представляет собой суровый и красивый пейзаж. Мне часто кажется, что его формы созданы каким-то сумасшедшим, сюрреалистическим божеством; когда я был ребенком, попавшим в эту среду, это было похоже на приглашение моему воображению разгуляться! Более того, его близость к океану означает, что между морем и камнем происходит древний диалог; нечто, узнаваемое кельтским воображением: пейзаж был живым! Пейзаж призывает вас в тишину, одиночество и тишину, чтобы вы могли по-настоящему оценить дары времени и подарить моменты признательности за моменты тишины, одиночества и тишины, чтобы вы могли по-настоящему насладиться временем!

Джон О'Донохью поэтично говорил о создании наших собственных внутренних прекрасных пейзажей, чтобы сохранять жизнеспособность даже в суровых и опасных условиях и переживаниях. Он озвучил эту связь между внутренним миром и физическим благополучием.
Его любимым словом были пороги; эти края жизни, где реальность становится более резкой и очевидной.

Послушайте этот диалог между Джоном О'Донохью и автором.

Как следует из его корней, «порог» происходит от «молота», процесса отделения зерна от шелухи. Таким образом, порог можно рассматривать как место, где человек приближается к большей критичности, вызовам и достойной полноте своей жизни. Куда бы мы ни посмотрели, существует множество таких порогов: каждая жизнь представляет собой значительные препятствия на своем пути. Представьте себе, что вы находитесь в середине своей напряженной вечерней жизни, у вас на повестке дня 50 дел, и вдруг кто-то, кого вы любите, неожиданно скончался; Чтобы передать эту информацию всем вокруг, достаточно всего 10 секунд телефонного звонка. Однако как только телефон кладут трубку, предстает другая реальность. Все, что раньше казалось важным, ушло, и теперь ваш фокус сместился; все те тревоги, которые у вас были, вдруг кажутся неуместными теперь, когда все изменилось. Таким образом, хотя то, что кажется твердым и прочным основанием, на котором мы стоим, может показаться на первый взгляд, на самом деле это очень условно; пороги представляют собой линии, разделяющие две территории духа, которые часто определяют, кто успешно их пересекает, а кто нет.

Где в этом красота?

Красота – это нечто большее, чем просто кожа. Красота заключается в более округлом содержательном становлении; когда мы с изяществом и элегантностью пересекаем новые пороги, он освобождается от шаблонов, в которых мы где-то застряли раньше. Поэтому я считаю, что красота — это возникающая полнота с повышенной грацией и элегантностью, которая создает глубину, а также обеспечивает возвращение домой наших воспоминаний о разворачивающейся жизни.

Ваше утверждение верно, поскольку вы отмечаете, что мы часто связываем красоту с гламуром. Я думаю, когда мы слышим или думаем о слове «красота» в обычном разговоре, люди могут представить себе, что образ изысканного лица (или, может быть, просто «красоты») сразу приходит на ум? Итак, когда кто-то упоминает красоту, какие образы приходят вам на ум?

Когда я думаю о красоте, на ум сразу приходят лица тех, кто мне дорог. Иногда на ум приходят красивые пейзажи, которые я знаю. Когда я вспоминаю свой собственный опыт доброты со стороны людей, которые заботились обо мне в те времена, когда я чувствовал себя беспомощным или когда моя любовь и внимание нуждались в поддержке. Я часто думаю о тех невоспетых героях, часто невидимых для других, которые остаются для меня невоспетыми героями, но являются настоящими невоспетыми героями: людьми, чьи имена, вероятно, никогда не будут упомянуты, но которые упорно преодолевают ужасные обстоятельства, но находят способы вырваться на свободу и преподнести подарки. возможностей, воображения и видения. Когда дело касается красоты, на ум всегда приходит музыка: сама музыка является моим источником. Хотя поэзия также прекрасно представляет это; Я тоже нахожу там красоту, но музыка, кажется, ближе к тому, чем язык хотел бы стать, если бы у него была такая возможность.

Мой разговор с Джоном О'Донохью длился более двух часов и был волнующим. К сожалению, через два месяца после нашего интервью в возрасте 52 лет он внезапно скончался во сне, оставив после себя стихи и благословения, которые нужно учитывать; наше интервью транслировалось как в память, так и как празднование; жизнь — это цикл потерь настолько, насколько в нем есть красота.

Считая красоту неотъемлемым компонентом жизни, я подвергаю сомнению ее природу так же, как углерод и хлорофилл: действительно ли красоту можно считать одним из важнейших элементов жизни? Красота может дать жизнь, надежду и даже превосходство как нашему природному миру, так и религиозным/нерелигиозным отношениям. Может ли красота служить мостом, который мы можем время от времени пересекать, чтобы соединиться друг с другом? Настаивание на красоте в физических пространствах, где мы учимся, играем, работаем и лечимся, теперь становится очевидным: настаивание на красоте в занятиях, более приносящих удовлетворение и жизнеутверждающих; забота о красоте других помогает перенаправить тех, кто вовлечен в «благотворительность/развитие»/развитие, на заботу о своей красоте — перенаправляя их траекторию от благотворительности/развития к заботе о своей красоте, тем самым перенаправляя их от благотворительности/развития к заботе о красоте в других. и перенаправление от благотворительности/развития, вместо этого уделяя внимание красоте в других; перенаправление от благотворительности/развития к заботе о каждом человеке вместо того, чтобы уделять больше внимания его/ее красоте от посещения благотворительности, может помочь навести мосты уважения/примирения между политическими партиями/и т. д... В этой степени это требование настаивания на красоте в физических пространствах где люди учатся/играют/работают/исцеляются, это может помочь им смириться или спастись, делая все эти занятия более плодотворными/спасая обиду, посещая/помогая обиде - обращению к "благотворительности/развитию", связанной с реваншем. Забота о красоте в других — это просто перенаправление, возврат назад, и, следовательно, вместо этого помощь красоте друг друга, тем самым перенаправление вместо этого на «милосердие/благотворительность и спаси нас вместо этого — отдавая все — в этом столетии сейчас — заботу». тем самым больше используется для исцеления, а не для благотворительности/исцеления, более полезным или более прекрасным является исцеление, дающее жизнь в этом столетии – для «благотворительности вместо того, чтобы больше давать жизни, вместо того, чтобы посещать больше жизни – больше жизнедающего пути отныне – к '. "разработка". Посещение друг друга может помочь сэкономить гораздо больше, чем нужно. «Забота о красоте другого, а не благотворительность/развитие». Люди утратили способность идентифицировать других как проблемы, которые нужно решить и оказать им помощь. Жаклин Новограц, работающая в беднейших местах мира, часто задает этот вопрос, чтобы вызвать внутреннее изобилие: что вы делаете, когда чувствуете себя самой красивой?

В наши дни меня все больше привлекают добрые дела и добрые дела — действия, которые создают красоту, вовлекая ее тени в плоть и кровь, время и пространство. Красота становится видимой, осязаемой в моменты, когда люди тянутся друг к другу, чтобы прикоснуться друг к другу с гуманизмом. Перед своей смертью в 2013 году Роберт Белла, один из выдающихся социологов мира, рассказал нам, что его точка зрения изменилась благодаря одному осознанию, в частности: когда млекопитающие начали рожать изнутри себя, духовная жизнь стала возможной. И люди, и обезьяны нуждаются в родительской заботе, чтобы потомство выжило; по мере того, как этот период удлиняется, беспомощность детей создает пространство для смягчения, экспериментирования и творчества в самопонимании и совместной жизни – осевое движение от страха к заботе о себе – этот факт давно признан религиями, которые перевели его на свой язык – Сострадание взято из еврейского и арабского слов, означающих «матка».

* Когда я уехал из Берлина много лет назад, я начал подвергать сомнению жизнь власти и успеха, с которой я столкнулся во время моего воспитания. Хотя изучение богословия не привело меня к тому, чтобы стать рукоположенным пастором; скорее, это послужило катализатором размышлений о жизни в целом. Я изучал духовность, чтобы изучить значение и необходимые нюансы таких понятий, как сила и авторитет в человеческой жизни, а также развить свое моральное воображение и потенциал. К моему удивлению, духовная жизнь вскоре стала одним из моих главных интересов. И я хотел убедиться, что это поможет справиться со сложностью реальности, с которой я столкнулся. Поэтому, наряду с открытием мистиков, исследующих воплощенную трансцендентность, я уделил особое внимание местам, где духовные прозрения были связаны с жестко воплощенными противоречиями, встречающимися в повседневном человеческом существовании. L'Arche всегда привлекала мой интерес, бросая вызов представлениям о власти и нормальности через жизнь в сообществе людей с физическими и умственными недостатками. Внутри своих сообществ незнакомцы проявляют заботу, столь же яростную и нежную, как и узы, возникшие при рождении, оказывая столь необходимую помощь тем, кто более «беспомощен».
Инвалиды внутри организации признаются и считаются основными членами, а трудоспособные участники выступают в качестве поддержки.

Анри Нувен познакомил меня с «Ковком», когда читал одну из его книг; в то время он был уважаемым духовным учителем и писателем, известным преподаванием в университетах Нотр-Дам, Йсльском и Гарвардском университетах, прежде чем публично объявить себя «перегоревшим». Последние годы своей жизни он провел в качестве постоянного помощника в сообществе L'Arche Daybreak в Торонто. «То есть, — объяснил он, — я переехал из учреждения для самых умных и лучших в сообщество, где умственно отсталые люди и их помощники стараются жить вместе в соответствии с принципами блаженства. Сейчас в моем доме проживают 10 человек, которые все составляют часть моей семьи - постепенно я забываю, кто инвалид или нет; мы просто Джон, Билл, Тревор, Рэймонд Роуз, Стив Джейн, Наоми, Анри Адам».
В начале своего радиоприключения я совершил личное паломничество в L'Arche. Путешествуя по Айове на идиллическом участке Миссисипи, я обнаружил среди выкрашенных в пастельные тона домов на жилой улице революционное сообщество — L'Arche! Сначала моим глазам и интровертированному духу потребовалось немного времени, чтобы приспособиться к этому незнакомому срезу человечества, испытавшему одно из самых парадоксальных духовных учений: может быть свет во тьме, сила в слабости и красота даже в сломанности человеческого существования. . Но они

осмеливаются не богословствовать; скорее, это влечет за собой энергичное заселение данного, несовершенного сырья повседневной жизни. «Простые радости жизни» еще никогда не приносили такого смеха и удовольствия: совместная готовка, ужин и мытье посуды; уход с работы рано утром и возвращение поздно вечером; прогулки по окрестностям или поездки в библиотеки; сочинять музыку или просто бездельничать и вместе играть в игры — все это здесь является частью повседневной жизни. Я редко испытываю такие щедрые объятия со стороны незнакомцев и так ценю это, в то время как одновременно, а не в противоречии с этим, в каждый момент яснее обращалась реальность горя, несовершенства и борьбы человеческого бытия. L'Arche – это как иметь собственную семью. Избранный, который затрагивает очень много жизней на своем пути. Когда я ежедневно встречался с основными членами L'Arche, я был свидетелем того, как их присутствие немного тревожило тех, кого они встречали; сделав их более радостными и изящными: водителей автобусов, библиотекарей, руководителей на работе - включая меня! Это было действительно невероятно.
Радость и благодать, разлитая телами, оставили во мне след; оно сохраняется и сегодня, много лет спустя.

Жан Ванье, философ и католический гуманист, основавший L'Arche, часто цитирует Мать Терезу: «Одна из реалий, которые мы призваны пережить, — это переход от отвращения к состраданию и от сострадания к удивлению». Всякий раз, когда я сажусь с ним за расширенную дискуссию после многих лет наблюдения за его работами, я ценю его настойчивость в использовании реальности в ее истинном смысле: любовь к реальности без иллюзорных желаний того, что могло или должно было быть. Любовь к реальности со всеми ее несовершенствами позволяет Жану Ванье обнаружить Бога, присутствующего и живого внутри него самого и мира, в котором он обитает. Удивление лицу другого человека — это элегантный способ выйти за рамки простой терпимости.
Ранняя жизнь Жана Ванье не предвещала его будущего пути в политику или лидерство; вместо этого он происходил из влиятельной франко-канадской семьи, поступил в Королевский военно-морской колледж в 16 лет и в конце концов, еще будучи молодым, принял командование авианосцем. Однако его разум был поглощен вопросами смысла и силы. Поэтому он провел один год в созерцательном сообществе, посвященном работе с бедными, молитве и изучению метафизики. Жан Ванье исследовал концепцию Аристотеля «этики желания» и стал профессором философии в колледже Святого Михаила в Торонто. Однако на Рождество 1963 года Жан Ванье отправился во Францию, чтобы навестить друга, работающего капелланом для людей с умственными недостатками. Его особенно тронул огромный приют к югу от Парижа, где

восемьдесят взрослых мужчин весь день ничего не делали, а бродили кругами и дремали по два часа, часто дважды в день. Вдохновленный этой сценой, он в конце концов купил небольшой дом неподалеку и пригласил двоих из этого приюта разделить с ним жизнь. L'Arche добилась международного успеха, и сегодня насчитывается 147 сообществ L'Arche, расположенных в 35 странах, служащих местами паломничества для всех типов людей и обеспечивающих гостеприимство как неотъемлемый компонент наряду с состраданием. Жан Ванье проводил ретрит для студентов колледжей со всех концов Соединенных Штатов в Мэриленде. Я взял у него интервью в рамках этого опыта. Я встретил некоторых из них, и они сияли. Точно так же, как Клинтон сделал со мной несколько лет назад. Еще красивее был этот джентльмен с огромной теплотой и элегантной фигурой флотоводца, которым он когда-то был. Подобно Дэну Барберу, он связывает поведение, направленное на получение удовольствия, и этические соображения.
Послушайте этот разговор между Жаном Ванье и автором.

Ваши комментарии показывают, что этика желания Аристотеля актуальна и сегодня: люди желают иметь смысл в своей жизни, что Аристотель признавал и что они нашли бы захватывающим, если бы Аристотель не был жив сегодня! Согласно вашей статье: «Этика желания – это хорошая новость в то время, когда у нас появилась аллергия на этику права». Некоторые могут сравнить вашу жизнь и работу с нашим обществом, стремящимся к удовольствиям и развлечениям; тем не менее, обсуждая Аристотеля, когда я говорю с вами о нем, я слышу, что Аристотель не осуждает наш фундаментальный инстинкт к удовольствию, а скорее предлагает принять этот импульс глубже и пойти дальше, чем когда-либо прежде, - что предлагает Аристотель.

Ключевым моментом является определение того, какие занятия приносят наибольшее удовольствие. Хотя для некоторых людей это может означать употребление виски, для меня всегда философия, Иисус, справедливость и борьба приносили мне чувство удовлетворения и удовольствия в моей жизни. И хотя на моем пути к счастью были трудности и конфликты – по сути, он всегда был приятным и приятным!

Однако поговорите со мной о том, как удовольствие связано с тем, где, как я чувствую, вы нашли свое призвание или поняли, что имеет для вас значение. После возвращения во Францию и встречи с мужчинами в приюте что-то затронуло вашу душу и с тех пор определило ход вашей жизни в этом отношении.

Да, я возвращаюсь к удовольствиям и своим желаниям, а также вашим, как моим самым глубоким, так и вашим. Наше высшее желание должно быть оценено по достоинству; именно это должно двигать нас всех вперед.

Аристотель проводит важное различие между любовью и восхищением; когда люди восхищаются кем-то, они ставят его на пьедесталы; но когда люди любят кого-то, они хотят, чтобы они были вместе. Поэтому, когда я впервые встретил людей с ограниченными возможностями, меня действительно поразила их потребность в отношениях; некоторые находились в психиатрических больницах, в то время как все испытали обиду и отвержение в той или иной форме. Иисус спросил Петра: Любишь ли ты Меня? и раненые или брошенные чувствовали один и тот же вопрос: все сходится в один крик: не люби меня.

Не только в отношении инвалидности, вы указали на главный вопрос: как мы, люди, можем противостоять боли? Все виды страданий и слабостей тревожат нас как личностей и объясняют, почему они становятся таким мучительным бременем для общества, но с которым так плохо справляются?

Здесь задействовано множество элементов. Во-первых, мы не знаем, как справиться с собственной болью; так как же мы должны реагировать, когда другие испытывают страдания? Кроме того, когда дело доходит до слабостей, мы не знаем, как лучше их скрыть или скрыть, и поэтому у нас нет другого выбора, кроме как притворяться, что их не существует. Как мы можем полностью принять слабость других, если не признаем свою собственную? Мартин Лютер Кинг решительно выступал против такой практики; его вопросы часто были сосредоточены на том, почему одна группа, например, белые люди, может презирать другую, например, чернокожих. И всегда ли так будет? Всегда ли у нас будет элита, осуждающая или увольняющая тех, кого она считает недостойными? И он выдвигает невероятное и сильное мнение: пока мы не признаем, не полюбим и не примем то, что презренно внутри нас, мы будем презирать других; в нас самих могут быть элементы, которые неприятны, но которые составляют часть того, кем мы являемся как смертные существа.

Как вы часто отмечали, у всех нас есть слабости, ограничения и уродства, которые не всегда проявляются на поверхности нашего тела. Однако когда они появляются, мы в шоке отшатываемся. Вы написали с духовной точки зрения, что маргинализированные и обдуманные неудачи могут помочь вернуть баланс в наш мир – не могли бы вы мне это объяснить?

Сила часто может определять баланс в нашем мире; наличие большего количества знаний, способностей или власти позволяет делать больше, в то время как сохранение такого контроля может быстро унизить людей. Я знаю, а ты нет. И именно так разворачивается человеческая история. В этом же состоит и миссия образования – подготовить людей к тому, чтобы они стали способными и заняли свое законное место в обществе, – что, несомненно, имеет огромную ценность. Но это не идет ни в какое сравнение с обучением людей общаться, слушать и становиться самими собой – вместо этого это обеспечивает баланс сердца. Подумайте, что происходит в семьях или среди детей, когда один родитель может быть очень сильным по сравнению с другим отцом, который может быть нет. Но когда он возвращается домой, он падает на четвереньки, чтобы поиграть с детьми - чему они учат его нежности, любви, заботе об их нуждах как родителя и взаимному отношению. Дети — замечательные существа, потому что их тела могут оставаться едиными, в то время как мы можем выражать одну эмоцию, испытывая при этом совершенно другую.

Дети учат нас единству, верности и любви, как и люди с ограниченными возможностями. Некоторые демонстрируют такую изысканную красоту и чистоту, что это просто необыкновенно, напоминая нам, что жизнь — это не просто соревнование между самыми слабыми и сильными людьми, но что каждый заслуживает своего места.
Жан Ванье описывает L'Arche не как решение, а как знак, передающий видение и культуру; хотя его истинное влияние по-прежнему трудно измерить каждый момент или жизнь за жизнью; тем не менее, его существование нельзя отрицать; утверждать это слово, как это делает Жан Ванье, было бы неискренне.

Люди часто спрашивают меня о том, каковы характеристики самых мудрых людей, которых я встречал. Наряду со всеми своими добродетелями, которые поддерживают и закрепляют мудрость, Жан Ванье выделяется среди моего опыта как человек, иллюстрирующий эту черту; другие, которых я встречал, такие как Десмонд Туту, Вангари Маатаи и Тит Нат Хан, имеют схожее физическое присутствие. На что это похоже и что я могу сообщить: воплощенная способность сочетать силу и нежность в неожиданном, творческом взаимодействии, которое ощутимо, освежает и трудно определить. Мой опыт обучения, основанного на осознанности, изменил мое понимание силы и ее цели, одновременно расширив мое чувство воплощенной мудрости – как физически присутствующей, так и сознательной духовной.

ПРИМЕЧАНИЯ/КОНЕЦОВЫЕ ПРИМЕЧАНИЯ/Заключительные замечания.

Бессель ван дер Колк — новатор в лечении последствий ошеломляющих переживаний на людях и обществе. Когда мы сталкиваемся с ними в жизни или новостях, эти события обычно называют травмой, однако слишком часто люди используют только разговорную терапию в качестве решения. Он знает, как определенные переживания оставляют в нас неизгладимые впечатления, которые невозможно выразить словами, в то время как наш мозг потом заботится о физическом восстановлении.

Послушайте этот диалог между Чарльзом Дарвином и Бесселем ван дер Колком, который восходит к 1872 году! Чарльз Дарвин написал книгу «Эмоции», в которой обсуждается, как такие эмоции, как сердечная боль или боль в животе, проявляются физически.
Опыт ощущается физически. Однако, когда люди постоянно расстроены и расстроены, они часто прибегают к попыткам скрыть эмоции от себя и отключить любую связь со своим телом.

Один из способов сделать это — употребление наркотиков и алкоголя; другой метод — отключить эмоциональное осознание своего тела. В нашем травматологическом центре и в моей практике большой процент травмированных пациентов, которых мы видим, я бы сказал, около 70%, имеют разорванные отношения со своим телом; они не чувствуют, что происходит внутри, и не регистрируют, когда что-то меняется; поэтому стало совершенно очевидно, что нам необходимо помочь людям чувствовать себя в безопасности, ощущая ощущения внутри своего тела, выстраивая связь с жизнью в своем организме, как это часто называют.

Мэтью Сэнфорд — всемирно известный преподаватель йоги. После травмы спинного мозга в подростковом возрасте он не помнил о несчастном случае, из-за которого у него паралич нижних конечностей; однако его тело помнило. Этот феномен получил название «память тела», аналогично вашему представлению о том, что травма оставляет свой отпечаток не только в нашем сознании. Недавно он также начал работать с ветеранами, а также с женщинами, страдающими анорексией - понимая, что их одержимость проблемами тела может на самом деле возникнуть из-за того, что они сами каким-то образом травмированы.

Осознание того, как движется ваше тело и жизнь внутри вас, имеет первостепенное значение. Западная культура глубоко бестелесна; Мне нравится называть нас выходцами из посталкогольной культуры; у выходцев из Северной Европы был только один способ справиться с любым бедствием: алкоголь.

Североамериканская культура до сих пор увековечивает предположение, что прием чего-либо для облегчения чувства несчастья восстановит равновесие внутри вас. Однако, к сожалению, это убеждение не соответствует действительности! Вы просто ничего не можете сделать, чтобы изменить то, насколько гармонично чувствует себя ваше внутреннее существо. Религиозное образование можно найти как в школах, так и в нашей культуре, церквях и религиозных практиках, но если мы посмотрим на мир, мы увидим, что большинство религиозных практик начинаются с танцев, движений, пения или физических переживаний, но при этом более «уважаемых». люди становятся, их движения становятся как-то более жесткими.

Ваша цитата о том, как посттравматическое стрессовое расстройство открыло путь к научному исследованию человеческих страданий, была поразительной и значимой; лично для меня она представляет собой глубокое духовное понимание этой области.

Эта область развивалась в двух направлениях. Один — это травма, выживание и страдание; во-вторых, люди изучают человеческие связи как с академической, так и с научной точки зрения. Травма, возможно, и была тем, что первоначально заинтересовало людей, но я считаю, что с тех пор мы прошли долгий путь в понимании человеческих связей как формы искусства и области науки.

Наука также стала мощным средством открытий благодаря научному исследованию человеческих связей, особенно когда два человека взаимодействуют. Ученые исследуют, что именно происходит, когда два человека видят друг друга, реагируют друг на друга, отражают друг друга или двигаются вместе: танец, улыбка или разговор являются примерами физического соединения двух тел. Целая область под названием «Межличностная нейробиология» изучает то, как мы общаемся друг с другом, в частности, как ранние взаимодействия влияют на развитие мозга.

Ваше исследование действительно показывает, что умение жить в своем теле и лучше осознавать себя может повысить устойчивость к травмам.

Абсолютно. Здесь действуют два элемента. Во-первых, даже когда за вас отвечает рептильный мозг, спокойное дыхание своим телом может помочь вам заметить, когда происходят стрессовые ситуации, и почувствовать, что происходит что-то необычное.
Опять же, травмированные люди часто не осознают, что с ними происходит что-то неприятное, и не позволяют этим переживаниям доминировать над ними; Травмированные люди склонны больше не верить в то, что они владеют собой, и вместо этого позволяют другим вещам контролировать их. Как мы узнали, устойчивость к травмам заключается в полном владении собой и

принятии на себя ответственности за свои решения и действия. Следовательно, если вы будете верны себе и полностью примете то, кем вы являетесь, вы сможете повысить устойчивость к травмам. Поэтому, когда кто-то говорит обидные или оскорбительные вещи, вместо того, чтобы реагировать в ответ, воспользуйтесь подходом: понаблюдайте, а затем примите соответствующее решение. Мы начинаем по-настоящему понимать, как люди могут научиться этому навыку наблюдения, а не реакции.

Просто хочу подчеркнуть тот момент, что по своей сути все сводится к ощущению безопасности – физическому ощущению, а не просто интеллектуальному знанию. Здесь все каким-то образом связано.

В рамках лечения травм вам необходимо чувствовать и точно знать, что происходит внутри вас; это означает чувствовать, что происходит внутри, знать, где находится каждый палец и мизинец по отношению к другим частям тела, знать, когда еда становится неудобной, когда мочеиспускание не идет туда, куда должно, возникают проблемы с дыханием и т. д. Все эти элементы перестают функционировать. когда случается травма и все основные функции организма нарушаются; лечение травм должно начинаться изнутри, чтобы создать безопасное пространство, где можно спать, отдыхать и двигаться; Энн Гамильтон предлагает такой подход в лечении травм, чтобы обеспечить его успех: сон, покой, а также безопасность и свобода от травматического воздействия на функции организма, даже если возникает травма; лечение должно начинаться с этой основополагающей точки, поэтому лечение должно начинаться изнутри – начиная изнутри себя, прежде чем приступать к любому лечению, которое начинается изнутри; все это приводит к тому, что лечение травм начинается изнутри вас самих, поэтому лечение травм должно начинаться с связей тела и разума, если это необходимо на этом уровне, чтобы произошла успешная трансформация, если лечение травм начинается в рамках этой системной структуры сна-отдыха-расслабления. происходят в рамках нашей нынешней диагностической системы стресс-натрий-африканский-другое начинается здесь, у Энн Гамильтон, ее тело-тело начинается здесь, в ее подходе, в ее подходе с ее уникальным телом, поэтому, как только она точно знает, где начинается ее палец ноги, основа с точки зрения того, что тело, которое так быстро начинает лечение, начинает обеспечивать сон, отдых, обеспечение всех его основных компонентов.
Послушайте разговор между Энн Гамильтон и писателем Стивом Мартином.

Моя бабушка была мне очень дорога и у меня остались яркие телесные воспоминания о том, как я сидел рядом с ней на диване, когда был маленьким, особенно под ее сытой мышкой. Мы вместе вязали или вышивали, она читала нам обоим книги вслух, в то время как наши руки оставались занятыми, в то время как наше тело одновременно открывалось, чтобы впитывать и концентрироваться как на голосе в пространстве, так и на материале под вашей рукой, накапливающемся с разной скоростью; обе концентрации доставляют уникальные удовольствия; вы могли видеть, как оно росло с каждым сеансом, создавая разные виды удовлетворения от каждого опыта, которые оба были по-настоящему удовлетворительными.

И она вязала свитера...

Свитера были нашей специальностью; вышивание, лоскутное шитье, вязание... все эти занятия на коленях были чрезвычайно приятным занятием, которым мы могли заниматься вместе во время простоя.

Вы высказали проницательную мысль: текстиль действительно является первым домом, в котором обитает наше тело; «текстиль служит его первоначальной архитектурой».

Да. Как мы учимся? Будучи детьми или студентами учебных заведений в среде, где придается большое значение тем вещам, которые мы можем назвать или объяснить напрямую, но существует множество других способов получения знаний через кожу, самый большой орган нашего тела. Моя текстильная рука всегда была моим основным средством открытия вещей; И текст, и текстиль оживают для меня благодаря опыту, когда речь идет о ткачестве; Когда я впервые начала создавать вещи из ткани, это было похоже на еще одну кожу, которая одновременно закрывала и открывала себя.
Вы также поднимаете эту концепцию нитей: тех, которые используются для шитья, а также тех, которые представляют идеи или строки речи, - вы обсуждаете, как эти процессы плетения происходят как со словами, так и с веществами.

Чтение книг – древнее и универсальное занятие. Чтение может перенести нас далеко за пределы их страниц — чем больше вы погружаетесь в одну из них, тем дальше во времени и пространстве вы становитесь от себя и авторского видения реальности.

Как вы помните, глядя на фотографии вашей бабушки, вышивающей и вязающей свитера, эти практики могут показаться далекими и давно утерянными, но когда мы заново открываем эти навыки, это дает нам что-то гуманное и доступное обратно в общество.

Поскольку я преподаю в университете, мне интересно задуматься о том, как воплощенные знания вписываются в такое образовательное учреждение - как мы развиваем их и доверяем им - как педагог.

Но наука показала, что все эти чувства, которые мы пытаемся описать, на самом деле сначала зарождаются в нашем теле. Травма может играть важную роль, но наше восприятие мира выходит далеко за рамки просто вербальных или умственных процессов — есть также социальный аспект, вплетенный в одежду или слова рассказов или книг, который также является нашей связью со всеми окружающими нас людьми.

Что ж, вернемся на секунду к вязанию: по своей структуре вязание позволяет нам видеть каждую петлю вверх и вокруг, когда она проскальзывает друг через друга; мы также никогда не теряем из виду все его составные части — даже когда вы смотрите на целое, вы все равно видите все его части, как заметил Паркер Палмер.
Паркер Палмер объединяет людей всех слоев общества на стыке духовности, профессиональной жизни и социальных перемен. Я нахожу его книгу «Пусть ваша жизнь говорит» особенно трогательной, потому что он раскрывает два тяжелых приступа депрессии в возрасте сорока лет, которые оказались спасительными для меня и многих других, но его советы продолжают предлагать мудрость, выходящую далеко за пределы темных границ депрессии.

Послушайте увлекательный диалог между автором и Паркером Палмером.

Ваша книга включает описание клинической депрессии. Одно предложение гласит следующее. «Я принял форму христианской веры, посвященную больше абстрактным концепциям о Боге, чем прямому опыту Всемогущего: как так много бестелесных концепций возникло из традиции, основной верой которой было «Слово Становление»? Плоть?».

Я очень серьезно отношусь к тому, чтобы подвергать сомнению мой опыт, тем более что депрессия может быть таким захватывающим и охватывающим все тело опытом; депрессия представляет собой приглашение рассмотреть себя глубже, чем когда жизнь яркая и свежая.

Давайте остановимся здесь на секунду. Уже давно существует критика в отношении того, что христианская традиция не помогает людям, страдающим от чего-то вроде депрессии, потому что само страдание иногда можно прославить. Однако вы меняете этот образ тем, как применили его в данной конкретной ситуации.

Я согласен. К сожалению, слишком часто в христианской традиции существует большая путаница вокруг страданий, поскольку этот аспект жизни искажается как значимый или значимый. Различать это в жизни крайне необходимо. Мой собственный детский опыт не совсем помог понять это различие: крест всегда считался чем-то позитивным, даже если он сопровождался страданием.

«Мой взгляд на жизнь таков, что Бог, давший ее мне, хочет, чтобы я ощутил ее самый полный и богатый смысл, а не раннюю и мучительную смерть». Чтобы прожить жизнь полноценно и хорошо. Даже если это приведет меня к дискомфорту – например, отстаиванию чего-то, во что я верю, а затем отказу общества от этой идеи – те, кто испытал такую форму боли, знают, что она может быть жизнеутверждающей; знание того, в чем ваша правда, помогает вам выжить в сопротивляющихся обществах. Но есть и другая форма страдания, более непосредственно связанная со смертью в жизни, через которую мы должны пройти, пока на другой стороне не появится свет.

Квакерская традиция подчеркивает молчание. Мне вспомнилась ваша история о вашем друге, который больше всего поддерживал вас во времена сильного эмоционального напряжения; кто-то, кто придет просто для того, чтобы физически быть с вами и слушать.

«Боже, Паркер!» люди приходили и пытались мне помочь; к сожалению, многие из них вообще не помогли. Например, некоторые могли бы сказать что-то вроде: «Почему ты сидишь здесь и чувствуешь себя подавленным, когда на улице такой прекрасный день - иди, наслаждайся, чувствуй солнце на своей коже и чувствуй запах этих цветов!» К сожалению, это только ухудшило ситуацию; в том, что это вызвало у меня еще большую депрессию, потому что, хотя интеллектуально я знал, что такие вещи, как солнечный свет и цветы, существуют - сенсорные стимулы, такие как запах, не могли быть зарегистрированы в моем теле - еще больше усугубляли депрессию; другие люди приходили и говорили: «Черт возьми, Паркер! Почему у тебя депрессия? Выйди на улицу, почувствуй солнце и почувствуй запах этих цветов». А другие люди приходили и говорили что-то вроде: «Черт возьми, Паркер! Почему ты не наслаждаешься жизнью!» Другие приходили и говорили что-то подобное: «Черт возьми, Паркер, почему бы тебе не наслаждаться жизнью больше!» Другие люди приходили и говорили нечто подобное:
Вы чувствуете депрессию? | Вы боитесь сойти с ума? >> «Вы сделали так много хорошего, помогая другим и писая».

«Вы такие успешные!»

Это только усугубило бы мои страдания; поскольку это заставило бы меня думать: «Я только что использовал другого человека для своей выгоды, но если бы они действительно знали человека, стоящего за своей похвалой, они бы приговорили меня еще дальше во тьму, чем там, где я сейчас нахожусь».

Каждый день около 4:00 один друг приходил ко мне, спросив разрешения, и усаживал меня в кресло в гостиной, снимал туфли и носки, массировал мне ноги, а затем возвращал их, не говоря ни слова; он был старейшиной квакеров. Руководствуясь своим интуитивным пониманием, он иногда давал короткие комментарии, например: «Я чувствую вашу борьбу сегодня» или позже: «В это время я чувствую себя сильнее; это меня радует». Однако, если не считать этих кратких замечаний, он часто хранил молчание; никакой совет ему никогда не давался. Ему удалось найти одно место в моем теле - особенно подошвы ног - где я чувствовал некую связь с другим человеком, а массаж поддерживал мою связь с человечеством неожиданным и глубоко успокаивающим образом. Больше всего мой друг делал для меня то, что был рядом, когда мне был нужен кто-то, присутствующий в моих страданиях, тихо, но комфортно и тактильно. Хотя мне никогда не было легко полностью выразить свою признательность за это действие, я знаю, что оно имело существенное значение лично для меня. Он стал мощным символом того сообщества, которое мы должны создать вокруг людей, испытывающих подобные трудности: сообщества, которое не вторгается в их тайну и не оставляет их; скорее удерживает людей в соответствующем, священном пространстве отношений, где каким-то образом может произойти исцеление.
Люди на темной стороне могут обрести надежду, что смогут перейти на светлую сторону.

Ева Энслер широко почитается за ее пьесу «Монологи вагины», ставшую мировым хитом в ответ на насилие в отношении женщин и девочек. Но сама Энслер в детстве пережила насилие; и ее пожизненная борьба за понимание женской телесности посредством диагностики рака принесла новое облегчение в этой борьбе.

Послушайте диалог между Евой Энслер и писательницей Евой Энслер.

Итак, в 2010 году, помогая основать то, что впоследствии стало известно как Город радости в Конго, вы обнаружили огромную злокачественную опухоль в своей матке - то, что вы сравнили с Конго, принесшим свое «тело мира». Ваша история стала знаковой для современных женщин, особенно для большинства западных женщин. С одной стороны, мы очень внимательно относимся к своему телу, а иногда может показаться, что мы не обитаем в нем полностью или не знаем, что мы ему вообще не принадлежим.

Правильный. И ваша преданность делу открытия женского тела во всем мире действительно вдохновляет.

Ну, все происходит постепенно и поэтапно. Вся моя писательская деятельность была попыткой вернуться в свое тело; каждая пьеса представляет это путешествие и попытку переосмысления на каком-то уровне. Вы думаете, что знаете себя, пока не поражает рак, а затем внезапно все снова меняется. После девяти часов операции и всех трубок и катетеров, выходящих из нее, вы понимаете, что впервые в жизни по-настоящему чувствуете себя живым в своем теле. Этот опыт был совершенно поразительным: быть частью своего тела, а не быть каким-либо образом отделенным от него, было невероятно.

Недавно я подумал, что Декарт заслуживает большой порицания за нашу сегодняшнюю культуру - его концепция «Я мыслю, следовательно, существую». Западная цивилизация построена на этом чрезмерно интеллектуальном бестелесном методе, который мы использовали при создании институтов; в результате мы из-за этого становимся намного беднее, и наши институты кажутся менее ощутимыми для остального общества. В результате мы стали намного меньше.

Это было так смешно с твоей стороны сказать! Борясь с раком, я постоянно повторял: «Я чувствую, поэтому я существую». Физическое присутствие позволяет моему существованию и дыханию стать осязаемыми переживаниями моей человечности. К сожалению, это понятие объективности – как если бы мозг мог когда-либо по-настоящему разделить ваше субъективное «я» – создало на Земле определенный уровень диссоциации; вы можете оказаться в ловушке систем мышления, которые не позволяют вам полностью открыть свое сердце.

Недавно я присутствовал на мероприятии, на котором присутствовали нейробиологи, художники, поэты из Сьерра-Леоне и Северной Уганды, а также созерцатели. Мы говорили о буддийском «сердце-уме», о том, что и сердце, и разум едины. Кроме того, западные нейробиологи впервые начали изучать тибетских буддийских монахов во время их медитации; монахам это показалось настолько забавным, что они стали прикреплять электроды прямо себе на голову...

Наука помогает нам осознать, что наш мозг — это орган и что то, что мы воспринимаем как чувства, также хранится где-то внутри нашего тела.

Ничего отдельного. Хотя в какой-то момент все могло показаться изолированным, теперь все напрямую связано само с собой - это то, что меня больше всего волнует в жизни сейчас: понимание того, что все вне нас также связано. Людьми невозможно управлять или доминировать, не оторвавшись сначала от себя и друг от друга. Чем глубже люди воссоединяются с собой и друг с другом, тем более устойчивыми мы становимся, когда нас контролируют и занимают. На данном этапе истории взаимодействие является ключевым моментом. Я не имею в виду это в высокомерном или эгоцентричном смысле – скорее я имею в виду то, как мы проживаем нашу повседневную жизнь во всех аспектах самих себя и всего, что нас окружает, чтобы способствовать трансцендентности и реальным трансформационным энергетическим изменениям.

Ваша книга о раке закончилась утверждением, что мы — «люди второго дыхания», на что вы, похоже, и сейчас указываете.

Мне нравится идея обретения второго дыхания, когда, утомившись от слишком долгого бега, вы внезапно обретаете дополнительное топливо и можете продолжать движение. Меня всегда интересовал этот феномен. Что находится внутри этого пространства второго ветра – какую часть нас духовно или физически оно инкапсулирует или включает в себя? Вы не особо задумываетесь об этом, прежде чем оно настигнет вас!

Опыт более целостный.

Тотальная работа с телом. Я чувствую, что мы, возможно, открываем второе дыхание человечества; или, возможно, это требует радикальной реконфигурации и переосмысления самого человечества.
Как мы продвигаемся здесь? Я верю в возможность этого начинания; все, что для этого нужно, — это достаточное количество людей, которые тоже поверят в это и будут готовы объединить усилия и принять этот ветер, который сейчас дует на нас.

Джоанна Мэйси наиболее известна как буддийский учитель и учёный, но я впервые оценил её талант как переводчика стихов Райнера Марии Рильке на рубеже прошлого века. Пока он искал там смысл, Джоанна Мэйси приняла форму в ответ на события 20-го века, которые он не мог предсказать; стал экологическим активистом задолго до того, как этот термин вошел в мировой обиход.

Послушайте беседу между Джоанной Мэйси и автором Брайаном Келли.

Когда я читал о вас и о вашей страсти к защите окружающей среды на протяжении многих лет, один аспект, который показался мне особенно примечательным, — это ваше признание нашего коллективного горя, когда мы воспринимаем новости; вы тесно сотрудничали с людьми, чтобы признать это и серьезно отнестись к их трауру.

Горе может быть ужасающим, поэтому главное не бояться его и справляться с ним как можно лучше. Выключение его только нанесет себе еще больший вред; и наши трудности с пониманием того, что мы делаем с нашим миром, проистекают не из черствого безразличия или невежества, а из страха перед болью - этому я научился, организуя работу вокруг ядерной энергетики во время и после катастроф на Три-Майл-Айленде и Чернобыльской катастрофы.

Это событие было, пожалуй, одним из определяющих моментов в моей жизни – танец с Богом.
В моменты дискомфорта и отчаяния нас просят не бежать от дискомфорта, горя, чувства возмущения или страха. Вместо этого, если мы сможем быть достаточно бесстрашными, чтобы встретиться лицом к лицу с нашей болью, не отступая в отрицание или избегание ее всего вместе, тогда ее путь меняет направление; в противном случае он остается статичным; когда мы сталкиваемся с ним напрямую и даем время поразмышлять о его причине, взяв его в руки и дыша вместе с ним, тогда его лицо тоже меняется - показывая нашу любовь и связь с жизнью, как раскрывается его другое лицо - показывая эту неизбежность!

Поэтическое мышление может быть более полезным при решении экологических проблем, чем наши типичные подходы, основанные на фактах или аргументах, даже для аналогичных проблем.

Это удерживает людей даже от признания того, что они расстроены, поскольку они считают, что для эффективного решения проблемы необходимо наличие всех фактов и цифр, необходимых для демонстрации интеллектуального превосходства.

Но нас подавляют факты, цифры и образы; они могут быть изнурительными и парализующими. Возможно, это потому, что нам не хватает набора навыков, необходимых для того, чтобы продуктивно справиться с горем и превратить его во что-то конструктивное; то, о чем я часто думаю как журналист и работник СМИ.

Это верно; мир как возлюбленный и я — это одно и то же, и вполне понятно, что наши сердца разрываются из-за этого прекрасного, но жестокого мира. Здесь есть великий разум: люди обращались с планетой так, как если бы она была просто еще одним складом снабжения или канализацией, добывая ресурсы для автомобилей и фенов, а наши отходы сбрасывали в ее воды до тех пор, пока они не переполнили свои возможности; но наша земля — это не просто еще один ресурс, который можно использовать, поскольку мы относимся к ней так же, как к нашему большому телу: вдыхаем ее, пробуем ее ароматные ароматы, воплощая в себе каждую часть себя. Сейчас настало время поклоняться этому чудесному расцвету жизни, охватывающему каждый аспект нас самих.

Теперь я смотрю на свою руку, пока мы болтаем; у него много морщин с 81 года, но на протяжении всей истории он связан с такими руками, как мои. Эти руки научились хватать, карабкаться, толкать поверхность земли и плести корзины из тростника в рамках своей повседневной жизни; у него удивительная история, которая восходит к его началу, частью которой мы, люди, являемся! Поскольку нам часто приходится растягиваться, ничто не мешает нам чувствовать давление, заставляющее увеличивать интенсивность нашей любви к этому миру, независимо от того, улучшится ли его здоровье в ближайшие десятилетия или мы считаем, что его выживание гарантировано. Прямо сейчас твой момент! Не ставьте любовь в зависимость от того, как долго продлится жизнь тех, кто вам дорог – просто помните, что важно то, что вы живы сегодня.

Если мы стремимся жить более мудрой, а не умной жизнью, мы должны попытаться понять, что влечет за собой любовь: ее истоки и глубину, а также то, когда и почему она угасает.

Возродитель любви как частного и общественного блага. Моя цель — по-другому донести эту концепцию до сердец и ушей — не менее сложно, но по-другому. Любовь как мышца. Любовь как устойчивость. И Любовь как социальная: не только интимная, но и публичная одновременно! Моя цель — стремиться к плотской практической любви: эросу, который превосходит сексуальное влечение, оставаясь при этом страстно приносящим удовлетворение. Намеренность в любви требует постоянной практики; любовь нужно не только встречать, когда она встречается, но и овладевать ею на пике своего развития в мгновение ока. Творческое выражение устраняет разрывы между нами, а также уменьшает их. Поэзия, как и любая попытка, напрямую обращается к человеческому существованию. Большинство людей склонны тяготеть к простым решениям, не вызывающим особых затруднений; но Рильке напомнил своему молодому поэту: «Мы должны верить в то, что трудно».

Природа не знает границ и барьеров, когда речь идет о ее выживании и расширении, защищая себя любым доступным способом и стремясь быть верной себе, несмотря на сопротивление. Хотя мы очень мало понимаем, как это работает, одно остается бесспорным: все должно выжить, несмотря на препятствия. Возможно, мы мало что знаем, но одно можно сказать наверняка: природа должна процветать без вмешательства и препятствий на своем пути. Доверие к тому, что трудно, — это уверенность, от которой мы не можем отказаться; одиночество — это испытание; то, что что-то сложно, должно только добавить нам стимула заняться этим; любовь — это еще один великий вызов, возможно, самая трудная задача в жизни, последнее доказательство и текст для всей остальной работы, проделанной при подготовке той истории любви, которую мы проживаем сейчас.

Любовь — это одновременно добродетель суперзвезды добродетелей и одно из самых неправильно используемых слов в английском языке: «Я люблю эту погоду, и твое платье» — два примера. Что мы сделали с любовью – возможностью, существенной связью, действием – так это превратили ее в повседневный товар: частные отношения внутри семьи, когда ее сила заключается в преодолении племенных линий; романтизация романтики, когда ее истинной мерой должна быть постоянная практическая забота; жить как чувство, а не как опыт, который должен определять нашу повседневную жизнь: делиться любовью или получать ее – это то, чего каждый ищет каждый день в той или иной форме!

Греческие философы определяли эрос как силу любви, которая управляет нашими желаниями, концентрирует наше воображение на радости и отчаянии и во многом определяет наше чувство завершенности. Есть филия – дружба, любовь, и агапе – сострадание, выражающееся в добрых поступках по отношению к ближнему или незнакомцу. Метта в палийской культуре означает любящую доброту – интерес к помощи людям, как известным, так и неизвестным, одновременно развивая это для себя как часть «любящей доброты».
Религиозные метафоры, такие как «сострадание» как «матка», могут быть в равной степени и красивыми, и сбивающими с толку. Если рассматривать их в сравнении с реальностью рождения ребенка, они раскрывают его скрытую сложность как честное изображение всей любви - от удовольствия и риска до жертвы; бесконечный цикл обучения на ошибках, ведущий к бесконечной радости и, в конечном счете, к повседневной заботе.

Что такое любовь? Совершите путешествие по повествованию своей жизни, чтобы объяснить его.

Мне сказали не говорить правду о любви. Хотя я узнал о любви к ближнему в воскресной школе, эта идея не обязательно была воплощена в жизнь с точки зрения условий жизни и опыта.
Мои родители не пошли по стопам моего деда, когда дело касалось практического применения религии в повседневной жизни. Их церковь также не последовала его примеру: ее гимн «Любовь божественная, всякая любовь превосходна» был о Боге, а не о нас; любить так страстно, что можно было бы пожертвовать собой, было нежелательно, однако удивительные истории, подобные тем, которые встречаются в Священном Писании, продемонстрировали ее глубину. Между тем, протестантизм середины 20-го века, в котором я проводил вечера по воскресеньям и средам, читал Священные Писания с прицелом на современную актуальность: это создавало среду, в которой мужчины и семьи, добившиеся успеха своими силами, могли благодарить и напоминать о добре и зле, чувствуя при этом подпитку от внутри себя и, таким образом, обеспечивая питание без физической пользы или социального воздействия в масштабах общества.

Мои родители переживали брак как ролевую игру. Поскольку ни один из них не мог знать себя достаточно хорошо, чтобы знать друг друга достаточно хорошо, единственным человеком, с которым они могли полностью общаться, был друг с другом. Мою мать учили искать удовлетворения в своем муже, в то время как он сам боролся со своими внутренними демонами, оставляя мою мать искать это где-то в другом месте своего мужа.

Мой отец заботился о своей семье изо всех сил. Он сделал это превосходно, усердно работая и обеспечивая их нужды; за что я всегда буду безмерно благодарен. Кроме того, он поддерживал мое образование и первые приключения — за это я ему бесконечно благодарен.

Мой отец казался грандиозным и намеревался любить, но всегда боялся любого признака того, что любовь может войти в его жизнь, включая ту, которая исходила изнутри него самого. Страх не давал его жизненной силе течь свободно. Несмотря на грандиозный внешний вид, его любовные намерения казались пустыми внутри; он, казалось, был напуган даже намеком на привязанность, в том числе и со стороны самого себя. Теперь, спустя десятилетия, я понимаю, что его место раненого животного всегда было бдительным - внутренняя память тела, которую я теперь могу распознать только с опозданием на десятилетия. Чтобы избежать его немилости, которая могла стать жестокой в любой момент, я поразил его своим остроумием и амбициями, впечатляя журналистикой и дипломатией - его ощущение себя расширялось через них чрезвычайно удовлетворительными способами. Когда я решила не продолжать заниматься этим или заниматься журналистикой или дипломатией, а вместо этого заниматься вопросами смысла и теологии через брак, а не производить на него политическое впечатление - он так и не понял и не простил меня за мои действия, как и никогда не простил меня за это.

Однако в течение многих лет я твердо придерживался того, что стало нашей семейной мантрой: наш счастливый дом; два любящих родителя; их идеальный брак. Эта вершина послужила моей целью; Возможно, это было ложью, но это вселило в меня уверенность, превосходящую любую разумную меру — Мэтью Сэнфорд называл такого рода повествования «исцеляющими историями». Самоуспокоение очень важно, но истории, которые мы рассказываем себе, не всегда могут быть самым полезным и долгосрочным решением. После того, как я стал достаточно сильным, чтобы принять и жить с правдой о моей депрессии в середине 30-х, с помощью мудрого терапевта я начал долгий процесс более полного раскрытия и принятия реальности; в конце концов это дало моей жизни новую надежду и цель.

Я испытала дикую влюбленность и супружеское блаженство, прежде чем обнаружила, что испытываю свою самую неистовую любовь: любовь материнства. Как и у всех, у этих отношений были свои взлеты и падения; иногда я преуспевал, а иногда терпел неудачу – учился прощать себя, когда дела шли не совсем по плану; точно так же, как мои любящие/любимые дети не раз нуждались во мне из-за того, что я был несовершенными родителями или любящими/любимыми дочерьми.

Майкл, отец моих детей, и я встретились при романтически идиллических обстоятельствах в Шотландии, очарованной ее потрясающе красивой местностью. Необъяснимый магнетизм загипнотизировал меня с первого взгляда. На тот момент моей жизни я уже путешествовал по континентам, совершил что-то значимое в раннем возрасте и имел интересные отношения. Приняв это важное жизненное решение, я отдался каждой романтической комедии с идиллическим финалом, которую я когда-либо смотрел, и каждой песне о любви, которая когда-либо вызывала у меня слезы на глазах. Я крепко цеплялся за идеализированную версию брака моих родителей вместо того, чтобы разобраться с ее реальностью; Мы с Майклом очень любили друг друга. На нашу свадьбу в Шотландии приехали друзья со всего мира со всего мира, и это была необыкновенная вечеринка, самая грандиозная, которую я когда-либо устраивал. Однако между нами было мало общего с точки зрения происхождения и жизни; ничто не связывало нас, кроме нас самих, когда одного партнера больше не могло быть рядом.

Как это часто бывает в современных браках, в конце нашего брака мы остались одни. Отойдя от тех, кто нас хорошо знал и любил — например, от тех друзей, которые путешествовали, чтобы засвидетельствовать наши клятвы — нуклеарная семья возникла недавно и фатально для любви: беспрецедентное требование к парам быть всем друг для друга, с повторяющимся слоем истории. за слоем внутри той эхо-камеры, называемой домом. Никакая добродетель не может существовать одна: даже эта.

После того, как мой брак распался, я попал в параллельную вселенную, которая существовала там все это время; одна из многих современных жертв долговременной любви, которая пошла не так. Еще более странной является наша всеобщая тяга к романтической любви как к идеализации и завершению; песни о любви и фильмы остаются популярными формами развлечения. После развода я создал гостеприимный дом и с большим удовольствием воспитывал своих детей, одновременно готовя ужин для старых и новых друзей и инвестируя в красивые обширные владения.

Прошли годы, и я во многом полагался на поддержку своих друзей и рабочих сетей; но в течение многих лет я верил, что чего-то не хватает - может быть, любви?

Эта история противоположна исцелению: она изображает дефицит в изобилующем существовании. В моей жизни есть любовь во всех ее проявлениях. После того, как я приспособился к одиночеству, моя любовь стала более устойчивой и стала менее театральной в повседневной жизни. Вскоре после этого меня осенило, что недостаток моей привязанности был не реальным, а, скорее, следствием недостатка воображения или слишком узкого толкования важного слова.

Иногда я обнаруживаю, что моя беспечность обречена на провал: в поисках любви я часто просто хотел, чтобы меня любили в ответ, и это вело меня на ненужный жизненный путь. Однако теперь моя цель изменилась, и я узнаю все, что нужно знать о любви, - начинающий искатель приключений. Намерение идти по жизни, практикуя любовь в отношениях и взаимодействиях, кажется удивительным приключением.

* * *

Однако будущее моих и наших способностей сделать этот шаг вместе остается неясным. Но хорошие вопросы, заданные щедро и серьезно, являются мощными инструментами. Недавно мы начали обсуждать ненависть в общественной жизни, создавая новые преступления, чтобы обозначить ее существование - в частности, создавая правовые категории, в которых терпимость ослабевает и человеческая природа вспыхивает в своих худших проявлениях - я знаю, что на каждом шагу я слышу такие слова, как любовь, всплывающая на поверхность, стремление к совместной жизни – часто с неожиданных сторон.

Пока американцы работают над построением общей жизни в этом столетии, мы оказались на невероятном, тревожном этапе. Принимая на себя сложную задачу создания общей жизни для этой эпохи, мы обнаруживаем, что сталкиваемся с различиями по признаку расы, дохода и класса, которые существовали уже давно, но теперь проявляются острее, чем когда-либо. Также новым является широко распространенное чувство горя по поводу того, что истории исцеления, которые мы коллективно рассказывали себе, не оправдали ожиданий. По всей Америке существует недоумение по поводу того, с чего начать изменение отношений с соседями, которые могут либо принести пользу, либо навредить их благополучию; однако мы не знаем, где и как лучше всего подойти к изменению отношений с незнакомцами, на благополучии которых мы можем повлиять, или какой вред их благополучие может повлиять на их благополучие, или наоборот; ни один из ответов не дается легко ни одной из сторон; это замешательство одновременно расстраивает и освежает: где изменить отношения, чтобы улучшить отношения, или решить, как наше собственное благополучие потенциально может повлиять на их благополучие или нанести им непосредственный вред - мы не знаем, где и как лучше всего начать изменения отношения с незнакомцами, о которых мы еще не знаем, где и как меняют отношения между нами, или изменения, которые начинают менять то, как мы относимся к тем незнакомцам, которые являются соседями, - изменить отношения, в которых любые изменения начнут оказывать влияние и

наносить вред их отношениям? Ни одна из сторон не знает, где или - ни малейшего представления о том, где/кто/н/кто начнет менять эти различия в отношениях, которые могут начать изменения, о которых мы не знаем друг друга, кроме как при условии, что благополучие ни одной из сторон не оказывает негативного влияния друг на друга - или на наше собственный. Оно тоже не знает где и/не знает друг друга, потому что не знает. Мы не знаем. Мы не знаем, кому наши соседи могли бы причинить вред или изменить себя, но знаем, что они могут или навредить/навредить своим, могут навредить им, или могут начаться изменения, или начнется ли этот процесс, изменения начнутся! не знаю.. Это не знаю. Этого не знаем, как и мы не знаем, когда меняем отношения, где меняем наши отношения или знаем, пока - и не знаем... Мы не знаем.. Они тоже не знают! тоже нет
Но мы не хотим так жить, я не хочу так жить.

Толерантность научила нас хранить моральные и духовные наблюдения при себе, храня их дома или проверяя у дверей места работы или учебы. Вместо этого мы держали эти чувства при себе, не давая им кислорода, который мог бы вызвать как вопросы, так и ответы, которые можно было бы совместно изучить друг с другом в интерактивном диалоге. Между тем, слишком часто экономические аргументы становились нашим единственным средством выражения мнения по вопросам, затрагивающим жизнь людей, таким как труд, образование, иммиграция, беженцы, тюремная бедность, здравоохранение и т. д.
Переосмыслите эти «проблемы» как вызовы, с которыми сталкиваются человеческие жизни, и подумайте, что поставлено на карту для людей при рассмотрении этих «проблем», включая сомнение в прикладной добродетели и политической/экономической мудрости, которые необходимо мобилизовать для эффективной борьбы: будущее человеческого призвания; наказывать правонарушителей, одновременно создавая пространство для искупления, эффективно обращаться с изгоями, незнакомцами и оказывать помощь голодающим в условиях постоянно увеличивающейся продолжительности жизни, воспитывать умы детей, чтобы они были хорошо подготовлены к навигации и созданию мира, в котором они будут жить; воспитание наших детей как будущих лидеров - потому что глубоко внутри мы знаем, что люди намного больше, диче и ценнее, чем могут представить любые экономические результаты или политические предписания; что они хранят внутри себя тайны, которые только они знают и могут полностью выразить.
Ну и что, если, как спросила Элизабет Александер в день инаугурации Вашингтон Молл в 2009 году, «любовь – самое сильное слово?» Когда это слово свободно используется в наших разговорах и взаимодействиях, как это слово может переосмыслить и бросить ему вызов, обеспечивая при этом важную

информацию для дальнейших расчетов и стратегий? Поэты и политики не могут взять на себя решение этого вопроса в одиночку, как и сам вопрос. Вместо этого он приглашает каждого из нас из одиночества встретиться друг с другом через яркое стремление любви осознать и уважать свою индивидуальность и бороться в полной мере. Но это снова вынуждает нас встретиться с необъятностью человеческой идентичности. Духовные гении и святые издавна призывали человечество к любви; социальные реформаторы также изменили жизнь. Лидеры движения за гражданские права в 1960-е годы упорно добивались примирения с инаковостью во имя любви. Их политические, экономические и расовые изменения начались с целью создания «любимого сообщества».

Взрослея, я не понимал этого движения и его видения с такой ясностью, хотя его раскрытие происходило на протяжении всей моей жизни. Джон Льюис, ныне конгрессмен от Джорджии и жертва того, что стало известно как «Кровавое воскресенье», ярко рассказал мне об этом. Джон Льюис пригласил меня в ежегодное паломничество за гражданские права через Таскалузу, Бирмингем, Сельму и Монтгомери — святые места, где зародилось движение за гражданские права, а Джон и другие лидеры-ветераны, которые все еще среди нас, помогли мне вспомнить так много из моего прошлого. Это движение, которое они начали, было актом духовного противостояния внутри себя, а затем и с обществом в целом. Перед любой сидячей забастовкой, маршем или поездкой, которую они проводили, они изучали Священные Писания, Гандианскую мысль, аристотелевскую философию и работы Торо, такие как сочинения Торо, чтобы подготовиться. По мере того, как они усваивали практические дисциплины вежливости и поведения, такие как доброта, зрительный контакт, ношение платьев с галстуком и без лишних слов, они усвоили врожденный интеллект о том, как человеческий мозг функционирует в этих правилах взаимодействия. Нейробиологи теперь признают эти тонкости человеческого интеллекта так, как нейробиологи наблюдают их сегодня. Кроме того, были задействованы интенсивные ролевые игры, известные как социальная драма: белые играли роль чернокожих, подвергающихся преследованиям, а активисты обеих рас играли роль полицейских, чувствующих угрозу, но получающих приказ взять под контроль.

Любовь была не просто эмоцией; это был образ жизни, который превосходил обиды и постепенно трансформировал насилие. Эйнштейн использовал вопросы «что, если» о погоне за светом на его скорости как часть своей попытки понять свет и гравитацию; Джон Льюис использовал подобные вопросы как инструменты социальной алхимии: что, если любимое сообщество уже существует, истинная реальность, и все, что ему нужно сделать, это воплотить ее, пока другие не увидят?

Послушайте разговор между Джоном Льюисом и писателем Шелдоном Мэем.

В 11 лет я совершил поездку из сельской местности Алабамы в Буффало, чтобы провести летний визит с моими дядей, тетей и некоторыми двоюродными братьями и сестрами – я впервые уехал с Юга – с надеждой, что дела улучшатся, и верил, что дела пойдут лучше в жизнь. Я хотел верить и верил, что в конце концов все наладится.
Позже я понял, что необходимо верить в то, что то, над чем ты работаешь, уже произошло и с этого момента может стать только лучше.

И жить как бы?
Представьте себе, что вы живете так, как будто вы уже принадлежите этому сообществу или чувствуете себя частью одной семьи и одного дома. Визуализируйте или даже поверьте, что оно существует, для вас оно уже существует. В первые дни движения я верил, что истинная интеграция нашего чувства любимой общности может произойти только тогда, когда мы сами являемся частью этого движения, потому что, по сути, мы стали кругом доверия, группой братьев и сестер, где независимо от того, были ли вы черный, белый, северянин, южанин – не имело значения, кто и откуда; мы были одной семьей и одним домом!

Ваше видение сбылось!

Но для нас в этой борьбе ключевым моментом была подготовка; изучение миротворческих практик, таких как ненасилие, не должно быть естественным, а должно прсподаваться и изучаться. Религия и мораль сходятся в одном: мы можем сказать, что в каждом человеке есть аспект божественности, который никоим образом не должен нарушаться людьми. Ни один человек не имеет права злоупотреблять этой искрой в других людях. Время от времени мы обсуждали, что, столкнувшись с кем-то, кто на вас нападает, избивает или плюет, вы должны взглянуть на ситуацию со стороны и вспомнить, когда этот человек был невинным ребенком. Что случилось? Было ли что-то сделано неправильно или кто-то научил их ненавидеть и оскорблять других? В таком случае вы должны апеллировать к присущей им человеческой доброте, а не отказываться от надежды — вы никогда не отказываетесь от надежды ни на кого! Вот цитата из вашей книги «Через этот мост»: «Движение за гражданские права было, прежде всего, актом любви; но даже сейчас, 50 лет спустя, немногие будут использовать это слово, чтобы описать наши усилия».

Как воплотить любовь в реальность и нарисовать картины на холсте? Как художник, использующий свой холст. Как люди могут перейти от точки А к точке Б или даже от второй к третьей и дальше? На пути к любви важно оставаться настойчивым.

Джон Льюис совершенно ясно дает понять: эта работа любви пролила свет на абсурдность дегуманизации под знаменем расы и успешно разрушила ее. Сегодня трудно представить себе успех такой стратегии – возможно, ее время уже прошло?

Но в Бирмингеме я подвергаю сомнению собственную осторожность; Джон Льюис наполовину в шутку, наполовину серьезно предлагает, чтобы ненасильственные ролевые игры стали частью Конгресса, чему он научился полвека назад в ходе личного обучения тому, как поставить себя на место другого человека.

Мартин Лютер Кинг произнес одно из самых поразительных заявлений, с которыми я когда-либо сталкивался после того, как четыре маленьких девочки были убиты в результате взрыва зажигательной бомбы в баптистской церкви на 16-й улице: «Жизнь может быть суровой, как тигельная сталь; но, несмотря на нашу нынешнюю тьму, мы должны продолжать верить у наших белых братьев». Утверждать нашу веру в человечество даже в отношении наших врагов и жить соответственно; начиная с предположения, что любовь существует, но для того, чтобы она стала реальностью, нужна наша помощь – можем ли мы представить себе такую попытку сейчас?

Спустя полвека после того, как Джон Льюис впервые рисковал своей жизнью, чтобы обеспечить принятие Закона об избирательных правах в Белом доме, мы по-прежнему сталкиваемся с незавершенной работой любви. Без этого все наши законы останутся неадекватными и ненадежными, несмотря на то, что мы избрали чернокожего президента с многорасовым наследием, которого по-прежнему игнорируют при обсуждении вопросов расовой принадлежности. Мы выбираем цветного президента, который лишь изредка признает расовые проблемы, когда говорит о них публично, несмотря на тот факт, что его президентство признает расовую принадлежность.

Нам, американцам, до сих пор не хватает эффективного языка для обсуждения расизма. Расизм – это то, что большинство из нас ненавидит, и все же слишком много цветных детей не могут реализовать свой человеческий потенциал, а некоторые даже сталкиваются с физической опасностью с самого рождения – тот яростный защитный инстинкт, который лежит в основе любых любовных отношений, просто отсутствует здесь, в Америке; однако мы по-прежнему далеки от того, чтобы стать инклюзивным обществом с равными правами для всех его членов. Что изменилось, возможно, так это наше растущее признание всего этого и одновременное раскаяние в прошлых проступках, хотя перед нами еще не проложен четкий путь вперед, чтобы решиться эффективно работать, продвигаясь вперед с планами действий и необходимыми следующими шагами.

Слово «мы» здесь использовано более вдумчиво. В ответ на рост расовых волнений в начале двадцать первого века я осознаю свою рефлексивную реакцию, рассматривающую расу исключительно через цвет кожи - другими словами, как проблему, касающуюся в первую очередь цветных людей. Наше общество ожидает, что цветные люди будут действовать как провидцы внутри нас в противостоянии и исцелении расизма - они должны проложить путь вперед к примирению.

Они часто так делают. В 2015 году флаг Конфедерации был наконец снят с государственных зданий в нескольких южных штатах и передан в музеи; но не раньше, чем молодой сторонник превосходства белой расы использовал его для зверского расстрела девяти афроамериканцев в церкви в Чарльстоне. В этот же и последующие дни родственники убитых публично просили прощения и выражали свою обеспокоенность за этого молодого человека, делясь скорбными воспоминаниями о матерях, отцах, сестрах, братьях, детях. В течение следующих недель стало вирусным изображение, на котором Лерой Смит из десантных сил штата Южная Каролина мягко ведет сторонника превосходства белой расы обратно на место после того, как его охватила жара на митинге протеста против переноса флага Конфедерации. По словам репортера New York Times, Смит увидел человека, находящегося в беде: пожилого джентльмена с тяжелой деменцией. ненависть и насилие. На вопрос, почему фотография вызвала такую впечатляющую реакцию, он дал одно простое объяснение: любовь. «Любовь — это то, что объединяет людей», — заявил этот крепкий, но тихий солдат, которому едва исполнилось пятьдесят, — «и именно поэтому она так тронула многих».

Любовь не всегда может быть нашей первой реакцией, когда между людьми происходят насильственные и противоправные действия. Гнев также можно рассматривать как обоснованную моральную реакцию на передовой линии несправедливости, которая высветила проблему расовых отношений в Америке. Ненасильственный подход старейшин, придерживающихся гражданских прав, часто кажется неадекватным в сегодняшнем напряженном гражданском пространстве; его любовь временами может казаться нереальной или непрактичной.

Однако в то же время я считаю, что стоит подчеркнуть, что места, где происходили ужасные события, не определяют нас в полной мере как личностей или народ. Хотя коллективно и политически мы сталкиваемся с мучительными вопросами реформирования полицейской культуры, благополучия цветных людей и неравенства внутри гражданских структур, они остаются неотъемлемой частью повседневной жизни, в которой мощное поведение – перомантичная практическая любовь – имеет силу формировать реальности, которые со временем могут столкнуться с более масштабными проблемами и сформировать более масштабные проблемы.

Как человек, который твердо верит в силу слов, я ценю то, как известный ученый-правовед и расист Джон Пауэлл превращает дискуссию о расе в дискуссию, сосредоточенную на принадлежности. Его советы и мудрость стали востребованы на передовой линии возобновившихся расовых страданий и стремлений. Джон Льюис и другие лидеры движения за гражданские права, может быть, и старше, но он все же многому у них научился. Его предки были рабами и издольщиками; в Стэнфорде он основал там Союз чернокожих студентов. Он говорит мне, что прожил достаточно долго, чтобы побывать негром, затем чернокожим, затем афроамериканцем; поэтому он понимает одновременно и быструю, и постепенную трансформацию; тем самым подчеркивая необходимость учитывать оба темпа изменений при планировании наших стратегий и целей перемен.

Джон Пауэлл считает, что раса подобна гравитации: ее испытывают все, но понимают лишь меньшинство. Однако раса никогда не была качеством, которым одни обладают, а другие нет. Скорее, речь идет о налаживании отношений. Я считаю, что такие ярлыки, как привилегии и бесправие, могут действовать как контейнеры — они могут мешать нам воображать и находить общий язык как людям. Джон Пауэлл определяет «белизну» как культурный образ жизни, который пронизывает все культуры и воображения, даже там, где рассказы от третьего лица могут показаться доминирующими в западной культуре. Белизна является частью его основного идеала - доминирования и подчинения природы, - вокруг которого я вырос в Центральной Америке, где многие мужчины и женщины, добившиеся успеха самостоятельно, добились успеха, оставаясь при этом одинокими и одинокими.

ВЕБ Дюбуа определил «цветовую линию» как одну из основных проблем, стоящих перед обществом в этом столетии. Как ни странно, современная жизнь ставит нас перед сложной загадкой осознания дальтонизма: даже несмотря на благие намерения и законы, принятые в этом ключе, наши инстинкты и реакции, унаследованные от окружающей среды и запечатленные в нашем существе, все еще слишком укоренились для сознательного решения. В нашем сознании проходит цветовая линия, но до сих пор мы не подозревали о ее существовании. Но Джон Пауэлл глубоко погружен в новую науку о «неявной предвзятости», которая дает нам возможность разобраться с ней напрямую. Человеческая природа бросает нам вызов, хотя политика может помочь и ускорить его решение, создавая новый опыт, который способствует развитию инстинктивного поведения и одновременно открывает химические и физические пути прогресса. Этот подход обеспечивает полезную и простую основу для понимания того, что мы имеем в виду, когда желаем прочного изменения взглядов, в то время как Джон Пауэлл и другие начали предлагать методологии обучения, основанные на этой новой науке, городским властям, полиции и школам.

Послушайте аудиообмен между Джоном Пауэллом и автором здесь.

Недавно исследователи пришли к выводу, что большая часть наших когнитивных и эмоциональных реакций на мир происходит на бессознательном уровне. В то время как общество отошло от обсуждения расы из-за наших усилий выйти за рамки дискуссий об эпохе Джима Кроу и эпохе превосходства белой расы, наше подсознание говорило нашему сознательному «я» перестать так сильно стараться; раса по-прежнему будет глубоко укоренена в биологии, структурах, устройствах и устройствах, поэтому давайте продолжим говорить о ней, вместо того, чтобы полностью забывать ее - и она сильно реагировала, когда раса снова всплывала в разговорах или осознании.
Ваша точка зрения о том, что рабство является одним из двух «родителей» нашего нынешнего взгляда на расу, была абсолютно интригующей, но вы также сделали интересное различие в том, что Просвещение является еще одним потенциальным фактором, влияющим на то, как мы рассматриваем расу сегодня. Я согласен с этим мнением.
Со времен Просвещения мы привыкли верить, что сознательный разум может получить доступ ко всем знаниям. Они также научили нас быть разумными.

Да, Соединенные Штаты стали чрезвычайно привязаны к индивидуальности и независимости, даже несмотря на то, что к другим группам населения не относились одинаково; подумайте о таких группах, как африканцы, индейцы, женщины или о тех, кто не принадлежит к культуре белых мужчин и не был свободен. Более того, высокомерие Проекта Просвещения предполагало, что они могут контролировать все вокруг себя, хотя мы едва можем держать себя под контролем!

И в 1980 году, проводя эту дискуссию, мы могли бы сказать: «Давайте не будем зацикливаться на расе; давайте просто относиться к каждому как к личности. Почему существует так много категорий?» Но теперь наука объясняет, почему наш разум работает таким образом; Категории — это то, что позволяет нашему мозгу обрабатывать мир — без категорий мы бы просто не существовали как вид.

Но состояние, в котором каждый из нас живет в изоляции – которое вы связываете с белизной как с культурой доминирования – не может продолжаться и не может считаться желательным, и мы достигли предела убеждения себя в этом.

Есть так много выражений, которые помогают нам осознать это. Когда люди говорят о необходимости делать что-то для связи, это преуменьшает реальность: мы уже связаны; все, что нам нужно сделать, это осознать эту связь и прожить ее в полной мере. Подумайте о сегрегации: это формальный способ сказать: «Как я могу отрицать нашу связь?» Подумайте также о белизне: ее предшественник в Америке считал, что одна капля черной крови — что бы это ни значило — разрушит белизну; на самом деле большинство белых американцев действительно несут черные гены - то, чем большинство белых американцев на самом деле обладают на каком-то уровне, но не осознают, что они существуют внутри. Оказывается, у большинства белых американцев действительно есть по крайней мере некоторые черные гены, присутствующие где-то в их телах! Белая кровь и черная кровь давно смешались, и, отрицая друг друга, мы отрицаем себя, поскольку нет никого, кого можно было бы отрицать; все связи существуют только внутри нас самих. Как мы признаем и отмечаем этот факт?

Поскольку мы стремимся преодолеть разделяющие нас язык и поведение, я искренне ценю, что вы используете язык принадлежности. Пожалуйста, скажите мне, что это значит для вас и почему это может помочь нам преодолеть этот разрыв.

Человеческое существование зависит от принадлежности. Отношения являются ключом к нашему благополучию; Недавно я читал лекцию о здоровье. Если вы чувствуете себя изолированным, последствия для здоровья могут намного превзойти последствия курения, ожирения или высокого кровяного давления: просто изоляция! Таким образом, такие группы, как организации по защите прав инвалидов или расово-ориентированные, существуют исключительно для того, чтобы подчеркнуть эту точку принадлежности; просто посмотрите на Black Lives Matter или подобные организации — их основная цель — заявить о членстве и принадлежности; в конечном итоге наше восприятие одного человека влияет на то, как мы видим себя и определяем друг друга».

Верно.
И поэтому, когда мы определяем других на крайнем расстоянии от себя, это означает отсечение значительной части себя. В первых дебатах вокруг школьной интеграции белые сегрегационисты утверждали, что если бы существовали интегрированные школы, черные и белые дети могли бы

формировать отношения, жениться и рожать детей вместе; в то время как лидеры гражданских прав заявили: «Речь идет не о браке». В конце концов они оказались правы: когда люди собираются вместе, они учатся любить друг друга, и это меняет само общество; даже некоторые могут в конечном итоге жениться друг на друге и завести детей, поскольку они могут изменить само общество! Когда люди беспокоятся, что присутствие геев негативно повлияет на общество, произойдут перемены; когда люди беспокоятся, что присутствие геев может полностью изменить общество, когда люди беспокоятся, что присутствие геев может изменить его структуру. Когда люди беспокоятся, что присутствие геев может слишком сильно изменить структуру общества; точно так же, когда люди беспокоятся, что присутствие геев может полностью изменить общество или изменить его структуру. Когда люди беспокоятся, что присутствие геев разрушит общество, когда люди беспокоятся, что присутствие геев может каким-то образом изменить его структуру. Когда люди беспокоятся, что присутствие геев полностью изменит общество, когда люди беспокоятся, что присутствие геев каким-то образом повлияет на структуру общества, что каким-то образом приведет к изменению или разрушению, это также может произойти, несмотря ни на что. Когда люди беспокоятся, что присутствие геев каким-то образом меняет структуру самого общества, когда люди на самом деле узнают, что присутствие геев может изменить структуру очень скоро! Когда эти опасения по поводу изменений в ткани всплывут на поверхность, общество повлияет на слишком радикальные изменения своей структуры! Когда эти опасения всплывают на поверхность из-за таких взглядов, это просто еще одна угроза, потому что присутствие геев может просто изменить структуру, изменить ее настолько быстрее, что необходимость радикального изменения общества за счет присутствия геев не приносит пользы, когда мы видим, как легко радикально измениться, если их позиция изменится. слишком быстро из-за повышенного давления, чтобы произойти более значительно в результате слишком быстрого! Когда геи в целом — это просто потому, что геи включены. Когда его удаляют просто потому, что у нас больше равных людей, это может быть либо приемлемо, просто потому, что люди, на самом деле имеющие геев, слишком быстро оказывают негативное влияние! Когда ЛГБТ просто недостаточно или общество боится самого общества, то наличие геев воспринимается по-другому из-за того, что других просто забирают, ну, из-за того, что их включение не происходит, поэтому могут произойти изменения, чем присутствие людей слишком рано, тогда их Стать приемлемым означает, что люди со временем беспокоятся больше, чем необходимо, потому что их считают именно таковыми или делают из-за того, что они меньше, чем другие изменения в обществе. Когда это может привести к чему-то, что может измениться, вызывая у некоторых, например, «просто то, что их воспринимают

так легко, что их слишком много или так боятся, гораздо больше (т. мемберы просто такие. Когда беспокоишься о том, что геи выходят на улицу...
Люди обеспокоены тем, что появление большего количества латиноамериканцев в наших сообществах изменит то, что на самом деле означает брак - они правы! Когда люди верят, что появление здесь большого количества латиноамериканцев изменит Америку, они тоже правы. Мы постоянно создаем друг друга, осознаем мы это или нет; отчасти это может быть связано со страхом, что что-то, чем мы дорожим, может измениться, когда к нам присоединится больше латиноамериканцев; однако на самом деле это может привести к созданию еще более сильного чувства общности, которое составляет «мы». Если все сделано правильно, создадим одно большое коллективное «Мы»!

Но эту проблему, которую вы только что описали, невозможно решить только с помощью законов, политики или школьной реформы. Я предпочитаю использовать язык доктора Кинга и Джона Льюиса о «любимом сообществе» - то, что вы используете сами.

Это правда. С тех пор мы извлекли несколько уроков. Например, одно время мы приравнивали интеграцию к ассимиляции; Об этом говорил Артур Шлезингер в некоторых своих работах. Это было явно неточно: мы не сольемся друг с другом. Тем не менее, любимые сообщества должны существовать на всех уровнях: от местных до глобальных сообществ и за пределами людей; Я считаю, что такой образ жизни отражается на различных структурах, позволяющих более эффективно упорядочивать общество.

«Думаю, вместе мы сможем научиться расслабляться; тогда нам не придется бояться силы». Да, это может вытолкнуть нас за пределы того, что нам удобно или того, кем мы являемся сейчас; но я думаю, что нам нужна помощь, чтобы добраться туда; сейчас наш язык этого не допускает, потому что Проект Просвещения до сих пор использует такие термины, как: «Вы можете быть кем угодно; контролировать и формировать свою собственную судьбу». Даже понятие суверенитета является спорным, поскольку ни одно сообщество или нация на самом деле не обладает такими правами;
Мы все существуем в отношениях – хороших или плохих, они существуют среди всех нас.

Хорошо, что особенно успокоило то, что вы сказали о принадлежности и переосмыслении наших отношений друг с другом, так это ваш комментарий о том, что мы склонны сосредотачиваться на группах проблем - расе, неравенстве доходов, школах, преступности, тюремном заключении, сегрегации районов - а не на отдельных людях. такие как расизм, неравенство доходов, школьная преступность или нехватка природных ресурсов (во всем мире). Хотя все эти проблемы существуют как отдельные проблемы; когда все свалено в одну кучу, это становится подавляющим и парализующим – не то чтобы задача принадлежности была легкой.

Нет, но я думаю, что, возможно, это упражнение могло бы открыть наше сознание по-новому и открыть возможности для действий.

Я согласен. Одна из причин, по которой проблемы кажутся непреодолимыми, заключается в том, что мы используем неэффективные инструменты для их понимания и решения; на самом деле это представляет собой глубокий сдвиг парадигмы – как если бы вы пытались рассматривать компьютеры как модные пишущие машинки! Как и в случае с пишущими машинками, попытка понять компьютеры с использованием структуры пишущих машинок может оказаться громоздкой и неэффективной — вам придется взглянуть на этот сдвиг парадигмы с нуля или использовать другие модели, такие как автомобили, где первоначально люди думали о них как о безлошадных экипажах — метафоры ломаются. вниз и не работают эффективно. Прямо сейчас мы пытаемся использовать язык индивидуальности и Просвещения – например, индивидуализма – чтобы понять что-то, что включает в себя нечто совершенно другое. Это делает разговор чрезвычайно запутанным. Я иногда говорю своим студентам: если вы хотите распространить корь по всему Сан-Франциско, достаточно одной капли на кого-нибудь.
Просто зайдите в BART (нашу систему метро) в любой напряженный день и разоблачите это; как только ваше сообщение достигнет достаточного количества людей, их отношения сделают всю остальную работу за вас. Поиск точки перегиба внутри системы заполнит ее полностью.

Таким образом, возникает вопрос: как мы можем способствовать принадлежности к сообществам?

Как мы можем сделать это заразным? Люди жаждут сообщества, но им не хватает веры в любовь – вместо этого они принимают гнев и ненависть как могущественные силы. Любовь кажется слишком сложной работой, когда существуют более эффективные инструменты, такие как гнев или ненависть, которые позволяют делать заявления без слов. И все же, когда мы взаимодействуем с миром, многие считают, что гораздо лучше организоваться вокруг гнева и ненависти, о чем свидетельствуют две влиятельные фигуры, такие как Ганди и преподобный доктор Кинг. Нельсон Мандела появился в результате интенсивной революции; но когда я встретил его, он источал любовь. Хотя ему предложили досрочное освобождение из тюрьмы, он отказался, если это не связано с реструктуризацией Южной Африки и построением любимого сообщества, а не с установлением контроля черных над белыми. Даже сегодня он остается популярным во всей Южной Африке и во всем мире.

Поэтому я думаю, что отчасти это связано с тем, что вам не нужно представлять, как вы делаете что-то шаг за шагом; мы претендуем на жизнь, как свою собственную, так и жизнь других, празднуем ее, занимаемся ею и участвуем в ней в полной мере. Поэтому для меня вопрос не в том, «как нам туда добраться», а в том, «как нам жить?» В здоровой семье или обществе мы не только говорим, что заботимся друг о друге, но и на самом деле учимся заботиться друг о друге и отмечаем этот факт; политика может помочь этим усилиям, например законы доброго самаритянина, но все они должны исходить из чувства, что мы разделяем друг друга - что между каждым из нас существует любовь.

** **.. * Этот текст не нужно добавлять сюда из соображений удобочитаемости, поскольку этот раздел останется пустым.
Я продолжаю возвращаться к этому разрыву между тем, кем мы являемся сейчас, и тем идеальным «я», которым мы хотим стать, — и к тому, как лучше всего подойти к открытию к нему эффективным и полезным способом. Буддийская психология предлагает мне поддержку в понимании того, что у каждой великой добродетели есть «ближние враги», реакции, которые возникают из-за заботы о ком-то, но ведут нас по безрезультатному пути. Горе можно рассматривать как одного из таких близких врагов сострадания и любви. Чувствительность уступает место сочувствию; тем не менее, его последствия часто могут парализовать нас чувством, что все наши действия не будут иметь никакого значения - что Роши Джоан Галифакс описывает как форму «патологической эмпатии». Во времена огромных страданий вокруг нас многих из нас охватывает сочувствие к пострадавшим. Когда это происходит, в игру вступает сострадание, и любовь остается, несмотря ни на что.

В общественной жизни время от времени бывают моменты, когда мы остро осознаем наши связи друг с другом и продолжаем переживать печальные моменты. 11 сентября 2001 года – именно такой случай. Ураган Катрина, возможно, также послужил этой цели, хотя мы редко отмечаем его как таковой. Расовая изоляция, укоренившаяся нищета и экологическая уязвимость столкнулись с трагедией, когда тысячи жителей Нового Орлеана искали убежища в нечеловеческих условиях в паводковых водах своего города; поскольку зрители изо дня в день наблюдали, как представители FEMA с большой духовной ясностью заявляли об этой реальности: «Мы видим людей, о существовании которых мы не подозревали».

В течение нескольких дней мы были ошеломлены тем, что свидетельствовали и посещали собрания. Как такое могло произойти? Что значит быть нашими соседями? Крупный опрос, проведенный в то время, по словам Джона Пауэлла, показал, что 70 процентов американцев поддержали бы повышение налогов, чтобы облегчить человеческий кризис в Новом Орлеане; деньги часто являются способом, которым американцы выражают нашу оценку того, что важно в жизни, это было бы равнозначно революционному федеральному признанию в любви!

Однако после этого фотографии прекратились, и внимание переключилось на некомпетентность FEMA; мы отвернулись от разговоров о любви, потому что не могли ею жить; тем не менее, вопрос любви остается актуальным в Новом Орлеане и каждом американском сообществе; бедность существует наряду с расой; эта комбинация парализует и противоречива, однако, будучи людьми, добившимися самостоятельно, мы только начали замечать ее существование внутри себя.

И все же, по-прежнему, вокруг «неравенства доходов» растет беспокойство.

Антисептический язык сводит наши человеческие драмы в политические и экономические рамки и удерживает нас от их коренных причин. Тем не менее, все больше и больше из нас, похоже, желают открыть глаза, предпочитая видеть суть дела в качестве фокуса, ставя вопрос любви выше всех видов идеологических, политических или экономических разногласий. Опросы общественного мнения, наш способ измерения гражданской температуры, ясно показывают эту реальность: неравенство доходов — это проблема, которая затрагивает партийные линии. Возникли противоречивые импульсы заботы, возникающие по религиозным, светским и классовым линиям, а также по группам доходов; как будто многие из нас помнят, что мы принадлежим друг другу, и хотим воплотить это обещание в жизнь.

Сестра Симона Кэмпбелл — одна из многих людей, которые внесли свой вклад в придание этим сестрам формы и голоса. Она стала известна как одно из лиц «Монахини в автобусе», поездки в 2012 году, в ходе которой на улицы выходили самые разные люди, чтобы поприветствовать их и послушать, что они говорят, а также быть услышанными ими. . Если мы должны классифицировать ее, то она твердо придерживается прогрессивной стороны американской политики. Но она стоит особняком в политическом и духовном плане - гораздо ближе к нам всем, как я хочу подчеркнуть, чем остальные голоса с всесторонними ответами, которые занимают так много нашего гражданского дискуссионного пространства. Она активная сестра-католичка, юрист, лоббист и серьезный практикующий дзен, чьи корни уходят корнями в движение за гражданские права. В 1967 году она приняла обеты с сестрами социального служения — одним из многих менее известных ответвлений бенедиктинской традиции.

Будучи главой своей общины, основательница ордена стала первой женщиной-политиком в Венгрии. Она вслух задалась вопросом, действительно ли Бог смотрит сверху вниз на тех, кто пытается вытереть слезы страдающих, благословит ли Он также тех, кто вообще работает над тем, чтобы слезы не лились свободно?

Сестра Симона — исполнительный директор NETWORK, небольшой лоббистской организации, основанной в 1972 году в Вашингтоне, округ Колумбия, 47 сестрами-католиками с первоначальным сбором в 187 долларов. В 2012 году они использовали огласку, полученную в результате осуждения Папы Бенедикта со стороны Ватикана, как рычаг против так называемого бюджета Райана, который предлагал сократить программы, обслуживающие «самых уязвимых среди нас». Я восхищаюсь тем, как сестра Симона формулирует политическое видение NETWORK XXI века как «осуществление живого наследия для будущих поколений».
«Назначение минимальной заработной платы», «составление бюджета, который будет выгоден всем на 100 процентов» и «восстановление разрыва в уровне благосостояния» — все это наводит на мысль о попытке исправить разорванную ткань, а не просто решить проблему неравенства доходов с помощью математических расчетов.

Сестра Симона также выделяется тем, как она говорит о лидерах республиканцев, которые представляют ее политических соперников в политике начала XXI века. Например, во время нашей дискуссии она выразила восхищение и искреннюю любовь к Полу Райану (Райан в настоящее время является председателем бюджетного комитета Палаты представителей и спикером палаты), рассказывая истории о том, как их взаимодействие было полезно для них обоих, даже в такой враждебной среде. :

Послушайте этот диалог между сестрой Симоной Кэмпбелл и автором.

Мы с Полом Райаном делаем каждый свою часть работы и часто раздражаем друг друга разными способами, хотя мне нравится поддразнивать его по поводу разных вещей! Хотя в некоторых отношениях мы работали на противоположных сторонах, наше пересечение оказало влияние на каждого из нас и было взаимовыгодным; Одним из примеров является дача показаний перед тем, как Пол Райан возглавлял бюджетный комитет Палаты представителей, пока я давал показания. Когда один республиканец преследовал меня, потому что они сказали, что Ватикан меня осудил и поэтому мне не следует верить, Пол Райан встал на мою защиту, сказав, что она «в пределах учения Церкви, хотя мы можем расходиться во мнениях по некоторым вопросам».

Мои беседы вечером в понедельник с сестрой Симоной в нашей студии в Миннеаполисе поражают меня; их радость от нее и от того, как ее выбор влияет на их собственный. Ее пример показывает, что и созерцание, и действие происходят одновременно, и это забавно освещает их взаимосвязь. Послушайте беседу между сестрой Симоной Кэмпбелл и писательницей Симоной Блэк.

Ваша духовность и молитвенная жизнь со временем превратились в то, что вы описали как созерцательную жизнь «хождения с желанием». Что конкретно вы имеете в виду под этим утверждением?

Что ж, в центре того, кем я являюсь, лежит созерцание. В потрясающей книге Джеральда Мэя «Воля и дух» говорится, что все, что мы привносим в созерцательную жизнь, — это открытое сердце; страх, удержание или хватание — вот что мешает ему работать должным образом. Так что лично для меня мой путь предполагает продолжать охотно идти навстречу надежде, видению, перспективам и возможностям, которые открываются сами собой; однако это зависит от того, где люди нуждаются в пище; Меня приглашают туда нуждающиеся люди, и я изо всех сил стараюсь поддержать их, просто присутствую или слушаю, как люди делятся своими историями или рассказывают мои. Держите сердце открытым ко всему окружающему, а не закрывайтесь и закрывайтесь полностью от жизни!

Я знаю, что вы также поддерживаете активную практику Дзен, даже несмотря на свою напряженную жизнь и огромную рабочую нагрузку. В рамках этого занятия вы уделяете время созерцанию и медитации.

Медитация необходима. Я медитирую каждое утро в ретритном доме, который проводит моя община в Энсино, и был полностью очарован этим, когда провел там свой первый дзэн-ретрит. Было ощущение, будто нырнул в этот освежающий бассейн; настолько, что не давал мне спать по ночам; что-то центрирующая молитва не сделала. Пока этот опыт не открыл дверь. Дзен – это дисциплина медитации. По моему опыту, всегда кто-то звал изнутри; Открытость этому приглашению из моего воображения была самым большим подарком в моей жизни. Осознание того, что мы все являемся одним телом, приносило освобождение – знать, что это означало просто выполнять свою часть работы – слова не могут отдать должное его свободе!

И я думаю, что то, что вы здесь описываете, на самом деле является погружением в эти знания, тогда...

Так что это интуитивно. Можно ли оставить медитацию и жить в этом месте? Вы пишете: «Оставаться открытыми и не цепляться очень важно для медитации, и это также должно определять наш общий взгляд на экономическую жизнь». Это заявление очень интригует!

Что ж, я знаю кое-что, если мы будем откровенны: никаких гарантий; все хрупко; все, что мы имеем, приходит как дар; готовность поделиться тем, что у меня есть или было дано, может стать для нас одним из ключевых способов общения. При рассмотрении вопроса о взаимодействии истории становятся таким же важным элементом, как и деньги; Я не мог оставить тебя в стороне!

Многие из нас обеспокоены расширяющейся пропастью, которая, кажется, существует между отдельными людьми в обществе, сообществе и нации. И это не потому, что нам все равно; на самом деле мы глубоко заботимся о нас, но не знаем, как лучше всего применить эту заботу осмысленным и осязаемым образом; сделай что-нибудь с этим.

Этот процесс имеет различные уровни. Один что-то делает. Мне часто кажется, что мы в Соединенных Штатах ожидаем, что сами все исправим, и считаем, что нам нужно действовать по всем вопросам одновременно, а это просто невозможно! Вместо этого ключевым моментом является внимательное выслушивание историй: тогда каждый примет свою роль...

Где бы ни заключалась наша роль.

Неважно, какова будет наша роль, просто делайте что-то одно, и все будет хорошо. Распространенной ошибкой среди прогрессивных, либеральных или любого другого типа людей является убеждение, что мы должны делать все самостоятельно, и чувство подавленности. Я получаю по почте предложения, требующие моего участия, но, когда я сталкиваюсь с таким большим объемом работы, которую нужно выполнить в рамках проектов общественных работ, я становлюсь парализованным и ничего не делаю; это не участие сообщества – скорее, каждый член несет ответственность за выполнение своей части, и это не должно быть непосильным для отдельных лиц.

Мне нравится ваша фраза о поддержке «100 процентов». Многие из вопросов и политик, которые вы поддерживаете, похоже, связаны с движением «Оккупируй Уолл-стрит» и использованием таких формулировок, как «99 процентов».

Когда мы проводили круглые столы по бизнесу, и мне удалось поговорить с некоторыми предпринимателями-генеральными директорами, о которых я с нетерпением ждал возможности задать вопросы, недавно опубликованные отчеты показали, что средний генеральный директор публичной компании зарабатывал более 10 миллионов долларов в год в виде зарплаты; Я спросил их: «Разумно ли это?»

«Почему для того, чтобы выжить, нужно 11 миллионов долларов?» — спросила сестра Симона. Один парень быстро ответил, что дело не в деньгах; скорее дело в том, что мы очень конкурентоспособные люди, стремящиеся к победе любой ценой, а деньги просто являются текущим мерилом успеха».

Поэтому я спрашиваю себя: можем ли мы найти менее токсичные меры? Потому что это действительно так: никто не хочет копить деньги, они просто хотят побеждать, поэтому, если бы мы могли лучше понять их мотивацию ради общего блага, мы могли бы найти другие меры, которые высвободили бы больше средств. Развивая любопытство к их точке зрения, мы можем найти неожиданные решения, а не бороться и сопротивляться всему, что находится под рукой – важный аспект созерцательной жизни, который укрепляет что-то, а не разрушает.

Итак, то, о чем я особо не говорил, — это радость. Мне нравится часто бездельничать; радость лежит в основе этого путешествия. Слишком часто прогрессисты кажутся грязными; это не вызывает особого интереса у потенциальных рекрутов! Вместо этого наш невероятный дар состоит в том, что мы можем прожить эту жизнь вместе; Немногие места предлагают такое невероятное разнообразие и возможности, как наш мир - найдите свою нишу, предоставляя жизни возможности, наслаждаясь тем, что жизнь дает взамен.

Акцент сестры Симоны на установлении равновесия между созерцанием и деятельностью, страстью и любопытством, упорным трудом и игрой добавляет глубину и измерение концепции Агапе, практической любви или общественной любви. Внимательное слушание – это непреходящая добродетель, которая лежит в основе каждой формы романтических отношений, и сестра Симона неоднократно называет это своим ориентиром для того, чтобы жить полноценной и страстной жизнью. Она предлагает следующие способы самооценки в качестве инструментов для определения того, практикует ли человек глубокое слушание в любой ситуации: «Отвечаю ли я щедро, эгоистично или уважительно? Такие вопросы дают возможность начать делать шаги на пути к тому, чтобы стать заинтересованным слушателем.

Вопрос 2: В какой степени и каким образом для того, чтобы стать любимым сообществом, потребуются ежедневные усилия и сосредоточенность. И, конкретно, с чего следует начать.

* * * Я не могу завершить свое размышление одной историей, которая идеально описывает любовь, или одним голосом, озвучивающим все это прямо. Вместо этого я предлагаю в качестве своего варианта воспоминания и метафоры.

Натали Баталья, обаятельный и поэтичный астрофизик, рассказывает мне, что ее научная карьера изменила ее взгляды на любовь. Для нее любовь подобна темной материи — невидимой, но неисчерпаемой силе, пронизывающей все аспекты нашего мира, которая все еще слишком загадочна, чтобы мы могли ее понять или использовать. От охоты на планеты в поисках пригодности для жизни – усилия, которое, по ее словам, следует начать раньше, чем позже – она предлагает один из величайших возможных взглядов на то, почему любовь имеет фундаментальный смысл: то, что хорошо для меня, также приносит пользу другим – и, следовательно, в международном масштабе.
Геофизик Ксавье Ле Пишон в своем понимании земляных работ обнаружил аналогию с пониманием заботы, лежащей в основе человеческого сообщества. Он был пионером тектоники плит в 1960-х годах, сыграв важную роль в один из тех критических моментов, когда наука произвела революцию не только в нашем взгляде на реальность, но и изменила то, как все люди воспринимают ее. Он провел десятилетия, живя со своей семьей в общинах опеки - например, в общине L'Arche Жана Ванье во Франции - с семьями, страдающими инвалидностью или более поздними психическими заболеваниями. Он тот, кто прожил жизнь полную любви. Он утверждает, что способность адаптироваться к хрупкости является краеугольным камнем жизненно важных, развивающихся систем, будь то геологических или человеческих. При определенных температурах геологические разломы допускают движение и пластичность; в других случаях они действуют как клапаны сброса напряжения, сбрасывающие избыточное давление; землетрясения случаются, когда слабости не могут быть должным образом выражены, в то время как жесткие сообщества, игнорирующие тех, кто находится в трудном положении, имеют тенденцию не расти с течением времени; если они и меняются, то обычно это происходит в результате насильственных потрясений или революций.

Ксавье Ле Пишон приступил к личному изучению Осевого века, рассматривая его качества, которые привели к увеличению человеческого потенциала на протяжении всей истории. Он находит озадачивающим, когда мы описываем историю через вехи, связанные исключительно с навыками и инструментами,

например, свидетельства неандертальцев, найденные на археологических раскопках.
Древние люди прилагали огромные усилия и жертвовали собой, чтобы заботиться о тех, кто был ранен или стал инвалидом.

Послушайте беседу между автором и Ксавье Ле Пишоном здесь.

Реорганизация вокруг младенцев была необходима для жизни, как и каждое млекопитающее. Еще одной эволюцией, которая привела к появлению гуманного общества, стало появление организаций, которые поддерживали людей, страдающих от болезней или инвалидности и нуждающихся в поддержке - это стало тем, что обычно называют гуманными обществами. На французском; в этой форме организации было что-то совершенно новое и особенное: появились новые точки соприкосновения благодаря тому, что наиболее нуждающиеся оказались в центре общественной жизни.

Дороти Дэй — одно из моих самых больших источников вдохновения как журналиста и католического гуманиста. Я нахожу ее номинацию на звание святой удивительной, учитывая ее богемный образ жизни большую часть ее жизни. Но мне также показалось интересным то, что ее имя продолжает часто звучать среди современной молодежи, которая ищет образцы для подражания из разных времен и пространств. В 8 лет в Окленде, штат Калифорния, когда землетрясение 1906 года опустошило Сан-Франциско, она нашла силу и вдохновение в Рози де Грей, которая перенесла это с достоинством. В течение следующих дней она бездействовала, пока жители Окленда помогали друг другу и помогали своим соседям из Сан-Франциско переправиться на лодках. Очарованный, этот ребенок внимательно наблюдал. Дороти Дэй поднимает важный и актуальный вопрос, над которым она жила в своей очень человечной, беспорядочной и полной приключений жизни: почему мы не можем жить так все время?

Ее привлекла ее страсть к словам и действиям. В своих мемуарах «Долгое одиночество» она в непринужденной манере написала о католическом рабочем движении, где она когда-то жила, а также о том, как его основательница Дороти Дэй сыграла важную роль в его успешном функционировании в Америке. Она помогла запустить журналистский проект и общественное движение, которое продолжает поддерживать и сегодня: кормит и одевает нуждающихся людей в американских городах.

«Мы только разговаривали, когда снаружи начали собираться очереди людей с криками: «Нам нужен хлеб!» Мы не могли просто сказать им: «Идите и

насыщайтесь». Если от дневного приношения оставалось шесть хлебов с рыбой, их нужно было разделить между нами, чтобы хлеба всегда было достаточно». В этот момент к нам со всех сторон начали двигаться люди. Мы продолжили разговор, но наш разговор был прерван новыми просьбами. Пусть те, кто может это принять, возьмут это. Некоторые уехали, что позволило прибыть другим; это привело к расширению стен. Хотя радость иногда может приходить нелегко, помнить о том, что обязанность радоваться, остается ключевым моментом. Некоторые считают, что главное качество католического рабочего – это бедность, и об этом следует помнить, когда вы задумываетесь о вступлении в организацию. По мнению многих, сообщество имеет первостепенное значение. Мы больше не одни; любовь оставила свой след и всегда будет делать это. После многих лет одиночества решением стала любовь — любовь, которая объединилась с сообществом, — то, что продолжается и сегодня».
Любовь может быть трудно обсуждать публично, но когда кто-то честный, например Лерой Смит или Дороти Дэй, говорит о том, что имеет значение в их жизни, это находит отклик. Мы понимаем то, что они описывают. Вы могли бы игнорировать их великодушие; крайние моменты кризиса пробуждают героические импульсы, которые в противном случае оставались бы дремлющими; вы, конечно, можете возразить, что публичные проявления любви не определяют человечность; вы могли заметить, что Дороти Дэй продолжала вести невероятную жизнь самопожертвования, в том числе, в конечном итоге, приняв обет безбрачия - то, на что мало кто из нас мог надеяться или представить, что сделает это при жизни или когда к этому призывает общество или давление семьи!

Я часто спрашиваю мудрых и любящих собеседников об этом внутреннем конфликте, с которым я время от времени сталкиваюсь. Например, писатель Пол Эли изучал Дороти Дэй, когда писал свою биографию Томаса Мертона, Уокера Перси, Фланнери О'Коннор и Дэй. Согласно исследованию Эли о жизни Дэй, он обнаружил, что она жила, веря в то, что любящая доброта не должна ограничиваться исключительно критическими моментами, но может проявиться в любой момент; кто-то где-то испытывает это прямо сейчас. Послушайте дискуссию между Полом Эли и автором Полом Эли.

Людям нужен кто-то, когда они переживают свои собственные кризисы, а не ждать, пока все города сгорят, прежде чем вмешиваться. Она верила, что общество может измениться, потому что считала, что мы от природы склонны к любви; наше творение призывает нас любить друг друга; распри и войны являются искажениями этой любви; скорее, оно должно быть направлено внутрь, к общественной любви, а не наружу, к отдельным людям или друг против друга. Она была эффективным радикальным организатором, но всегда ясно давала понять, что то, что привело в движение «Католический рабочий», произошло не из-за программных усилий, а из-за того, что люди делали то, что естественно: любили друг друга в сообществе, а потом говорили об этом.

Идеи Энтони Аппиа о моральной эволюции в истории и во всем мире дают мне надежду, утешая их пониманием того, как укоренившиеся практики, считающиеся не только правильными, но и достойными, могут быстро меняться с течением времени. Межрасовый брак его родителей в 1950-х годах стал одной из ключевых историй «Угадай, кто придет на ужин». В тот или иной момент жизни у каждого поколения наступает момент, когда мы с удивлением оглядываемся назад на что-то, что когда-то было обычным явлением, и спрашиваем себя: «О чем мы думали? Как мы могли так жить?» И в своей семейной жизни, и в учебе доктор Пембертон пережил один такой момент. Аппиа исследовал, как в Китае прекратилось связывание ног; дуэли перестали быть благородным джентльменским способом разрешения споров; рабство было отменено в составе Британской империи. Его исследования показывают, что изменения начинаются медленно в сердце каждого человека, прежде чем появляются движения и лидеры, готовые демонтировать структуры.

Эта статья дает возможность объяснить, что происходит в браке, любви и гендерных отношениях в начале XXI века. Наконец, это показывает нам, как мы отчаянно противостоим издевательствам; Я бы сказал, что это также дает некоторое понимание разумности возложения ответственности на других. Любовь — краеугольный камень нашего существования; независимо от нашего происхождения или обстоятельств.

Рецепты Энтони Аппиа для повседневной жизни удивительно просты. Он выступает за то, чтобы «обходить» различия, а не атаковать их напрямую, используя подходы, основанные на решениях, подобные тем, которые американцы склонны отдавать предпочтение при решении проблем, которые они считают проблематичными. Моральные изменения происходят через разговоры в старомодном смысле – формирование человеческих связей вокруг мирских аспектов нашей человечности, которые составляют нас как личности. Понимание Джона Пола Ледераха — практикующего специалиста по разрешению конфликтов и трансформации, пишущего хайку, с международной известностью — о том, что воображение имеет тенденцию фокусироваться слишком узко, когда мы пытаемся понять социальные изменения, оставило неизгладимый отпечаток в моем сознании. Критическая масса – митинги, сплочение лидеров и большое количество людей на улицах – может обеспечить катарсический выход, чтобы бросить вызов старым реалиям и проложить путь к переменам. Но, исходя из его опыта работы с людьми, которые трансформировали противоречивые реальности во времени и на разных континентах, новые реальности воображаются и создаются до и после этих катарсических точек — терпеливо и неуклонно на протяжении многих лет и десятилетий — через новые качества отношений между небольшими маловероятными группами. людей. На первый взгляд они могут показаться маловероятными союзниками; каждый представляет разные места в социальном спектре и разделяет разные увлечения и взгляды. Тем не менее, столкнувшись с тупиком противоположных мировоззрений, в которых укоренилась их жизнь, они из страха предприняли шаги по уходу - результат, который Джон Пол Ледерах называет созданием «критических дрожжей».

Вот конкретные качества, свидетелем которых он стал, меняющие реалии от Северной Ирландии до Колумбии и Непала: они избегают занимать противоположную позицию по отношению к нам и их подходам; обладают любовью и смелостью и используют моральное воображение посредством сложного творчества как части своих действий; таким образом сами становясь художниками.

Влюбленные — художники. Я пишу это предложение с удовольствием и сразу же уточняю его осторожностью и извинениями. Безопасность всегда должна быть на первом месте в жизни.
Мы с отцом расстаемся уже несколько лет. Хотя я боюсь рассказать правду о его неудаче на этих страницах, нам обоим важно простить эту неудачу в любви и себе; любовь не всегда выглядит так, как мы хотим или представляем; иногда возникают ситуации жизни и смерти, в которых любовь должна иметь приоритет над всем остальным; в других случаях любовь — это просто идеалистическое представление, которое мы не можем воплотить в жизнь на практике; в обоих случаях любовь требует дрожжевых групп социальных художников и людей, готовых поддержать тех, кто пострадал от конфликта, когда это необходимо - иногда любовь на публике, как и наедине, означает уступку.

Жизнь иногда может быть сложной и подавляющей, но все мы знаем людей в нашем ближайшем окружении, которые выходят за рамки заботы о себе. Хотя они не святые и не герои, обратите внимание, что, проявляя доброту, даже самую простую, вы чувствуете прилив энергии, а не истощение - то, что сейчас показывают ученые, является правдой! Деяния доброты могут буквально передаваться от человека к человеку – среди них больше всего проявляется любовь – но зачастую они могут принести мгновенное удовлетворение.

У некоторых из нас есть задача знать и присутствовать как соседи, что я сравниваю с любовными отношениями; такие отношения составляют основную ткань общей жизни и могут ликвидировать пропасти между нами, поскольку любовь пересекает границы между нами и приносит облегчение через пропасти между нами. Противостояние открытым разрывам в гражданской жизни может быть не менее пугающим, но и более сложным, поскольку необходимо оставаться гостеприимным по отношению к тем, кто обижает, вредит или сводит нас с ума каждый день - но это может потребовать гостеприимства с нашим оправданным праведным негодованием по отношению к другим, которые обижают или причиняют нам вред ежедневно – обе проблемы необходимо решать решительно!

Гостеприимство — это слово, которое мягко мерцает; он обеспечивает гостеприимный вход в любовь в действии. Мы склонны воображать, что среди других групп существует однородность, которую мы не признаем внутри нашей собственной, однако в семье, коллегах и дружеских группах всегда будут люди, которыми мы восхищаемся и не любим, некоторые из которых мы обожаем, а другие сводят нас с ума; мы находим способы – если это возможно – оставаться в отношениях, открывая, что может означать любовь в разные моменты и периоды нашей жизни; самые близкие нам люди обычно знают, когда не затрагивать определенные темы или когда не следует затрагивать их в любой момент во время какого-либо обмена мнениями!

С теми, о ком мы больше всего заботимся, часто просто быть вместе и не разговаривать — достаточно разума для окружающего мира. Что такое любовь? Ответьте на этот вопрос, рассказав историю о том, когда и где вы видели это в последний раз. А потом будьте критичны, дрожжи!

Элизабет Александр сочинила «Похвалу песни дня», ее заключительные строфы доступны ниже.

Барак Обама вступил в должность 20 января 2009 года.

Послушайте разговор между автором Элизабет Александер и Элизабет Александер.

Некоторые живут, любя ближнего как самого себя.

Не причиняйте вреда и не берите от других больше, чем необходимо, практикуя ненасилие и давая только то, что необходимо для себя и общего блага. Вы верите, что любовь – самое сильное оружие, которым мы обладаем?

Любовь, превосходящая супружеские, сыновние и национальные узы

Любовь, освещающая постоянно расширяющийся круг света, — это неизбежное горе.

Сегодняшнее яркое сияние этого зимнего воздуха обладает заразительной теплотой.

Все может быть создано и написано, любое предложение может быть начато. На краю, на краю или на острие – возможно все!

Восхваляющая песня, чтобы двигаться вперед в этом свете.

В вашем первом стихотворении «Похвала дня» мне понравилась одна вещь, после того как в «Ars Poetica» я заявил, что поэзия не должна быть о любви, — это ее фокус.

Это стихотворение превосходно.
Любовь была призвана в политический момент, в общественное пространство. Мне было трудно понять, как это можно было осуществить политически, оставаясь при этом верным своим намерениям, но каким-то образом вы справились с этим блестяще и честно. И все же оно имело невероятный вес и странность; его необычное присутствие, тем не менее, было мощным, но эффективным - особенно спустя пять долгих лет после вашей инаугурации, когда из-за всевозможных насущных проблем разговоры о любви кажутся еще менее актуальными, чем в тот день.

Что ж, когда я говорю, что поэзия – это не только любовь и романтика, я имею в виду романтическую любовь, с которой мы начинаем со слов. Однако поэзия включает в себя гораздо больше, чем романтика: при написании стихов возникает трезвость, серьезность и ответственность.

Ваш вопрос был: «Что, если бы любовь была высшей силой?»

Мои стихи часто сами по себе ставят этот реальный вопрос, и, готовясь прийти на интервью, я подумал о том, как часто я задаю реальные вопросы в стихах как форму духовной практики. Иногда это происходит просто по моему незнанию; в других случаях потому, что стихи предоставляют фантастические пространства, в которых можно задавать настоящие загадочные вопросы, которые ведут человека к пониманию чего-то, но заканчиваются реальными вопросами в конце.

«Что, если любовь сильнее всех?» — это интригующий мысленный эксперимент, который ставит вопрос: может ли любовь в нашем очень разнообразном обществе и стране преодолеть разногласия и объединить людей? «Могущественная» — такое единственное слово, однако оно должно означать гораздо больше! Может ли быть Быть непреходящей силой любви, которая объединит нас всех, как я так надеюсь? Но любовь не всегда работает таким образом.

Предотвращение недовольства требует любви, которая выходит за рамки супружеских, семейных и национальных уз – даже во время такого чрезвычайного национального события, как инаугурация. Любовь не может касаться только людей внутри нашей страны; любовь должна простираться далеко за пределы этого важного события.

Любовь кажется подходящим словом, когда мы рассматриваем нашу встречу с инаковостью, которая стала центральной чертой современной жизни и семейных отношений. Я часто размышляю о толерантности как о нашем способе борьбы с ней после 1960-х годов; любовь требует гораздо большего.

Ну да; особенно если это любовь, которая не чувствует необходимости предупреждать обиду. Любовь, которая не просто терпит различия, но и активно принимает их, сидя рядом, слушая, принимая и признавая их, а не вовлекая их в споры.

Существует множество эффективных подходов, позволяющих помочь тем, кто считает, что с ними поступили несправедливо, донести свою точку зрения. Мы все испытываем свою долю обид; когда эти проблемы будут услышаны напрямую и соответствующим образом решены, это может во многом способствовать продвижению людей вперед.

Жить вместе, даже когда проблемы остаются нерешенными? Это должно быть нашей целью?

Что ж, одна вещь, которая меня особенно восхищает, — это взаимосвязь между универсальным и частным, а также то, как частное освещает универсалии. Недавно у меня состоялся интересный диалог с главным раввином Великобритании, который предложил интересную точку зрения: моральное воображение начинается с универсальности и заканчивается в особенности – что очень противоречит тому, как западная культура часто интерпретирует многообразие: нашей целью должно быть достижение равновесия, при котором каждый признает, насколько много общего во всех культурах, отмечая при этом

то, что нас объединяет; однако вы используете такие термины, как «в разнообразии нет ничего нового».
Ваши стихи архивируют и сохраняют эзотерические «негритянские эзотерики, странности и особенности», которые ваши стихи документируют и архивируют. Как вы воспринимаете силу привнесения уникального черного опыта в нашу повседневную жизнь? Возможно, я спрашиваю об этом неправильно, но, надеюсь, вы поняли мою точку зрения.

Ну, у меня есть множество ответов. Наши особенности имеют тенденцию проявляться, когда мы говорим; это было справедливо как для древней Греции, так и для сегодняшней Англии; это справедливо как для белых людей, так и для всех остальных. Мы говорим исходя из того, что знаем и испытали; отсюда мы стремимся найти что-то универсальное в том, чем мы делимся. Но я считаю, что наша система образования не полностью учитывает опыт афроамериканцев как часть своего повествования; тем самым люди меньше осознают, что опыт афроамериканцев представляет собой одно повествование об американской жизни, которое богато сосредоточено. Никто не должен скучать по Америке; это было бы катастрофически неправильно понято многими людьми, которые не используют углубленный подход и не проходят через это сами. Я-педагог гораздо лучше это понимаю, чем я-поэт, который действует более интуитивно, без какого-либо четкого плана. Адриенн Рич описала это как «ныряние в место крушения». Это именно то, чего хочет мой поэт — не только рассказов, но и самого крушения! Эта часть меня больше сосредотачивается на этой цели, в то время как я, как педагог, решительно выступает за центрирование афроамериканского опыта в культуре и политике США.

Что ж, здесь вступают в игру как американские, так и человеческие истории.

Абсолютно, положительно. Хотите минутку? Послушайте беседу между Ксавье Ле Пишоном и автором.

Дороти Дэй, католическая общественная активистка, на собственном опыте испытала то, что происходит после стихийных бедствий, когда она была еще молодой в Сан-Франциско во время землетрясения. Люди собрались вместе и проявили свою заботу и заботу друг о друге после того, как случилась катастрофа, вдохновив Дороти спросить себя: «Почему это не может быть для нас нормой?» Жизнь часто возвращается в нормальное русло, как только кризис проходит. Есть ли у вас представление о том, что происходит, когда люди отдают большую часть своей жизни такому подходу и делают это своей нормой? Возможно, со временем этому примеру сможет последовать больше людей, чем вы можете себе представить?

Это чрезвычайно уместный вопрос, и я часто задумываюсь над ним. Я знал некоторых людей, которых я считаю щедрыми и открытыми, но был свидетелем того, как они постепенно закрываются, начинают бояться внешнего вторжения, их сердца начинают закрываться, как плотина. Почему это происходит, мне неизвестно. Другие кажутся все более и более открытыми. Я встретил некоторых замечательных личностей. Мать Тереза и Жан Ванье были замечательными людьми; оба обладают необычайной способностью открыто вступать в отношения с другими, всегда немедленно соединяясь с частями, которые могли быть скрыты или повреждены. Я был свидетелем их способности вступать в новую жизнь, которая, казалось, со временем углублялась – почти как два отдельных пути могли существовать одновременно! Сейчас большинству людей кажется, что есть что-то среднее.

Люди могут испытывать внезапное пробуждение во время стихийных бедствий – от войны или крупных аварий до личных трагедий в семьях, которые приводят к изменениям. Иногда люди реагируют по-разному, и вы можете стать свидетелем того, как люди меняются так, как вы не ожидали. Неопределенность, окружающая наполненные болью отношения, неизбежна, однако мой опыт показывает, что как только мы начинаем идти рядом с теми, кто страдает в нашей жизни, и принимать их присутствие без отвержения или отвержения, их присутствие постепенно обучает и укрепляет нас, показывая нам новые способы существования.

Ваше сердце получает образование. Это то, чем я восхищаюсь.

Да, мы должны учиться друг у друга. Мое сердце не может быть воспитано только мной. Обучение происходит через отношения. Принимая получение образования от других - слушая, как они описывают, что с ними происходит, или погружаясь в их мир, чтобы они могли получить доступ к нашему - тогда между людьми начинает происходить что-то глубокое - мы называем это общением, и это то, чему Иисус учил нас о жизни. сам по себе – научитесь формировать прочные связи между своими соседями, как называл это Иисус, а затем откройте для себя что-то совершенно новое!

Послушайте диалог между Евой Энслер и писательницей Дженнифер Иган.

Одно из ключевых открытий, которые вы сделали, переживая рак, касалось природы любви. Ваш опыт борьбы с раком заставил меня глубоко задуматься; одна вещь, которая действительно заставила меня задуматься, - это ваш рассказ о том, как в тот крайний момент любовь, как мы ее обычно понимаем, -

романтическая любовь, браки и любовники - не совсем удалась для вас; не ощущался очень существенным и, тем не менее, не вписывался в уравнение, которое мы часто составляем в отношении таких отношений, - однако это не равнялось меньшей любви - чем то, что многие из нас предполагают в соответствии с нашими ожиданиями, - и все же вы поняли, что это было важным осознанием: это не имело ничего общего с тем, что мы обычно делаем, обсуждая такие темы, по сравнению с тем, что обычно складывается - это не равно--
Ваша жизнь была наполнена любовью, но почему-то казалось, что ее нет в вас. Однако при ближайшем рассмотрении вы обнаруживали это повсюду – в отношениях, в природе и даже в себе. Ваше воображение об этом слове или предмете было слишком ограничено.

Романтическая любовь, однозначно. Однако наше представление о любви кажется очень упрощенным и упрощенным: ты встретишь одного человека, который станет «твоей второй половинкой».

Я ни в коем случае не встречал никого, кто мог бы поделиться этим опытом; хотя могут быть люди с давним браком. Но я сомневаюсь, что кто-то станет утверждать, что нашел во мне своего идеального партнера; мои старые представления о любви давно рассеялись. И сейчас я чувствую такое волнение, потому что старые представления о любви развеяны. Хотя рак, возможно, все еще преследует и задерживается, с момента моего выздоровления мне доставляло такую радость, что мы делим это пространство вместе. Как мы можем избавиться от такого большого количества мусора? Вам просто нужно продолжать чистку. Но с тех пор, как я восстановил свое здоровье, я чувствую невероятное удовлетворение, находясь сегодня здесь, в этом пространстве, занимая его вместе со всеми вами. Этим летом я проводил дни, танцуя, плавая, разговаривая и наслаждаясь незабываемыми вечерами в Италии с друзьями - каждый момент был для меня так дорог и дорог. Наше удовлетворение лежит там, где мы сами решаем, чтобы оно лежало - если сказать, что счастье можно найти только здесь, тогда это может стать вашей реальностью - вместо того, чтобы думать, что однажды оно придет, например: «О, оно скоро придет; однажды, когда придет большая любовь». ". Но сейчас уже здесь для вас – наслаждайтесь каждой секундой!
Вы упоминаете, что ежедневно испытывали тонкие проявления доброты со стороны людей в Демократической Республике Конго, которые молились за вас и предлагали свою помощь и любовь. Вы также упомянули, что воспринимаете их молитвы как жесты любви со стороны женщин, молящихся от вашего имени в ДР Конго.

Абсолютно. Прошлая ночь была одной из тех плохих ночей, когда мои мысли бродили по прошлым любовникам и мужьям, а также по провалу любви в моей жизни – до настоящего времени. Я не мог этого понять; плюс у меня тоже были проблемы с интимной жизнью. Осознав, как много прекрасных людей пришли за мной, я понял, сколько из них поддерживали мое путешествие: Мари Сесил, которая каждое утро готовила мне завтрак, когда я проходил химиотерапию; моя внучка, которая собирала мои вещи, когда собиралась в последний раз увидеться с мамой; эти люди сделали все это возможным. Моя сестра каждую минуту была со мной на диване, предлагая успокаивающие мочалки, чтобы успокоить мой лоб, создавая тот невероятный момент, когда я думал: «Боже мой! Моя жизнь так богата; любовь и рай находятся прямо здесь; рай прямо перед Капитализм порождает искусственно созданное стремление; он питает в нас желание того, что может произойти в будущем - он всегда стремится к следующему продукту, следующему большому событию».

Оглянись; одежда всегда изображает горячую, сексуальную пару в джинсах как символ любви. Кажется, все, что касается соблазнения, связано с ними; когда мы просыпаемся, мы выглядим не так уж идеально, но реальность все равно может быть вкусной, беспорядочной и по-своему человечной. Возможно, мы слишком часто сравниваем свою жизнь с культурой знаменитостей, поэтому то, как на самом деле выглядит наша жизнь, не соответствует тому, что мы считаем раем; это может кардинально изменить ситуацию к лучшему!

Послушайте этот диалог между Мари Хоу и автором: Для многих людей ваши стихи о смерти Джона от СПИДа были чрезвычайно трогательными и жизнеутверждающими. Но один аспект, который поразил меня, когда я погрузился в вашу работу, заключался в том, насколько последовательным всегда был ваш стиль: когда вы пишете о личных трагедиях, вы часто используете сильный язык с эмоциональным содержанием - как это было в его стихотворении «Все мои друзья мертвы».
В ваших стихах часто говорится о семье. Или наоборот – стихотворение за стихотворением говорит о семейных отношениях или самой семье.

Семья находится в центре нашей жизни; наша биологическая семья, наш избранник и те, кого мы приобретаем через друзей или детей. Семейная жизнь может быть драматичной; В моей семье было 11 человек; каждый день был наполнен чем-то происходящим; мальчики играли в бильярд внизу, а моя сестра присматривала за моими детьми на заднем дворе, а гости могли зайти до 50 раз за вечер! Теперь моя ситуация кардинально изменилась; Я воспитываю дочь одна в крошечной квартирке со стабильной арендной платой.

Был только один.

Одна из нее и один из меня живут вместе в крошечной квартирке со стабильной арендной платой в Гринвич-Виллидж, которую едва ли можно назвать комнатой в доме моей первоначальной семьи, где никому никогда не уделялось достаточно внимания из-за всех этих людей, включая тех, кто страдает алкоголизмом. что внесло хаос в наш дом. Часто события быстро становились жестокими или драматичными, что часто случалось и с моими предками. Наш ничем не отличался.

Я хочу спросить об одной строчке из вашего стихотворения «Письмо сестре».

О, Боже. Его фраза «Никто нам не сказал» звучит правдоподобно, хотя то, что мы только что сказали, может противоречить этой идее.

Что ж, в таком большом доме разные люди переживали разные вещи, в зависимости от того, где вы находились и их возраста. Однако я помню один очень ясный аспект.
В моем воспитании укоренилось множество точек зрения и истин; это стихотворение было задумано как подтверждение моей сестре, которая пережила травму. Я хотел показать, как алкоголизм может разрушить отношения, несмотря на попытки объединиться; даже если вы хотите, чтобы все собрались в одной комнате одновременно, это противоречит любому общему пониманию или опыту — эти строки попытались передать эту идею: одна сестра пытается говорить прямо со своей позиции перелома.

Искусство – это один из способов, который вы написали или, возможно, сказали в другом интервью, чтобы позволить нашим сердцам раскрыться более полно. Мы говорили о вашем детстве, семейной жизни, родительской семье и о том, как стать поэтом относительно поздно, прежде чем стать матерью во взрослом возрасте. Как бы вы объяснили эффект, который искусство оказало на помощь открытым сердцам? Как это повлияло на разные этапы вашей собственной жизни и жизни других людей?

Что ж, искусство может быть нашим единственным спасением, когда жизнь становится невыносимой. Люди, о которых мы глубоко заботимся, уйдут. И однажды мы присоединимся к ним, оставив позади детей, растения позади, солнечные лучи над головой, падающие капли дождя и все такое. Искусство может хранить в себе это знание, напоминающее нам, что мы живем и умираем одновременно; слава богу, что это возможно, поскольку ничто в корпоративной Америке не сможет вернуть эту перспективу.

Люди сегодня испытывают невообразимую боль, которую я не мог вынести; прямо в эту минуту кого-то без причины пытают в тюрьмах по всему миру; Я не знаю, как я мог это вынести, не впадая в психоз; однако, когда Джон умер, я знал, следует ли позволить его смерти открыть или еще больше закрыть мое сердце.
Открытие позволило мне увидеть, что многие другие страдают от потери близкого человека. Было здорово быть частью их сообщества.

В четыре года, заправляя постель в Остине, штат Техас, моя дочь спросила, почему им нужно это делать; мой ответ: Потому что я вам так сказал. В этот момент все ее братья и сестры выбежали из-за своих кроватей. Я обернулся, снова увидел всех стоящих там... и мы все вместе рассмеялись тому, что произошло. Миллионы людей аплодировали, и я присоединился к ним. Было так здорово находиться среди такой замечательной компании, присоединяться к другим, а не чувствовать себя изолированным от всего, что происходит в нашем мире; в противном случае мы могли бы подумать, что это происходит только с нами. Это был бы ужасный и неправильный образ жизни, который, я думаю, искусство постоянно отражает для нас – от чтений Томаса Харди, Дорис Лессинг, Вирджинии Вулф или Эмили Дикинсон до стихов Эмили Дикинсон – просто показывая человеческие истории, чтобы мы Не чувствовать себя настолько изолированным – это поистине чудо.

Кейт Брэструп — капеллан-унитарист-универсалист, работающий в лесах и парках штата Мэн, у егерей, сотрудников правоохранительных органов, которых вызывают на поисково-спасательные операции в случае опасности или стихийного бедствия.

Работа с ними персносит ее, по ее словам, в ключевые моменты человеческого опыта - в те, где жизнь меняется резко, а в других разворачивается неожиданно.

Послушайте этот разговор между Кейт Брэструп и автором: Вы заметили, что тибетская философия указывает на то, что мы проводим большую часть нашей жизни, готовясь к смерти, однако во многих случаях, с которыми вы разбираетесь, участвуют люди, которые не осознают этой истины.
Никто не чувствует себя готовым встретить смерть тех, кого любит, и что вселенная обретает смысл, когда происходят подобные вещи.

Да, и именно поэтому выгодно, чтобы нам не нужно было специально готовиться.

Еще есть история, которую вы рассказываете о Кристине и Анне Лав.

Это было одно из имен, которое я сохранил в своей книге.

Анна Лав была необычной женщиной-полицейским, которую вы встречали, размышляя о чудесах и всех их последствиях.

Кристина была молодой женщиной, которую похитили, изнасиловали и убили, прежде чем оставить умирать в лесу. Это потребовало от множества различных агентств, в том числе службы охраны, сотрудничать в поиске ее тела, а также в сборе и анализе доказательств против виновных. Поначалу этот опыт был невообразимо болезненным для всех участников, особенно для ее семьи. Это событие подвергло испытанию наше понимание жизни в штате Мэн: чувствуем ли мы себя и наши дети в безопасности. Что мы можем сделать со злом, которое нападает без предупреждения? Здесь вступают в игру чудеса, когда так много вещей должны совпасть должным образом, чтобы одна молодая женщина встретила другую молодую женщину на стоянке в 7 утра в любое конкретное утро - это кажется более маловероятным, чем любое чудо, о котором я могу думать!

По этой причине мое определение чуда не просто состоит из чего-то провиденциального; чтобы это произошло, все части должны совпасть. Случаются и плохие вещи, иногда очень плохие.
Когда я смотрю на это с другой точки зрения – а именно так я смотрю на вещи – тогда я не ищу Бога и не ищу Его присутствия в моей повседневной жизни. Бог действует в моей жизни более тонкими способами, чем магия или трюки; Он проявляет себя через людей, любящих друг друга, и через дела служения, свидетелем которых я являюсь каждый день. Это событие поставило Божью работу под пристальное внимание, потому что, вообще говоря, я не часто сталкиваюсь с сексуальными хищниками и убийцами - я склонен иметь дело с несчастными случаями или людьми, которые сделали неправильный выбор из-за употребления алкоголя, но никогда не проявляли намеренного злонамеренности в своем поведении. .

Так что, если бы мы искали доказательства любви в этой ситуации, очевидное место было бы в сердцах и руках парней, которые изо всех сил старались найти ее и наладить отношения с ее семьей, даже несмотря на все ее ограничения.

Вскоре они поняли, что не смогут повернуть время вспять или вернуть ей жизнь.

Пусть это ошибочное событие исчезнет.

Они не могли это исправить. И то, что они все еще ответили, для меня поистине прекрасно; их готовность реагировать, когда они не могут что-то исправить, достойна восхищения. Быть Суперменом очень приятно, когда это происходит; когда они находят ребенка до того, как его последний вздох покинул его тело. Для меня это удивительно; Однако что меня действительно поражает, так это то, как эти полицейские и егеря устроили свою жизнь так, что им приходится идти и делать вещи, которые могут быть мучительно болезненными, но не обязательно помогают исправить или устранить вред или зло, которые они видят вокруг себя. действительно необычно и достойно восхищения.

И в данном конкретном случае жертвой стала Анна Лав.

Анна была главным следователем по моему делу. Она чрезвычайно серьезная молодая женщина, которую я знал довольно давно до того, как начал вместе работать над этим делом.
Задолго до этого ее легко было представить в роли детектива; она умна, серьезна, у нее лицо в форме сердечка, что позволяет зрителям легко представить ее. Благодаря ее исследованию всей этой информации и поиску вероятных мест, где подозреваемые могли скрываться, они нашли одно, что потребовало неоднократного допроса его, а также допроса всех причастных свидетелей, прежде чем вернуться с ним на место преступления.

И все это всего за три дня?! Она действительно успешно закрыла это дело.

Она сделала. Но в перерывах между всеми этими делами она заглядывала в кабинет лейтенанта с молокоотсосом; она недавно родила, и ей вместе с мужем (тоже полицейским) нужно было отправить домой бутылочки, чтобы он мог дать молоко непосредственно их новорожденному ребенку. Я нашел в этом жесте что-то действительно милое.

В вашей статье подчеркивается: «В идеальной культуре молодые девушки играли бы с фигурками Анны Лав, украшенными значками и молокоотсосами.

Анна Лав во многих отношениях стала идеальным детективом для этого дела. Подобные парадоксы невозможно разрешить; вы просто должны позволить им существовать как отдельные вещи. С одной стороны, произошло это ужасное событие, которое не было справедливым и неоправданным на всех уровнях; тем не менее, все эти парни отреагировали, в том числе Анна Лав в роли кормящей матери, которая отомстила этому человеку, ставшему причиной смерти Кристины; но все это ничего не изменило; просто то, что обе партии существовали одновременно – чего, я полагаю, и достаточно, и недостаточно? Ваши слова открывают нечто глубокое и в то же время простое: когда чудеса временно восстанавливают жизни, эти чудеса могут длиться недолго - чаще всего это всего лишь воскрешение любви, а не физическое восстановление.

Христианство и я часто конфликтуем, и мне кажется, что оно отвечает на вопросы, которые я не задавал. Если самая важная ценность в вашей жизни — это просто дышать и ходить, есть бутерброды и тому подобное, тогда это становится вашим ответом на все вопросы, и смерть становится неактуальной, потому что независимо от того, кто сейчас жив, все они рано или поздно умирают, и мы должны постулировать все эти другие концепции, которые мы принимаем. еще не вижу и не связываюсь с; однако меня, как человека с практическими интересами, это не удовлетворило; Мне нужно что-то осязаемое, конкретное, что я мог бы увидеть и принять меры непосредственно.

Поэтому, если вместо этого я постулирую, что любовь важнее всего, в конечном итоге я получу мир, полный страданий, зла и боли; и все же мне еще есть чем заняться; есть к чему стремиться и что-то я могу внести. Лично говоря, это работает лучше.

Послушайте беседу между Джоном Пауэллом и писателем Питером Тилем.

Был момент, когда я почувствовал себя перегруженным всем и разговаривал с отцом, когда я почувствовал, что действительно все потерял контроль. Он сказал мне не пытаться делать все самостоятельно, но признал мои трудности, напомнив, что со мной есть Бог; хотя моя ошибка заключалась в том, что я пытался организоваться вокруг Него, а не вокруг себя. Я понял, что моя ошибка заключалась в том, что я не последовал его совету, организуясь вокруг Бога таким же образом, как он.
Так...

Ваш первоначальный режим был белым.

Абсолютно правильно; поэтому я считаю, что мы оба должны покинуть наши зоны комфорта и вместе работать над тем, чтобы освободиться от них.

В совокупности эти заявления дают интересное наблюдение в другом интервью: большинство белых сегодня предпочитают интегрированные районы и школы, чем в 1950 году; хотя то, что это влечет за собой, остается неясным; несмотря на это, наш мир и демография изменились; белые анклавы мало что предлагают с точки зрения духовной пищи и со временем стали духовно развращенными». Добавив к этому, вы упомянули, что большинство людей, белых, черных, латиноамериканцев или других, хотели бы видеть вещи по-другому, «но, к сожалению, не знают, как или даже Представьте себе, что жизнь может быть другой». Кроме того, вы сказали следующее утверждение: «Я думаю, что большинство людей, белых, черных латиноамериканцев или других, хотели бы чего-то другого, но не знают как, или представляли себе альтернативную реальность».

Вы говорите от имени меня и многих других людей, когда говорите, что это то, с чем мы столкнулись; Я считаю, что с этой неспособностью видеть по-другому необходимо бороться в первую очередь. Ваш рассказ об Оук-парке недалеко от Чикаго очень помог мне понять эту историю; обычно люди полагают, что интеграция приводит к снижению стоимости жилья; на этот раз вы описали очень практичную меру, принятую для того, чтобы не изменить стоимость жилья – эти небольшие истории столь же важны, как и более крупные повествования.

Оук-Парк расположен в Чикаго и в одном из его многочисленных отдельных районов; В округе Кук самое большое количество чернокожего населения среди всех округов США, и здесь было проведено множество исследований сегрегации. Оук-Парк выделяется как исключительная небольшая община, выступающая против сегрегации; что делает Дубовый парк еще более запоминающимся.
Присутствовали белые либералы, и чернокожие начали переселяться, что побудило белых либералов выразить обсспокосность тем, что стоимость их домов может снизиться без немедленной продажи. Поэтому местное правительство предложило страховой полис, который будет компенсировать снижение его стоимости, - что в конечном итоге было реализовано и принято в качестве полиса.

Белые жители не оплатили ни одного полиса. Белые не стали переезжать дальше в пригород. И это было правдой на протяжении 50 лет, что делает это наблюдение интригующим на многих уровнях, поскольку можно утверждать, что эти белые люди были расистами; возможно, используя свои страховые полисы в качестве оправдания. Но готовы ли мы поверить им на слово, принять и вовлечь их туда, где они стоят? У людей действительно есть тревоги, даже несколько одновременно.
Рассмотрим Катрину; эти истории о бедствиях, которые преследуют нас, повсюду вокруг нас, но мы мало о них говорим. Чернокожие застряли на

крышах, когда вода начала подниматься. Что не было обнародовано, так это тот факт, что все американцы, фактически все расы, внесли щедрые пожертвования. Это была одна из крупнейших программ гражданских пожертвований, когда-либо существовавших в американской истории между населением; Таким образом, белые американцы, латиноамериканцы и американцы азиатского происхождения помогали тем, кого они считали чернокожими американцами. Люди утверждали, что наша человечность общая, а межрасовые пары являются одной из самых быстрорастущих демографических групп. Не латиноамериканцы, а межрасовые и межэтнические пары находятся в авангарде перемен; люди, которые уже тогда были самими собой, пытались представить себе другую Америку с ее проявлениями повсюду вокруг нас, если бы мы только начали искать. При взгляде вокруг появлялись выражения — часто неожиданно. Их редко признают, обсуждают или принимают во внимание – пришло время принять и поддержать их!

Послушайте разговор между Винсентом Хардингом и автором.

Недавно я слушал BBC, которая наблюдала за нами издалека. Было проведено интересное сравнение с 1960-ми годами – еще одним периодом социальных потрясений и убийств – но один журналист заметил, что главным отличием была надежда: даже в периоды великих потрясений и насилия люди все еще чувствовали, что они продвигаются к целям, чего сейчас не хватает. Что вы думаете об этом анализе?

По своей сути этот вопрос настолько сложен, что я могу лишь прикоснуться к нему с ограниченным успехом. Что я наблюдал по всей стране, куда бы я ни пошел, люди, кажется, действуют, исходя из чувства надежды и возможностей: будь то Детройт, Атланта, студенческая жизнь в Филадельфии или церкви повсюду, наполненные женщинами и мужчинами, работающими надежды и оптимизма.

У меня сложилось впечатление, что в 1960-е годы, вероятно, существовало более широкое чувство надежды, которое все могли выявить и на котором сосредоточить внимание. Одна из глубоких трансформаций, происходящих сейчас в белых сообществах по всей Америке, — это растущая неуверенность в отношении своей собственной роли, собственного контроля и того, что это влечет за собой для их жизни и свобод.
Он вышел из своей зоны комфорта на неизведанную территорию, которую раньше не позволял себе исследовать.

И именно здесь мы находимся сегодня; поэтому крайне важно, чтобы мы поняли, о чем говорил Мартин Лютер Кинг, когда он говорил о создании любимого сообщества и признал, что для того, чтобы эта мечта стала реальностью, некоторые должны отказаться от того, что когда-то принадлежало исключительно им. Может ли быть любимая нация? Давайте попробуем и узнаем.

В ваших произведениях часто возникает интригующий вопрос: «Возможна ли Америка?» Что приходит на ум, отвечая на этот вопрос, как воплощение надежды?

Одной из величайших радостей жизни после моего 80-летия были встречи и проведение времени со многими замечательными людьми. Филадельфия, например, — это место, где я провожу большую часть своего времени. На его северо-западной стороне я стал тесно сотрудничать с методистской церковью, возглавляемой выдающейся женщиной-пастором, которая широко открыла свое сердце и руки молодым людям, часто маргинализированным в других церквях, - показывая им все, чего они могут достичь благодаря своей работе.

В какой-то момент во время визита в Денвер к нашему проекту пришла группа филадельфийцев, одетых как улиц Филадельфии; их движения отражали эту манеру общения, когда они общались с разными жителями. Два молодых филадельфийца — мужчина и женщина — остановили меня на мгновение: двое молодых людей подошли ко мне по отдельности и спросили: «Можем ли мы поговорить хотя бы одну минутку?» Они уже называли меня дядей Винсентом и хотели знать, почему я их так люблю. Я увидел, что у них было осознание, которос позволило им распознать мою любовь; то, чего не хватает многим американцам при знакомстве с новыми людьми за границей. Я видел, что они знали, что при встрече с новыми людьми можно почувствовать в них что-то величие, что позволило им осознать, встретив кого-то вроде меня или услышав эту новость: зная это.
Любовь может исходить только изнутри, и каждый должен осознавать, что у него есть сила и ответственность внести в свое сообщество что-то позитивное, чего ранее не было предусмотрено.

Я знаю, что они существуют, потому что знаю некоторых взрослых, работающих с ними в таких местах, как Гринсборо, Северная Каролина; Детройт, Мичиган; в резервациях Нью-Мексико и Лос-Анджелеса — мы установили отношения между молодыми людьми и взрослыми воспитателями в этих ситуациях — потому что, когда я вижу, чувствую, получаю их нежную заботу, я знаю, что у них есть все необходимое, чтобы построить любимые нами сообщества. все стремятся творить.

Моя работа включает в себя взаимодействие с теми, кого считают безнадежными, бесполезными и бесцельными (точно так же, как я был свидетелем этого на Глубоком Юге в 1960-е годы), тех, кого считают отсталыми и неспособными изменить свою страну. Вспоминая о площади Тяньаньмэнь и Праге, я вспоминаю, как те же самые люди в Миссисипи и Алабаме, которых считали бесполезными, смогли добиться перемен во всем мире - я вижу, как это постоянно происходит по всей стране, когда молодые люди, любящие друг друга, открывают новые возможности; что привело к моему ответу: «Да, если мы сделаем это возможным».

Глава 5. История и развитие ВЕРЫ

Когда я вспоминаю веру своей молодости, она сопровождается страхом. Но не только страх – там жила и тоска.

Как только я начал читать, библейские головоломки подарили мне моменты переноса, комфорта и воодушевляющей необъятности возможностей, которые поддерживали меня в школьной и церковной музыке - хотя в то время не совсем в такой форме! Пение гимнов, которые связали мою маленькую жизнь с величием космоса и христианской драмой в пространстве и времени, стало одним из моих первых опытов объединения дыхания, тела, разума и духа, живого для тайны и реальности в гармонии со знакомыми и незнакомыми людьми. был один из таких моментов; этот опыт помог сформировать то, как я определяю веру сегодня: это означает верить в то, во что вы верите о себе, когда говорите о Боге или говорите от своего имени! chaudiere Кто я такой, чтобы говорить от имени Бога или говорить от Его/ее имени; Но я верю в это: Если Бог существует – что само по себе является невероятным упрощением – тогда Он/Она не нуждается в нас отчаянно; Он/Она желает и нуждается в нас, делая наше присутствие благодарным, внимательным и смелым в повседневной жизни.

Как гласит один из моих любимых классических подходов к определениям Бога, если Бог — «разум, стоящий за вселенной», Он уважает наш разум; будучи нашей «основой бытия», Он благословляет нашу целостность.

Религия детства для меня была связана с моральным совершенством и вечной ценой неудачи. Для меня вера включает в себя моральное воображение в отличие от морального совершенства; все еще пытаюсь точно определить, что это значит и как лучше всего воспитать это в себе и других; борьба с тем, как этот язык может найти выражение в повседневной жизни; результаты часто застают меня врасплох, поскольку они сильно отличаются от публичных религиозных образов, известных мне ныне живущими, и далеки от того, с чего я начал; тем не менее, если снова понять этот язык, великие традиции во всем их великолепии снова станут доступными.

Вера динамична; во всех культурах и эпохах. Даже те, кто утверждает, что верят в Бога или молитву, могут в конечном итоге обнаружить, что эти убеждения подвергаются постоянному пересмотру, поскольку воспоминания и опыт со временем формируют то, как мы интерпретируем эти фундаментальные убеждения. Мудрость заключается в том, как мы справляемся с неожиданностями и тайнами повседневной жизни, а не с застоем; когда происходят неожиданные сюрпризы, которые невозможно суммировать или объяснить; такие моменты способны глубоко изменить нас изнутри, если им позволить.

Западное христианство утратило часть своей преобразующей силы, когда оно объединилось с империей, а затем и с наукой. Моему дедушке, казалось, не нравился его большой и активный ум; была некоторая нервная неуверенность, когда дело доходило до принятия того, что Библия не охватывала или не могла объяснить; существовал страх, что они могут поддаться безбожной уверенности науки и навсегда потеряться для верующих. Он никогда не мог предвидеть, что наука двадцатого века достигнет, казалось бы, своих последних рубежей, а затем вспомнит о своей основной добродетели – смирении, одновременно приветствуя сюрпризы как возможности. Мы обнаружили, среди других потрясающих фактов, что расширение Вселенной не замедляется, а ускоряется; и, благодаря объяснению, большая его часть состоит из сил, которые мы никогда не ожидали и до сих пор не до конца понимаем, — «темной материи» и «темной энергии».

В начале этого столетия физики, космологи и астрономы больше не стремились прогнать тайну, а скорее поощряли ее обратно. Теория струн и параллельные реальности все еще звучат как научная фантастика, но на самом деле являются попытками реализовать идеал Эйнштейна о создании «теории всего». , объединяя все аспекты того, как функционирует наш мир, в всеобъемлющее объяснение всего.

Как знаменито заметил Эйнштейн, наше понимание космических реалий не соответствует их функционированию на микроуровне, в квантовом мире. Тем не менее, квантовая физика, которую некоторые когда-то считали «вуду», дала нам сотовые телефоны и персональные компьютеры, технологии, которые мы используем каждый день для исследования киберверсий космического пространства.

Иммерсивный научный опыт оживляет древнюю человеческую интуицию о том, что линейная реальность — это еще не все, что существует; что кроме виртуальной реальности и киберпространства, как будто Алиса падает в кроличью нору; наша онлайн-жизнь ведет нас в эту кроличью нору, как Алису; Каждое утро, просыпаясь, мы пробираемся в Нарнию через задние двери чулана или картографирование мозга с помощью искусственного интеллекта — становится все более чудесным то, что наше сознание кажется удивительным. Шервин Нуланд, агностик, рожденный хасидско-еврейского происхождения, часто цитировал идею святого Августина о том, что человек должен взять на себя ответственность за свою жизнь и выбрать, как он хочет ее провести.

Люди отправляются в природу, чтобы полюбоваться ее необъятными высотами, огромными волнами океана и проносящимися мимо реками, необъятными просторами Вселенной и звездами, которые сияют на ней, - но часто проходят мимо, не осознавая, какая красота ждет впереди.

В наше время стало модно с новым удовольствием исследовать тайну, которая есть у нас. Эйнштейн видел благоговение перед чудом в центре науки, религии и искусства — то, что удивляется, позволяет нам заниматься с большим рвением. Задаваться вопросом — это также эффективный способ начать говорить на общем словаре тайн, который используется в разных дисциплинах с разной уверенностью или сомнениями; психиатр Роберт Коулс определил источник этого импульса в детском развитии, а также в духовных убеждениях; Я брал интервью у Роберта в его доме, наполненном книгами, недалеко от Бостона, на раннем этапе моего радио-путешествия, что дало отличный контекст для дальнейшего развития.

Послушайте беседу между Робертом Коулзом и автором Робертом А. Коулзом. В этом нет никаких сомнений: мы словно появляемся из ниоткуда! Наши родители, естественно, встретились; затем идет наше физиологическое развитие; в конечном итоге наша психологическая и духовная сущность начинает проявляться благодаря опыту, определенному образованию со стороны родителей, соседей, учителей, родственников и нас самих — этот процесс остается бесконечным источником чудес! Религиозные традиции детства предоставляют множество доказательств того, что слияние естественного любопытства с религиозным любопытством играет большую роль в этом процессе развития — неудивительно, что сегодня многие религии процветают бок о бок друг с другом!

Роберт Коулз сам случайно наткнулся на эту форму языка в бурную эпоху социальных перемен 1960-х годов. Будучи молодым психиатром в Новом Орлеане, доктор Кристофер Уайт стал свидетелем того, как толпы взрослых насмехались над Руби Бриджес, когда она стала первым афроамериканским ребенком, который десегрегировал начальную школу на Юге. Он был очарован ее достоинством, подружился с ее семьей и продолжил писать отмеченные наградами книги о психологической, политической и моральной жизни детей. Позже в его карьере Анна Фрейд предложила ему еще раз оглянуться на все свои исследования и посмотреть, не ускользнуло ли что-нибудь. Примечательно, что он обнаружил, что его записи наполнены религиозными и духовными наблюдениями детей, которые он игнорировал из соображений академической респектабельности. Эти наблюдения легли в основу его самой известной работы: «Духовная жизнь детей».

Роберт Коулз не смотрит на духовную жизнь глазами ребенка: когда он говорит о духовной жизни детей, он имеет в виду не переросший энтузиазм, а постоянное и любопытное любопытство, которое привело к жизни, полной величия, творчества и стойкости во взрослой жизни; такие как Дороти Дэй, Уильям Карлос Уильямс или Дитрих Бонхеффер в этом мире. У Роберта незабываемый радиоголос, который идеально подходит для таких радиопрограмм, как его шоу: и он остается одним из тех мудрых и любопытных людей, которым за восемьдесят.

Послушайте беседу между писателем Робертом Коулзом и Робертом Оллеа. Удивительно, что вы наблюдали такой «вопросительный дух» среди детей как религиозного, так и нерелигиозного происхождения – даже тех, кто живет в семьях, где традиции были более жесткими. То, что вы открыли, общаясь с детьми и слушая их, раскрывает больше, чем просто информацию о детстве; оно раскрывает аспект религии, который мы можем вообще упустить из виду.

Это действительно трагический поворот событий: если рассматривать иудаизм, то среди его великих деятелей можно назвать таких пророков, как Иеремия, Исаия и Амос. Эти пророки задавали некоторые из самых глубоких и неудобных вопросов, часто осмеливаясь выйти за рамки власти и привилегий, чтобы продолжать поднимать их. А затем пришел Иисус из Назарета, который стал учителем. Его можно было бы считать странствующим учителем, который странствовал по древнему Израилю (ныне называемому Израилем, Палестиной и Ближним Востоком) в поисках ответов, ищущий ответы, задававший вопросы людям, которых встречал на своем пути, заставляя их задавать вопросы, которые другим запрещались или которым учили. не спрашивать об определенных предметах. Иисус искал товарищей, с которыми он мог бы присоединиться к нему в его духовных поисках; на нашем языке мы могли бы назвать их его друзьями или знакомыми. Это были люди, готовые объединиться с ним в поисках духовных открытий, к которым он тянулся или которых преследовал.

В религиозных институтах, таких как иудаизм и христианство, есть устанавливающие правила, которые временами могут показаться всепоглощающими или даже репрессивными; но дети лучше всего реагируют на дух религии: ее вопросы, исследования и волнение по поводу поиска ответов в нашем мире.
Я полагаю, что то, что вы имеете в виду в отношении детей и религии, как-то связано с их интригой как самих личностей.

Тайна – неотъемлемая часть жизни; его присутствие стимулирует любопытство и исследование. Фланнери О'Коннор, влиятельная католическая писательница, в своей духовности превосходила католицизм; у нее были глубокие корни за пределами католицизма. Однажды она обсуждала, что делает хорошего писателя, надеясь, что однажды она пополнит их ряды, но никогда не осмеливалась предположить это. Она прекрасно заметила: «Задача романиста — углубить тайну». «Но тайна может смущать современные умы, что заставляет нас бороться с ней, чтобы разгадать все тайны. К сожалению, мы должны решить эту проблему; мы не можем позволить этому остаться; не отмечать и не подтверждать его присутствие как часть жизни, несмотря на то, что оно является частью самой жизни; тем не менее, тайна — это неотъемлемый компонент, который бросает вызов и вознаграждает нас обоих одновременно. «Да, — заявила она, — тайна может быть весьма сложной, но в то же время и бесценным спутником.

* Когда-то я подошел к тайне как к чему-то, что лучше не исследовать; теперь я утешаюсь этой тайной и вижу в этом возможность. Услышав от ученых, что люди являются самыми сложными существами, известными во Вселенной (черные дыры в некотором смысле объяснимы, но живые существа не могут), вселяют в меня уверенность в том, что жизнь остается бесконечно запутанной - в этом помогает духовная жизнь, признавая как свою цель, так и ее предназначение. и опасности, его красота и его потери.

К духовной жизни следует подходить реалистично и как к пути к реальности, без претензий на трансцендентность или трансцендентность. Духовность признает все аспекты человечества; красота и удовольствие наряду с горем и болью, а также наша способность сопротивляться тому, что мы хотим или в чем нуждаемся – это полностью охватывает жизнь!
Модернистская классика Рейнхольда Нибура «Природа и судьба человека» начинается прекрасно: «Человек — это его собственная судьба». Я аплодирую Рейнхольду Нибуру за это заставляющее задуматься высказывание о человечестве, произнося его краткую вступительную фразу:
«Первородный грех» всегда был ответом моего деда, когда он сталкивался с любой сложной проблемой; его учение об этом было запечатлено во мне так же, как оно было запечатлено в западных культурах на протяжении веков такими религиями, как христианство. Тем не менее, время шло, и Оклахома оказалась полной жизнеутверждающих удовольствий даже среди того, что я когда-то считал актами греховного поведения, «грех» стал не столько осуждать действия, сколько обеспечивать ясность для психологического роста и ясности ума.

В 25 лет я снова начал изучать религию, на этот раз англиканскую. Поэтический язык Книги общих молитв и описание человечества сразу же привлекли мой интерес. Томас Кранмер написал королю Генриху VIII и отметил: «Мы сделали то, чего не следовало» — аллегория человеческой природы, воплотившая в себе все, что было написано в истории. «И мы оставили невыполненным то, что должно было быть сделано», — подчеркивая нашу повседневную неспособность соединить внутреннее устремление с внешней реальностью. Неспособность ценить красоту, позволять ей расставлять вещи на свои места, регулярно быть благодарным, уделять время нуждающимся незнакомцам или давать то, что я знаю, чтобы помочь страдающим среди нас, быть лучшим собой с теми, с кем я делю жизнь или работу прощать других, когда они не соответствуют моим стандартам и т. д.

Многие культурные мероприятия, которыми мы занимаемся, поначалу ошеломляют нас и помогают избежать встречи с самим собой – это подталкивает нас к самопознанию и более глубокой жизненной целостности, к которой мы действительно стремимся. Мари Хоу отмечает, что поэзия «немного ранит при входе; она одновременно успокаивает и углубляет нас, одновременно причиняя боль». Равно как и элементы, дающие голос душе: молчание, песни, общественные ритуалы и опыт слушания, а также сострадательное присутствие, такое как слушание и сострадательное присутствие (например, буддийские термины, обозначающие духовное просветление). Тем не менее, каждый момент представляет нам выбор между отвлечением внимания, углублением самопознания или более глубокой целостностью жизни; существуют все варианты, которые помогут избежать этой болезненной расплаты, которая лежит внутри.

Первородный грех можно понимать по-разному: возможно, как непроизвольное стремление поддаться искушению и привычно потворствовать ему. Это явление принимает различные формы; здесь это проявляется в моем желании каждым предложением на этой странице отвечать на вызов технологии и отвлекаться от этой линии исследования бесконечно меняющимися требованиями технологии; в Берлине в годы «холодной войны» эта практика стала еще более драматичной: каждое отвлечение имело геополитическое значение — каждое действие или бездействие сияло геополитикой, в то время как вблизи я был свидетелем того, как дипломаты со всеми их сложными стратегиями в игре — таким образом, превращая это в опыт, который был захватывающим, но вблизи, также привлек дипломатов, как никогда раньше, с точки зрения геополитики - все совсем иначе, чем сейчас

Журналисты, политики и журналисты, посвятившие всю свою личную энергию развитию влиятельной внешней жизни. В то время я не использовал такой язык, поскольку я тоже был по большей части политическим по своей природе - однако они были недостаточно развиты духовно, не привыкли культивировать внутренние ландшафты красоты, которые закрепляли и поддерживали их вне работы - особенно интимные пространства, в которых мы все живем вне работы. - один посол, с которым я работал, был известным экспертом по ядерному оружию, который произносил блестящие речи, которые загипнотизировали аудиторию во время противостояния с советскими лидерами; тем не менее, дома он отправлял через персонал короткие и неловкие сообщения своей жене, находившейся наверху.

Наши дети хотят, чтобы мы прекратили прославлять эту модель непреднамеренного саморазрушения: обогащаться снаружи, обедняя внутренне. Они ввели в наш гражданский словарь такие слова, как «прозрачность, подлинность и честность», в качестве попытки исправить ситуацию; такие хрупкие термины подвергаются риску чрезмерного использования или упрощения, однако я слышу в них настойчивый отказ от всех нас, не отделяющих то, что мы знаем, от того, кто мы есть, какие убеждения определяют, как мы живем, или кем являются друг друга; за этими хрупкими словами скрываются душераздирающие, но святые стремления изнутри – попытка перейти от интеллекта к мудрости изнутри нас самих – которая делает переход от интеллекта к мудрости изнутри нас самих.

В своей жизни я всегда относился к духовности с осторожностью, опасаясь ее широкой интерпретации и поверхностного применения к индивидуальным потребностям и заботам. Но я наблюдал, как наша культурная встреча с духовностью – и ее связь с религией и культурой – существенно развивалась за последние несколько десятилетий. Что я знаю наверняка, так это то, что ни один анализ не может дать полного и достоверного прогноза того, как будут развиваться события. Сегодня общепринятая часть социального жаргона «духовная, но не религиозная» представляет собой лишь часть того, что резко изменилось с течением времени. Наше поколение выделяется среди первых, кто обычно не наследует религиозную идентичность через принадлежность к семье или племени, хотя цвет волос или местоположение могут диктовать такие вещи. Но изменчивость жизни со всеми ее возможностями выбора и различения личных духовных путей ведет не к духовному упадку, а к его возрождению. Мы меняемся коллективно, поскольку религия неожиданным образом обновляется в культурном отношении. Каждый год я встречаю гораздо больше верующих, чем раньше!
Ученые, которые говорят о «религиозности без духовности» – почитании ритуалов в человеческой жизни и общественных ценностях без акцента на чем-то сверхъестественно трансцендентном – часто называют то, что известно как новый гуманизм, моральным воображением и этическими страстями как важнейшими компонентами. .

«Нет», согласно опросам общественного мнения, представляют собой один из наиболее быстрорастущих сегментов духовной идентификации. С начала этого десятилетия социологи зарегистрировали, что 15 процентов жителей США и одна треть людей в возрасте до 30 лет ответили «нет» при ответе на вопросы о религиозной принадлежности с несколькими вариантами ответов; массовое освещение в эфире и печати было сосредоточено на этом контркультурном движении, которое бросает вызов историческому самопониманию Америки как христианской нации.

Молодые люди, родившиеся в 1980-х и 90-х годах, похоже, не находят религиозные декларации удивительными, поскольку они достигли совершеннолетия в эпоху, когда религиозные голоса, такие как Джерри Фалуэлл и Пэт Робертсон, стали токсичными силами в американской культуре. Такие фигуры, как Фалуэлл и Робертсон, получили слишком много эфирного времени в качестве репрезентативных деятелей «религии», даже после того, как они больше не представляли большинство евангелистов, фундаменталистов или верующих людей, а тем более всех христиан или людей с верой.

Точнее: расширяющийся мир Нонов – новых нерелигиозных – является одним из наиболее духовно ярких и заставляющих задуматься пространств современной жизни. Это не место без духовной жизни, а место, которое сопротивляется религиозным излишествам и поверхностности. Значительная часть нашего мира полна этических убеждений и любознательного богословского любопытства, проявляющегося в неожиданных местах и способами. Натан Шнайдер выделяется как инновационный общественный интеллектуал, охватывающий журналистику, академические круги, социальную активность и религию. Он написал неортодоксальный, но убедительный журналистский отчет о зарождении движения «Оккупай Уолл-стрит» после финансового краха 2008 года, находясь в его рядах, отмечая духовную динамику, которую другие комментаторы не заметили.

Послушайте беседу между автором Натаном Шнайдером и Натаном Шнайдером.

Молодые люди из движения «Оккупай Уолл-стрит» обратили свое внимание на церкви, когда начали протестовать за их пределами; не потому, что они были не согласны с тем, во что утверждали эти конкретные общины, а чаще всего из-за раздражения: эти протестующие говорили: «Церковь, веди себя как церковь!» Многие никогда раньше не сталкивались с церковью или какой-либо формой религиозной общины или испытывали чувство отчуждения, если они это делали раньше; их общая идентичность - это Ноны.

Натан Шнайдер ведет нетрадиционный образ жизни 21 века. Воспитанный родителями, которые знакомили его с различными духовными традициями и одновременно поощряли создавать свои собственные, он обладает эклектичным опытом, который не поддается категоризации. В подростковом возрасте он исследовал как интеллектуально, так и экспериментально, пока в восемнадцать лет не был крещен в католической церкви. Теперь, когда люди больше не наследуют конфессии посредством генетического наследования, мы свободны даже выбирать ортодоксальность, которая нам лучше всего подходит. Натан написал еще одну книгу, посвященную поиску свидетельств существования Бога «от древних до Интернета» — подход, который я считаю столь характерным для мудрых искателей новых поколений. Натан предполагает, цитируя мои формулировки, что нам необходимо внести коррективы при обсуждении значимости религии в современном обществе, ее места в нем и любых изменений, которые она испытывает.

Послушайте, как Натан Шнайдер делится своими знаниями.

Когда я стал старше и начал более формально изучать религию, мне стало ясно одно: многие из наших проблем хорошо известны некоторым великим мыслителям и новаторам религиозных традиций, которые мы сейчас пытаемся контролировать и сдерживать. Это стало особенно очевидно после 11 сентября, когда появились новые атеисты.
Действительно ли религия и насилие являются отдельными сущностями, или религия вызывает насилие между своими приверженцами? Я начал исследовать свое окружение в поисках ответов на мои животрепещущие вопросы о религии: реальны ли религия и насилие; Каково его отношение к насилию; Существует ли Бог/существует ли что-нибудь там; когда я начал глубже погружаться в традиционные подходы, которые пытались ответить на этот вопрос, я понял, что большинство аргументов, выдвигаемых в пользу доказательства существования Бога, были больше связаны с установлением отношений, выражающих Бога через описание человеческих отношений, чем с прямым ответом на этот конкретный вопрос.

Ваше поколение, нынешняя эпоха, породило явление, известное как «Ноны». Я считаю, что то, что вы и они здесь обсуждаете, - это не столько попытка дать определение Богу, сколько поиск понимания этих традиций в их основе во времени и пространстве и того, как лучше всего они их выражают.

Поначалу, когда я стал католиком, меня привлекла как его средневековая созерцательная традиция, так и традиция смелого социального свидетельства, примером которой является «Католический работник» Дороти Дэй и многие другие подобные примеры на протяжении всей истории и по всему миру. Но, посетив католические церкви, я быстро заметил, что многие посетители на самом деле не знали ни о таких вещах, ни о своих традициях - просто продолжали идти вперед, не понимая, почему они во многих случаях были там;

во многих случаях, хотя и не обязательно во всех случаях, наблюдалась некоторая инерция.

С другой стороны, люди, с которыми я встречался за пределами этих религиозных учреждений, чрезвычайно интересовались этими вопросами, и у них были неотложные вопросы, над которыми они боролись. Хотя в настоящее время они, возможно, не чувствовали, что могут полностью посвятить себя какому-либо учреждению, им оставалось любопытно и хотелось понять. Этот призыв Occupy сильно откликнулся во мне; «Действуйте как церковь». По сей день, когда я захожу на свои страницы в социальных сетях, таких как Facebook или Twitter, на моем мобильном телефоне, на моем фоновом экране отображается изображение после урагана «Сэнди», когда оккупанты наполнили церкви гуманитарной помощью, чтобы помочь своим собратьям.

Именно это привело к организации Occupy Sandy. К сожалению, эта история не получила столь широкого освещения и не была известна среди людей – мало кто знает, что ее корни берут начало в Occupy Wall Street – так что можете ли вы поделиться здесь частью этой истории?

Как только ураган «Сэнди» обрушился на Нью-Йорк и прилегающие регионы, небольшая группа активистов Occupy Wall Street решила, что они собираются организовать какую-то операцию по оказанию помощи. В течение нескольких часов они создали первый веб-сайт, организовали места, куда люди могли сдавать припасы — церкви — и сыграли важную роль на ранних этапах работы по оказанию помощи.

Но в ходе этого процесса было интересно наблюдать, как эта группа, многие из которых не чувствовали себя комфортно в традиционных религиозных институтах, работает с религиозными людьми и общинами. С одной стороны, они станут свидетелями силы и устойчивости этих религиозных общин, которые их движению не удалось создать; с другой стороны, они черпали вдохновение из идей этих традиций – в частности, признавая, что за религией стоит что-то реальное, что связано с их разочарованием в обществе в целом. Термин «юбилей» стал тем, что они начали обсуждать, осознавая, что есть что-то реальное, что связывает их всех, несмотря на это столкновение между светской Америкой и религиозными общинами вокруг них. Совсем недавно я посетил Южную Италию, где собирались технологические активисты – в основном хакеры из Европы. Здесь я был свидетелем того, как они осваивали и играли с аппаратными устройствами из самых разных мест Европы.

Взлом Святого Бенедикта. Эти новаторы адаптируют Правило Св. Бенедикта как основу западного христианского монашества как источник вдохновения для создания устойчивых сообцеств. Монастыри пронесли цивилизацию через Темные века, защищая письменное искусство, такое как рукописи. Теперь эти активисты используют религиозные традиции как возможность начать с нуля; учитывая, какие изменения можно внести во взаимоотношения между технологиями, используемыми сегодня, и образом жизни, как это сделали монахи много веков назад.

Опять же, эти люди не связаны ни с какими конкретными религиозными общинами; однако что-то внутри этих традиций их привлекает. Они осознают что-то, но чувствуют, что не могут получить доступ к существующим институтам для исследовательских целей; поэтому они исследуют это независимо.

Монашество проявляется как скрытое течение всего духовного ландшафта. Я нахожу точки соприкосновения интригующими: отцы и матери-пустынники, Бенедикт, Франциск или Игнатий Лойола выступали в качестве провидцев в разные моменты долгой истории католицизма — все они возникли на расстоянии от Церкви, которую они воспринимали как имперскую, внешне одомашненную, холодную, вне связи со своим духовным ядром.

Молодые христиане - от евангелистов к другим конфессиям - также меняются в ответ на движение «Ноны» этого поколения, все больше отталкиваясь от его резких практик поклонения, но вместо этого полные решимости реформировать их. Одно влиятельное движение, слабо связанное с монашством, известно как Новое Монашество; Шейн Клэйборн в свои сорок лет теперь входит в число ее путеводных светил и старейшин. Он родился в Теннесси в период расцвета идеологии морального большинства и большую часть своей юности провел, агитируя за Дэна Куэйла на пост вице-президента. Это харизматичная, харизматичная фигура с дредами, которая выглядит так, будто принадлежит к Отцам и Матери-пустыне. Во время учебы в Восточном университете за пределами Филадельфии – евангелическом колледже, известном своей социальной деятельностью – он и несколько друзей стали активно заниматься поддержкой и уходом за большим количеством бездомных и семей, находящихся на их попечении.
Люди, живущие на улицах, нашли убежище в заброшенной церкви в Северной Филадельфии, и им грозило принудительное выселение. Их ирония не ускользнула от них: они начали задаваться вопросом, узнает ли Иисус, что происходило там и в других церквях, которые они посещали в детстве. Он делится своим отчетом в своей длинной, как Теннесси, растяжке:

Послушайте этот диалог между Шейном Клэйборном, автором, и мной о написании академической диссертации.

Читая слова Иисуса, я задавался вопросом, верит ли им сегодня кто-нибудь. На ум сразу пришла одна личность, которая, казалось, так блестяще воплощала эти учения Христа, — это Мать Тереза; ее жизнь настолько прекрасно воплощала его простые слова и учения, что мы написали ей письмо. Мы написали по электронной почте: «Эй, не знаю, предлагаете ли вы стажировку в Калькутте, но мы бы хотели приехать поработать», но так и не получили ответа; она, должно быть, получила много писем. Поэтому вместо этого мы позвонили в Калькутту и ожидали вежливого ответа: «Миссионеры милосердия, чем мы можем вам помочь?» вместо этого услышал скрипучий старый голос: «Алло? Алло?» И я волновался, что ошибся номером; каждая минута стоит 4 доллара. Поэтому я начал говорить быстро: я сказал ей, что мы хотим связаться с миссионерами милосердия Матери Терезы; когда она ответила, она сказала, что это Мать Тереза, и «Ну, это Мать Тереза, а это Мать Тереза - иди, иди, иди». Она сразу же пригласила нас войти! И мы могли бы выйти! Она сказала нам, что мы можем присоединиться. Это было здорово – присоединяйтесь!

В то время я многому научился. Мы были вовлечены во впечатляющее движение за социальную справедливость, которое включало в себя протест против несправедливости во время ареста – мы знали, против чего мы выступаем; что мы не знали зачем. Посетив колонию прокаженных в Калькутте, я обнаружил советы людей, вынужденных обществом создавать что-то новое в том, что когда-то было их старым миром. Это момент пробуждения, когда мое видение чего-то лучшего проявилось, когда моя героиня Дороти Дэй сказала: «Давайте построим что-нибудь вместе!"
Постройте общество, в котором людям будет легче относиться друг к другу хорошо.
Шейн и его друзья вернулись домой из Калькутты с намерением создать сообщество «Простой путь» не как традиционный монашеский орден, а как целенаправленное сообщество, которое опирается на некоторую монашескую мудрость, чтобы структурировать совместную жизнь в ритме друг с другом и с городской жизнью в целом. . Со временем он вырос из одного дома до шести, в которых реализуются различные проекты и служения, и служит местом паломничества для молодых людей разного происхождения; выступая в качестве головной организации, объединяющей группы в разных местах и одновременно заново переосмысливая церковную духовную жизнь.

Послушайте дискуссию между Шейном Клэйборном и автором.

Однажды группа из нас решила попробовать вести церковь, как раньше: мы читаем в Деяниях, что все верующие делили все поровну между собой; никто не претендовал на владение чем-либо, что у них было, и среди них не было нуждающегося человека. Хотя многие из нас имели опыт работы в различных формах церкви (как выздоравливающие евангелисты, так и разочарованные католики), они решили, что вместо того, чтобы больше жаловаться на это, они попытаются создать церковь своей мечты из того, что было раньше.

Никакого грандиозного видения нашего района мы не имели в виду; скорее, мы подходили к каждому дню как ученики и открывали двери всем нуждающимся. Нашей миссией было просто любить Бога, любить людей и следовать за Иисусом. Если бы мы могли разобраться в этом вместе, наша работа была бы успешной; что привело нас к встрече со многими бездомными, проходившими через дом, а также с детьми, нуждающимися в помощи в учебе. Следовательно, к дому приходило много бездомных; а также множество детей, которым требовалась поддержка в академических вопросах.
Все, что мы делали, было результатом этого. Северная Филадельфия — это место, полное борьбы, но и много надежд; нашей целью было дать друг другу надежду, а также помочь вернуть заброшенные пространства. К сожалению, сегодня я пропустил все занятия в саду. Наш район предпринимает шаги по восстановлению двух участков, ранее заполненных мусором и хвоей, разбивая на этом участке сады и открывая там наш небольшой комиссионный магазин. Скоро я уеду отсюда, и наш продовольственный банк раздаст 50 пакетов нуждающимся в помощи. Создание нашего сообщества означало реагирование на кризис. Но, как красноречиво выразился д-р Мартин Лютер Кинг, в конечном итоге для всех нас наступает время стать «добрыми самаритянами», вытаскивая других из бедственных ситуаций, в конечном итоге понимая, что сам Иерихон нуждается в переменах для всеобщего блага.

Что-то не так в вашем подходе – не только к христианству, но и ко всему миру. Ваша целостная точка зрения сегодня кажется уникальной среди христианских общин; например, взяв в качестве примера старую пословицу о том, что научив человека ловить рыбу, он сможет питаться всю жизнь, вы говорите, что мы также должны спросить, кому принадлежит пруд и кто его загрязнил, прежде чем спрашивать: «Нам также нужно спросить, кто владеет прудом и загрязняет его». возможно, люди никогда не жили в эпоху, когда такое мышление было возможно, так что наверняка поколения, жившие в предыдущие эпохи, достаточно глубоко задумывались об истории своих поколений? на этот раз?

Куда бы я ни пошел, меня воодушевляют вопросы, которые задают люди, даже в евангелической церкви, которая часто уклоняется от подобных вопросов. Большинство молодых людей, с которыми я сталкиваюсь в рамках этой евангелической традиции, выходят за рамки левых/правых парадигм в поисках способов создания лучшего мира и понимают, что наше хрупкое существование требует от нас всех жить вместе по-другому и с большим воображением, чем раньше. Они говорят, что каждый из нас, как личность, должен найти способ жить по-другому, оставаясь при этом верными тому, кем мы являемся как личности и как христиане.
Творчество позволяет нам выйти за рамки только наших личных сетей друзей.

Это меня воодушевляет, и я верю, что если христианская церковь потеряет это поколение, то это произойдет не потому, что мы не смогли развлечь их, а скорее потому, что мы не бросили им вызов истиной о жизни и жизни. Не потому, что мы сделали Евангелие слишком сложным, а потому, что мы сделали его слишком простым – просто играя с детьми в игры, вместо того, чтобы побуждать их задуматься о том, как их образ жизни влияет на других. Что меня больше всего восхищает во многом из того, что происходит среди молодого поколения, так это осознание того, что у всех людей есть противоречия, и нет необходимости верить, что мы все это выяснили. Ничто так не привлекает меня, как посещение церкви, которая, кажется, верит, что у них есть все вместе, как церковь в моем родном городе, которая, похоже, верит. Есть что-то привлекательное в объединении единомышленников, которые говорят: «Эй, мы еще не все это выяснили; давайте все будем полагаться друг на друга».

Современные Ноны часто характеризуются как инклюзивные, гуманистические и трансрелигиозные люди; тем не менее, в их рядах есть духовные бунтовщики и искатели, которые стремятся вернуть традиции к ее неукротимому, контркультурному ядру, одновременно стремясь к совершенству, ориентированному на оказание услуг.

* * * Ее религия делает больше, чем просто обеспечивает жизнь. В ходе человеческой истории и современного мира религия может играть как хорошую, так и плохую роль, усиливая и то, и другое. Страх и ярость — всегда связанные между собой две стороны одной эмоциональной монеты — могут быть взрывоопасными, если их смешать с космическим мировоззрением и словарным запасом, которые связывают проступки со злом или проклятием. Насилие, совершаемое во имя ислама, второй по величине религии в мире, стало отличительным кризисом этого столетия; никто не мог предсказать такое насилие, когда Берлинская стена пала так мирно. Мы могли бы заметить, что окончание «холодной войны» привело к возникновению этнической и

религиозной напряженности, которая подавлялась доминированием сверхдержав в мировых делах. Народы, чьи судьбы долгое время были диктованы историей, теперь могут увидеть, как их границы снова расширяются, когда свобода начинает возвращаться домой.

Жизнь за счет геополитических спекуляций и торговли никоим образом не способствует радостному переходу в мир без страха, где гнев проявляется как публично, так и в частном порядке. Страх порождает враждебность.

Всегда был кто-то, кем я очень восхищаюсь, будь то человек из другой части страны или вообще из другого места. Поэтому, когда год назад или около того появилась возможность присоединиться к группе, отправившейся на благотворительную велосипедную прогулку в Шотландию, я ухватился за нее без колебаний и в итоге оставил по пути невероятные воспоминания! Человеческая природа, переплетение культур ислама с глобализацией и тех культур, в которых молодые люди, выросшие без традиций, но дезориентированные всем этим, - все эти факторы в совокупности объединились в хаос, который представляет собой терроризм, который в основном нацелен на других мусульман, но который, глобализация затрагивает всех нас. Ислам на шестьсот лет моложе христианства, однако в те шестьсот лет христиане вели священные войны, оскверняли древние священные места и сжигали еретиков на кострах. Исламистские боевики и крестоносцы активно действуют в эпоху Интернета, оставаясь при этом совершенно не в ногу с современным западным самопониманием. Как ни странно, использование ими религиозных образов возродилось неожиданным и убедительным образом; Посетив один из сирийских лагерей беженцев, созданных организацией, называющей себя «Исламское государство», получивший образование в Гарварде и урожепец Южной Корси, выросший в буддизме, генеральный секретарь ООН Пан Ги Мун назвал его «самым глубоким кругом ада». Со временем я нахожу все меньше и меньше смысла верить в Бога, который заботится и слушает. Но в то же время я осознаю, что неоспоримым аспектом нашей современной науки, отраженным в журналистике, когда я впервые ею занимался, является ее признание объективности как иллюзии. Проще говоря, люди всегда являются участниками, а не наблюдателями в этой вселенной, в которой мы живем. Наша субъективность, присутствие и воля — все это имеет космическое значение, хотим мы этого или нет. Мое духовное воображение задает такой вопрос: если с нашей стороны нет истинного бесстрастия, может ли оно определять эту вселенную, из которой мы пришли? Хотя я могу становиться все более неуверенным в некоторых аспектах веры, которые беспокоили моего дедушку, я остаюсь более твердо, чем когда-либо, в том, чему он меня учил: Бог есть любовь. Несмотря на то, что я чувствую себя все более далеким от духовных вопросов в целом и моего города в частности, мои глаза по-прежнему широко открыты для трагедий, как близких, так и далеких; все же я понимаю — и умом, и сердцем, — что Бог существует и любит всех людей одинаково; тем не менее, каким-то образом во всех вещах существует возможность, связанная с этой концепцией: сама любовь — это сам Бог.

Забота, которая преображает нас, сильная и устойчивая любовь — это выражение реальности, лежащей в основе реальности, встроенной в творческую силу, которая придает жизни смысл.

Один из величайших продолжающихся споров в истории математики касается того, была ли математика изобретена или открыта. Изобрел ли Эйнштейн свое уравнение e = mc2 или обнаружил, что оно скрывается где-то в реальности и ждет, чтобы его увидели? В человеческой жизни и истории веры любовь служит чем-то вроде вечной основополагающей реальности, которую мы обнаруживаем на протяжении всей жизни: путешественники осознают ее возможности, искатели приключений сталкиваются с ее тайнами. Я нахожу некоторое утешение, зная, что я не одинок в ощущении, что «в центре этого существования бьется сердце, бьющееся с любовью». Десмонд Туту однажды кратко выразил это:

Кейт Брэструп из службы капелланов охотничьего надзора штата Мэн вдохновляет и убеждает меня. Кейт, сама будучи унитаристом-универсалистом с зрелого возраста, говорит, что Бог есть Любовь не имеет никакого отношения к верованиям или трансцендентности, но все связано с действиями и людьми. Эта концепция нашла отклик у меня, потому что аналогичные ученые, которых я знаю, разделяют эту точку зрения.

Послушайте беседу между автором Кейт Брэструп.

По своей сути Бог для меня — это та движущая сила, которая побуждает нас видеть друг друга более полно, смотреть друг на друга более искренне, заботиться друг о друге нежнее и реагировать более адекватно. Культивирования этого достаточно; что культивирование, размышление о поклонении ему, забота о нем, воспитание его внутри себя или других людей — это дело жизни; Мне не нужно ничего большего; Богу не нужно существовать где-либо, кроме моих личных отношений – этого Бога, с которым я работаю, предостаточно!
Теперь возникает вопрос – и я знаю, что это то, с чем вы постоянно сталкиваетесь – как нам соединиться с этим Богом любви изнутри себя.
Слышали ли вы истории о пропавших детях, о супругах, катающихся на коньках по слишком тонкому льду озера, или о молодых женщинах, которые были изнасилованы, а затем брошены в лесу?

Что ж, первые два шага должны быть относительно простыми. Ребенка любят, и его жители с готовностью берут на себя обязательство найти его или ее. И как только мы признаем, что смерть неизбежна для всех нас, это становится тем, на что стоит обратить внимание и чтить.

Любовь и забота, окружающие их, — драгоценные дары.

Да. Когда люди спрашивают меня, где в этом был Бог, я отвечаю, что Он присутствовал среди всех тех людей, которые собрались вместе, чтобы помочь вам и попытаться найти вашего ребенка. Это очень помогает людям; это все правда.

«Вопрос не в том, придется ли нам делать тяжелые и неприятные вещи; это абсолютная данность; скорее, вопрос в том, придется ли нам преодолевать эти препятствия в одиночку».

Натали Баталья, астрофизик, которая сравнивает любовь с темной материей, говорит мне, что лучше всех об этом сказал Карл Саган: свяжите это чувство любви с каким-либо понятием, известным как Бог.

Я очень ценю беседы с космологами и физиками. Их точка зрения находится на территории, где раньше так долго в истории человечества доминировали религиозные мыслители, представляя себе природу космоса и наше место в нем. Хотя лишь небольшая их часть религиозна в традиционном смысле этого слова, их математика не оставляет места человеческой воле, выбору или любви как высшей реальности; наша интуиция о них может быть просто иллюзией, вызванной мощными природными силами, которые в настоящее время остаются невидимыми для наших чувств.
Блестящее объяснение Брайана Грина при обсуждении любви было одновременно игривым и провокационным: мое восприятие состоит из частиц, подобных тем, что находятся на этом столе, о котором я сейчас пишу. Мое сознание находится где-то в этом спектре.
То, что этот стол твердый и красный, или что небо голубое, не является реальностью; скорее это моя интерпретация, основанная на сенсорных данных моих рук и глаз. Мы также предполагаем, что время течет одинаково для всех, но это тоже иллюзия. Согласно точке зрения Джеймсона, реальность, насколько мы можем ее постичь прямо сейчас, на данном этапе человеческого развития остается фундаментально скрытой от нас; поэтому я не понимаю, как эти силы влияют на мои действия в мире - скорее, мои чувства, опыт и убеждения вводят меня в заблуждение.

Теория струн предлагает сценарий, в котором нашу реальность можно понимать как голографическую проекцию информационной базы где-то еще; цивилизация и мы сами, например, служат небоскребами на этом проекте/базе знаний – но эта база существует где-то еще, за пределами любого отдельного человека или его воображения. Эта мысль возвращает меня к трудным вопросам, которые поднимались в моем детстве: если Бог создал Вселенную, то кто или что создало Бога? Более того, можно резонно спросить: кто создал или спроектировал этот проект?

В конце моего разговора с Брайаном Грином возникла еще одна интригующая мысль: наше развивающееся понимание физики может однажды заменить то, что наше воображение и слова всегда идентифицировали как Бога; или, может быть, развитие науки указывает на неопределимого «Бога», о котором мы даже не могли мечтать вместе с Коперником, Галилеем и Ньютоном — учеными, которые верили, что их исследование природы откроет ее создателя — который даже не мог себе представить? Мой разговор с Брайаном Грином для обеих сторон завершается следующим образом:

Послушайте этот разговор между Брайаном Грином и Брайаном Скоттом из Fox News.

Меня сбивает с толку скрытность реальности. Это слово не выглядит элегантным — это слово, которое вы используете для описания истин, открытых с помощью науки. Однажды вы упомянули, что смотреть на жизнь через призму повседневности — это все равно, что смотреть на Ван Гога через пустую бутылку из-под кока-колы.

Квантовая механика позволяет нам выполнять математические вычисления с точностью до 10 десятичных знаков, например 13596. Когда мы затем измеряем магнитные свойства, наши наблюдения точно согласуются с нашими расчетами, записанными на бумаге! Это должно лишить любого человека дара речи и убедить его в том, что квантовая физика раскрывает некую глубокую истину о реальности, скрытую от прямого восприятия – однако математика делает эту историю еще более замечательной!

Эйнштейн часто использовал образ «разума» или «разума», стоящего за Вселенной (не обязательно Бога), чтобы проиллюстрировать свою точку зрения о скрытости как части ее послания. Если представить такую сущность за реальностью, как мы можем представить ее цель или значение?

Помните, что многие физики придерживаются атеистических взглядов. Мы не считаем, что за всем стоит какая-то сверхъестественная сила, а скорее верим, что существуют мощные законы, которые могут совершать подвиги, которые бросают вызов ожиданиям. Но я часто задавался вопросом, как общая теория относительности, простое уравнение квантовой механики и стандартная модель физики элементарных частиц сумели породить таких сложных когнитивных существ, как мы с вами? Как мы могли когда-либо эволюционировать только по физическим законам, действующим посредством эволюционных изменений, и при этом быть настолько сложными и замысловатыми, что даже мы, существа со свободной волей, могли просто возникнуть? Но в этом сила математики. Так что, если хотите, можно считать, что Бог сыграл свою роль в наших уравнениях, чтобы привести нас сюда сегодня. Я бы просто назвал это скрытой рукой математики, ведущей нас от начала до конца.

На первый взгляд это кажется хорошим решением, но, как и со всем, что требует регулярного ухода, могут возникнуть проблемы – на этот раз, однако, в отношении моих зубов! Так что на этот раз, кажется, есть надежда.

В очередной раз мы видим, как наши уважаемые коллеги прилагают значительные усилия для нас и отдают время, свободное от семьи и работы, ради благотворительной деятельности. * * *

Идея, которую я усвоил в начале своего разговорного путешествия, продолжает вызывать глубокий отклик: идея союза между научной духовностью и мистической духовностью: обе стремятся распознать истину, оставаясь при этом непредубежденными по отношению к тому, что лежит за ее пределами. Линдон Ивз, талантливый генетик и англиканский священник, который стал пионером новаторских долгосрочных исследований близнецов. Он поделился со мной тем, как трудно может быть совмещать в себе двойную роль ученого и богослова. Он объяснил мне, как часто этим расходящимся частям необходимо мирно сосуществовать внутри него самого. Он сравнивает великие символы веры христианства с оперативными гипотезами в своей лаборатории, которые настолько точны, насколько это возможно на данном этапе, но еще не полны. И мистики, и ученые живут с уверенностью в том, что открытия уже были сделаны, сохраняя при этом непредвзятость к дальнейшим открытиям, которые могут быть впереди.

Во время написания своей первой книги я укрылся на западном побережье Ирландии возле ее пышных, суровых краев, которые напомнили мне Шотландию, где красота впервые пробудилась во мне. Древние кельты называли эти ландшафты тонкими местами; здесь границы между временностью и вечностью, кажется, с течением времени размываются. Многие посетители совершали паломничество из обители этого уважаемого писателя к женщине по имени Мэри Мэдисон, привлекательной, но нестареющей фигуре, которая предположительно могла читать по камням. Поначалу, несмотря на мою приверженность изучению духовной жизни, я с сомнением относился ко всему «новому веку», включая чтение камней. Однако раз за разом люди возвращались, пораженные тем, что эта загадочная женщина каким-то образом заглянула в их души, родные семьи, жизненный опыт и вневременные любовные отношения.

Июльским днем я обнаружил, что сижу босиком, погрузив ноги в чашу, наполненную красивыми камнями, собранными на берегу моря, за ее окном. Но дело было не в камнях; эта женщина обладала необыкновенным даром, который даже сейчас трудно объяснить или описать адекватно. Указав в качестве входных данных только мое имя, она начала рассказывать мне всевозможную увлекательную информацию о моей профессии и личностях детей - она даже говорила об умерших родственниках, которые все еще присутствуют и сообщают о своем присутствии в моей повседневной жизни: она считала моего дедушку серьезным человеком. и сказал, что у них, должно быть, были длинные списки того, что можно и чего нельзя делать, такой строгий самоконтроль, как и у него, должно быть, были строгие стандарты, как и по отношению к самому себе!

Мэри Мэдисон говорила красноречиво: теперь он понял, что мы становимся ограниченными, когда расследование может быть более ценным». Я забыл это забавное противоречие в его внешнем аскетизме — он любил свои машины! (Я совершенно забыл об этом веселом противоречии.) Мой дедушка, всю жизнь трезвенивший, поднял бокал за вас обоих и произнес слова, которые проникли прямо в мое сердце: теперь он понял, как мы становимся ограниченными, когда расследование должно иметь приоритет».

Где впервые возникла эта мысль – в уме Мэри Мэдисон; мой дедушка из какого бы то ни было рая; или, возможно, от эха из другой вселенной, где его мысли могли развиться, чтобы сделать это наблюдение, - для меня интригующая загадка. Я нахожу концепцию достоинства исследования знакомых закрытых категорий одновременно стимулирующей и удовлетворительно выраженной. Более того, я признаю и ценю доктрины и теологии, которые возникли в ходе бесед между поколениями и во времени. Но многие из наших категорий, которые были определены и заключены в формы и институты, которые больше не работали в полной мере, стали слишком узкими. Определенные виды религиозности превратились в ящики, в которые проникало и выходило слишком мало света и воздуха; то же самое можно сказать и о некоторых убеждениях, не связанных с верой. Догматический атеизм не более интеллектуально правдоподобен, чем догматическая вера, поскольку оба предполагают абсолютную уверенность в недоказанных вопросах, несмотря на доказательства обратного. Дух исследования и добродетель исследования обычно тяготеют к нюансам. Жизнь, религия и наука одинаково сосуществуют с некоторым элементом тайны, который способствует ее жизнеспособности и развитию.

Духовность, которая охватывает чудеса и перспективу непрерывных открытий, открывает путь вперед для ортодоксов каждой традиции, чтобы жить с тайной нашего общего мира, включая религиозное инаковость и неверие. Все наши традиции настаивают на уважении того, что остается неизвестным и не может быть объяснено в течение одной жизни; это побуждает нас включить наши особенности и увлечения в общую жизнь, сохраняя при этом достоинство каждого человека – приглашение не как дополнение, а как часть самой верности.

Раввин лорд Джонатан Сакс, главный раввин Объединённых еврейских конгрегаций Содружества, более известный как главный раввин Великобритании, на протяжении более двух десятилетий, вплоть до 2013 года, является одним из наших ведущих мыслителей в области религиозных предчувствий и искупительных и/или. Он находит в еврейской традиции и религии в целом инструменты, позволяющие ему обращаться к «настоящему». «Достоинство различий» и сохранение яркой идентичности, несмотря на религиозные, научные и культурные границы, имеют первостепенное значение для поддержания динамичных сообществ.

Послушайте беседу между раввином лордом Джонатаном Саксом и писателем Джонатаном Сафраном Фоером.

Есть что-то особенное и запоминающееся в том, чтобы каждый раз возвращаться домой в цветущий сад! Я знаю, что никогда не смогу соответствовать идеалам, заложенным нашим создателем, только в этом отношении! После 11 сентября 2001 года один умный американский журналист заявил, что эта серия событий продемонстрировала, что для того, чтобы монотеистические религии, такие как иудаизм, ислам и христианство, выжили и внесли конструктивный вклад в жизнь общества в 21 веке, они должны отказаться от исключительных заявлений об истине. Ваш аргумент был глубоко убедителен для многих людей. Ваша точка зрения схожа с моей в том, что традиции могут быть продуктивной частью XXI века, однако вы выбираете альтернативный путь. Давайте обсудим, как иудаизм сохраняет свою сущность, претензии на истину и достоинство различий, расширяя, а не умаляя себя по отношению к религиозным другим.

Мои метафоры могут помочь одним, но не другим. Одним из подходов может быть рассмотрение биоразнообразия: благодаря открытию Криком и Уотсоном ДНК и расшифровке человеческого и других геномов мы теперь понимаем, что вся жизнь имеет один и тот же источник; все три миллиона видов жизни и растений происходят из одного источника; все живые существа имеют генетические коды, записанные в виде алфавита, которые разделяют алфавит ДНК. Единство приносит разнообразие. Поэтому вместо того, чтобы думать в терминах одного Бога и одной истины, а лучше принять во внимание, что один Бог создал 6800 языков, которые мы используем ежедневно для общения с Ним/ней/ней/её/ней/ними, рассматривая нашу связь с Ним/ней.

Библия постоянно напоминает нам: не принимайте Бога за нечто упрощенное. Его можно найти там, где его не ждешь. Однако в повседневной жизни мы часто забываем об этом.
"Кто ты?" Моисей у Неопалимого куста спросил Бога, и Он ответил тремя словами, которые часто неправильно переводятся на английский язык: «Хая ашер хайя». Эти три еврейских слова могут быть неправильно переведены на английский как «Я есть то, что я есть», однако эти три еврейских слова означают больше: «Я буду тем, кем или как или где я буду», тем самым напоминая нам не предсказывать меня; Богу нравится удивлять нас неожиданными встречами, такими как буддийские монахи, традиции сикхского гостеприимства или индуистская щедрость, раскрывающая Бога внутри них всех. Не думайте, что религия ограничивает его или нас при общении с людьми других культур – Бог превосходит границы! Не думайте, что религиозные категории ограничивают Бога рамками своих категорий! Бог превосходит религию!

Хотя вы утверждаете, что Бог больше, чем религия (я предполагаю, что это скорее утверждение «и», чем «или»), остаются особые отношения, о которых свидетельствуют священные тексты и заветы, характерные для еврейского народа, поэтому, даже если вы почитаете различия между нами сегодня, вы также поддерживаете специфичность как почетный аспект.

Будучи тем, кем я могу быть только я, я даю человечеству то, что могу дать только я. Оставаясь самим собой и внося свои уникальные качества в общее наследие человечества. Это подводит итог еврейскому императиву со времен Авраама: быть верным своей вере и одновременно благословлять других, независимо от их веры, парадоксально полезно для достижения ее глубины.

Я тоже этого не понимаю; приходит Исайя и делает свои пророчества настолько специфичными для конкретной веры, места и времени, что они находят глубокий отклик внутри этой религии, места или времени – и в то же время они находят отклик во всем мире! Вот почему я называю Исайю «Поэтом-лауреатом надежды». Мартин Лютер Кинг дословно процитировал две строки из 40-й главы Исайи во время своей речи «У меня есть мечта» на самом ее пике – чего Исайя не мог предвидеть более 27 столетий назад, когда письма в Ближневосточном Египте когда-либо доходили до чернокожих борцов за гражданские права. среди культур мира! Тем не менее, его особенность нашла глубокий отклик и тронула многие сердца, находя отклик на всех континентах! Мартин Лютер Кинг однажды заметил: «Вот кем мы являемся как люди. Никто не знает, почему и как, но подлинный опыт заставляет нас чувствовать себя богаче в жизни, чем общие и универсальные переживания, такие как одна марка кофе за другой. " Жизнь, лишенная оригинальности и уникальности, напротив, безжизненна, неинтересна и в конечном счете нетворчна.

Ваши комментарии относительно религии были хорошо приняты, когда их впервые процитировал Эбу Патель, молодой мусульманский межконфессиональный лидер из Индии. Вы заявили: «Религия — это не то, чем ее представляло Просвещение — немая, маргинальная и мягкая — и мы должны защищать ее пламя. Где семена более глубокого морального и духовного воображения, возникающие в вашей традиции и других традициях сегодня, как ну и где можно найти надежду?"

В начале 21-го века Бог поставил перед нами огромный вызов: жить так близко к различиям с их разрушительным потенциалом — это на самом деле единственный выбор, который Он дает нам, цитируя У. Х. Одена: мы должны любить друг друга или умереть! Я чувствую надежду, потому что, поскольку любовь друг к другу действительно может сработать, есть большая надежда, что мы выживем вместе как человечество.

* * * Наши традиции предоставляют богатый исходный материал о том, как нам следует любить друг друга и жить полной надеждой жизнью, хотя они не всегда активно практиковали это ни в частной, ни в публичной обстановке, а также не преодолевая определенные границы различий. Но они остаются хранителями интеллекта и практик, которые обеспечивают неотложную мудрость 21-го века, включая добродетели, к которым я возвращаюсь время от времени в разговорах и в этой книге; такие добродетели, как сострадание, примирение, милосердие и внимательность – совокупность больших и малых привычек, которые складываются в сострадание, примирение, милосердие и внимательность – любовь как к ближнему, так и к врагу. Новым в наш век является излияние и передача такой мудрости: добродетели как духовные технологии, более того, чем в предыдущие эпохи.
Читайте и слушайте свободно доступные материалы, касающиеся традиций разных культур; также доступны традиции, которые отражают индивидуальные и общественные потребности.

Что я считаю революционным, так это то, как социальные и биологические науки стали играть важную роль в объяснении того, как функционируют добродетели и учения и почему они важны; их применение дополнительно исследует, действительно ли мы обладаем какой-либо способностью к выбору, морали и любви, несмотря на то, что некоторые физики утверждают о человеческом сознании. Биологи, нейробиологи и психологи сейчас играют важную роль в раскрытии древней мудрости для современной аудитории. Они берут великие добродетели — прощение, сострадание, сочувствие и любовь — в лабораторию, исследуя, как мы можем способствовать их развитию среди нас. Раввин Сакс с радостью отмечает эту работу как работу, которая обогащает и обновляет древний священный разум: конкретизирует и уточняет его «инструкции по эксплуатации».

Послушайте беседу между автором и раввином лордом Джонатаном Саксом.

Здесь мы вновь обращаемся к этим инструкциям с помощью количественной и экспериментальной науки и открываем то, что говорили великие традиции мудрости три или четыре тысячелетия назад. Сегодня мы понимаем, что делать добро другим, иметь крепкие и поддерживающие отношения и чувствовать, что жизнь достойна внимания, — это три важнейших фактора, определяющие счастье. Эти древние, благородные истины снова навязываются нам против нашей воли — теперь более, чем когда-либо, в еще более некомфортной ситуации. неловкое сотрудничество между религиозными лидерами, учеными, социологами, а также социологами.

Майкл Маккалоу исследует условия, которые делают прощение более вероятным и продолжительным, а также биологически естественным. Ричард Дэвидсон помог открыть нейропластичность, проведя исследования, проведенные по просьбе Далай-ламы на тибетских буддийских монахах, медитирующих.
Теперь он исследует свое убеждение в том, что дети запрограммированы на обучение состраданию почти так же, как они изучают язык. Было проведено значительное исследование последствий добрых дел и благодарности как для здоровья, так и для общества. Сейчас проводятся эксперименты, направленные на уменьшение миндалевидного тела — той части нашего мозга, в которой находится наш инстинкт борьбы или бегства, разработанный для защиты от смертельной опасности, но часто ответственный за то, что заставляет нас действовать неэтично индивидуально и коллективно. Рэйчел Иегуда продемонстрировала, как физические и психологические травмы влияют на поколения во времени, используя это понимание как форму силы, способствующей устойчивости и исцелению во времени. Такие учреждения, как

Беркли и Стэнфорд, используют Кремниевую долину, одновременно проводя текущие исследования по таким темам, как трепет и сочувствие, а также изучая инновационные приложения виртуальной реальности для обучения состраданию.

На другой стороне этого нового уравнения находятся религиозные институты, пытающиеся переосмыслить свое институциональное здоровье и вклад в развивающийся мир. Эта борьба сама по себе породила священные пространства как общие пространства, где добродетели, которые мы лучше понимаем, могут практиковаться и применяться - как те церкви, в которых дети Occupy Sandy находили убежище, даже когда они протестовали против них. Монастыри также играют важную роль в этой истории. Сосредоточенная молитва, духовное руководство, ретриты и медитация долгое время считались прерогативой монашеских общин – монахов-затворников или монахинь, посвященных облатов и паломников, глубоко вписанных во все наши традиции. Однако сегодня, несмотря на то, что многие западные монашеские общины, такие как бенедиктинцы Колледжвилля или община сестер сестры Симоны, стали меньше по численности, чем раньше, их физические пространства для молитвы и уединения переполнены людьми, пришедшими на отдых, тишину или практику сосредоточения перед возвращением. в семьи, рабочие сообщества или школы.
Натан Шнайдер начал обретать веру во время ретрита в траппистской общине, посланного его нерелигиозной матерью во время интенсивного экзистенциалистского периода экзистенциальных поисков, и рассказывает убедительную историю, в которой сочетаются пафос и ирония этого момента веры – о том, что странно, но знакомо в отношение к вере сегодня.
Натан поделился со мной тем, как вера живет, умирает и возрождается на протяжении всей жизни и в обществе в целом. Наш разговор начался, когда я спросил о некоторых стихах Уильяма Блейка, которые он процитировал в своих произведениях как важные: «Слишком сильное привязывание себя к радости обязательно убьет ее / В то время как поцелуи парящей радости могут принести восход вечности». Натан объяснил.

Послушайте разговор между Натаном Шнайдером и Натаном Фэрроу.

В монастыре моего спонсора крещения я нашел эти строки, приклеенные к его стене. Он был одним из величайших наставников в моей жизни, но большую часть времени, проведенного вместе, он медленно умирал – часто страх за страхом с механизмами, прикрепленными к его телу – и каждый страх был подключен к той или иной машине. До поступления в монастырь, а затем после поступления снова его сопровождала на протяжении всего этого времени богатая и сложная жизнь. Примерно когда я нашел это на его стене, я спросил, какую роль сыграла его вера в Бога в процессе его смерти; какое утешение это дало ему в пути.

Он сказал мне то, о чем я подозревал – что он больше не придерживается этой веры – и это заставило меня пошатнуться от шока, печали и потери; но его честность в этом заставила меня почувствовать благодарность, радость и смирение одновременно - например, что кто-то, потерявший веру, указал мне путь к ней!

Много раз я рассматриваю новую динамику духовной жизни сегодня как дары древней мудрости – даже несмотря на то, что они бросают вызов вере, какой мы знали ее, казалось бы, вечно. Передача знаний через границы религии, культуры и науки укрепляет духовные технологии, делая практику более доступной. Добродетели, по сути, важнейшие элементы праведности, никогда не были более достижимы для человечества, чем сегодня. Также расширяются способы, с помощью которых современные люди исследуют то, что мудрый писатель Пико Айер, один из тех, кто регулярно уединяется в отшельниках, таких как Ашрам Риши в Ашрамиане в Индии, называет «внутренним миром» и «искусством тишины». Стремления и добродетель издавна опирались на баланс внутри нас; многие учатся тому, как поддерживать его более осознанно перед лицом сегодняшнего беспокойного и неопределенного мира. Мы учимся, пусть несовершенно и непоследовательно, взращивать внутреннюю мудрость, которая формирует внешнюю жизнь и оживляет мир, который мы можем увидеть и потрогать. Таким образом, вера нашла путь к выживанию, благодаря которому она может глубже, чем когда-либо прежде, проникнуть в свою основную сущность.

Примечания к конечным примечаниям (КОНЕЦОВЫЕ ПРИМЕЧАНИЯ)

Пико Айер не считает себя духовным учителем или практиком в традиционном смысле этого слова, хотя его степени Итона, Оксфорда и Гарварда делают его уникальной квалификацией для соединения интеллектуального и духовного миров. Его семейные корни простираются еще в буддизме до католического еретика эпохи Возрождения; индуистская жреческая культура; и теософии, его семейная жизнь служит мостом для достижения этой цели.

Послушайте эту увлекательную дискуссию между автором Пико Айером и самим Айером.

Поскольку я рос, много путешествуя (я родился в семье индейцев в Англии до того, как моя семья переехала в Калифорнию, когда мне было 7 лет), мне стало гораздо дешевле продолжать образование в Англии во время каникул, чем посещать местные частные школы; таким образом, примерно с 9 лет моя жизнь состояла из жизни в самолетах.

В школе я летал один через Северный полюс. Позже, когда мне было 20 лет, я решил составить карту земного шара, посетив как можно больше стран и мест; и, получив свободу во всем этом в свои 30, я быстро попытался сделать именно это - быстро пытаясь нанести на карту как можно больше, как можно быстрее - вспоминая, как мне повезло быть частью поколения, которое могло проснуться однажды утром и всего несколько дней спустя оказываемся где-нибудь вроде Тибета, Боливии или Йемена – чего мои бабушка и дедушка никогда не могли предвидеть!

Стоит регулярно останавливаться и размышлять об этой необыкновенной трансформации в нашей жизни, не так ли?

Да, а также с этой драматической трансформацией произошли драматические изменения: дом моих бабушек и дедушек в их сообществе, племени и религии был дан им при рождении, а для меня это то, что можно сделать своим собственным - что может представлять трудности, но может также предоставляют невероятные возможности. В какой-то момент я понял: ну, мне действительно повезло побывать во многих-многих местах. Теперь настоящее приключение находится внутри меня: я собираю эмоции, впечатления и опыт, тратя время на сбор воспоминаний о прошлом опыте. Теперь все, что я хочу, — это годами сидеть на месте и исследовать свой внутренний мир, потому что любой, кто путешествует, знает, что путешествие   это больше о перемещении, чем о перемещении самого себя. Поначалу вы можете увидеть не просто Большой Каньон или Великую стену; скорее, они представляют настроения, намеки или места внутри вас, которые вы обычно не замечаете в повседневной жизни. Я вспомнил Генри Дэвида Торо и Томаса Мертона, исследующих неизведанные территории; Я хочу пойти по их стопам и исследовать эту огромную неизведанную территорию, которая еще не исследована внутри.

Ваша жизнь и ее созерцательные практики, которые я бы назвал тишиной, имеют вдохновляющее имя: Тишина. Как чудесно вы ввели это слово в свои произведения и повседневную жизнь!

Видим ли мы, когда люди начали использовать подобные слова для обозначения внутреннего чувства таким образом?

Как я уже заметил, я всегда много путешествовал; Когда мне было только 30, я заметил, что уже накопил миллион миль на рейсах одной авиакомпании США! Так для меня стало очевидно, что моя жизнь состоит из большого количества движения, но, возможно, слишком малого количества неподвижности. Примерно в это же время мой семейный дом в Санта-Барбаре сгорел дотла, оставив меня без всего моего имущества (кроме покупки зубной щетки в супермаркете на всю ночь), поэтому на следующее утро я почувствовал себя очень дезориентированным и одиноким. Так что моя жизнь становилась все более беспокойной. Мой друг школьный учитель предложил мне провести некоторое время в католическом ските. Но хотя я не католик и не отшельник, он рассказал мне о месте, где он всегда посещал занятия, что помогло даже его самому рассеянному, беспокойному, подпитываемому тестостероном подростку чувствовать себя спокойнее и яснее, посещая там занятия. А поскольку что-то так эффективно работает для мальчиков-подростков, то, конечно же, все, что работает, должно работать и для меня?

И я поехал на север вдоль побережья, вдоль моря, по дорогам, которые шли по нему все уже и уже; пока, наконец, не добрался до еще более узкой, едва асфальтированной дороги, которая вела на протяжении двух миль вверх по горе, чтобы добраться до этого монастыря, где воздух сильно пульсировал от энергии. Поначалу было очень тихо – не потому, что не было шума, а потому, что эти прозрачные стены, созданные монахами, очень старались быть доступными нам в нашей повседневной жизни. Когда я вошел в свою маленькую комнату, она была довольно простой: там была только кровать и письменный стол; над ними было длинное панорамное окно, выходившее в сад со стульями; за которым было только пространство Тихого океана.

Пока я подъезжал, я заметил одну вещь: мой разум был переполнен мыслями, разговорами или спорами; чувство вины за то, что я оставила мать, и страх, что мое начальство может рассердиться из-за моего опоздания, были постоянными спутниками меня.
Вскоре после прибытия сюда я понял, что на самом деле не имеет значения, где я нахожусь, и что, находясь здесь, я смогу предложить своей матери, друзьям и начальству любую поддержку, которая им может потребоваться. Последнее замечание по этому вопросу: моя мать сейчас живет в Калифорнии на высоте ровно 1200 футов (точно соответствует высоте монастыря) и наслаждается потрясающим видом на океан из своего дома на вершине холма. Со стороны ее дом кажется спокойным и безопасным; тем не менее, когда я один дома и читаю книгу, я постоянно готов к тому, что мой телефон зазвонит с новым письмом или к тому, что кто-то постучит в мою дверь и сообщит мне, что моя почта прибыла в другую комнату. Поэтому я заставляю себя продолжать двигаться,

постоянно отвлекаясь, даже если для этого нужно просто посмотреть игру «Лейкерс»! И всякий раз, когда мои мысли склоняются к созерцанию звезд, мой мозг быстро напоминает мне, что меня ждут другие задачи. Или, если возникнет глубокий разговор, игра «Лейкерс» может скоро появиться по телевидению - нужно сделать кое-что еще, прежде чем снова смотреть на звезд. Дома моя жизнь неизменно мешает мне ясно мыслить и концентрироваться; это напоминает мне о том, почему такие люди, как я, должны предпринимать сознательные шаги, чтобы войти в тишину и покой и открыть для себя ее омолаживающие преимущества - действительно очищая нас от любых беспокойств и стресса.

С 1994 года я регулярно бывал на ранчо Кармел Вэлли. Прошло более 70 раз, и он действительно кажется моим тайным домом — вместе с женой и матерью он остается постоянным в мире, полном перемен, а иногда и непостоянства. Путешествуя куда-нибудь, я всегда вспоминаю эту маленькую комнату с видом на Тихий океан внизу и часовню — оба воспоминания успокаивают и заземляют меня во времена раздоров и неуверенности.

В его основе лежит такое важное послание: когда вы искали тишину как физически, так и внутри себя, между этим стремлением и возвращением в мир возникло важное напряжение. Мне особенно понравилось то, что вы написали здесь: «Смысл поиска тишины заключается не в том, чтобы просто добавить больше спокойствия или мира в то или иное место; скорее, это должно принести мир в общество в целом».
После выхода вашей книги о Грэме Грине я присутствовал на разговоре между вами и Полом Холденграбером в Нью-Йоркской публичной библиотеке. Вы сказали там что-то, что заставило меня с нетерпением ждать возможности поговорить с вами об этом: духовность подобна воде, а религия представляет собой ее вместилище; вы сказали, что они движутся вперед, как чайные чашки, но потенциально могут сломаться со временем - я задавался вопросом, подобна ли духовность воде, в то время как религия может действовать как чашки, придавая ей форму с течением времени, но потенциально может пошатнуться в любой момент?

Мне нравится метафора чашки. И если бы вы спросили меня сейчас о духовности, я бы ответил, что речь идет о нашем страстном отношении к тому, что лежит глубже всего внутри нас, и о нашем внутреннем свете, который иногда тускнеет, но иногда сияет ярко. Религия дает нам сообщество, рамки, традиции и союзников, с которыми мы можем поделиться тем, что находим внутри. Я согласен со многим из того, что было сказано выше, особенно с вашим последним предложением! Как я отметил выше, обсуждая воду и чай, я, возможно, многое позаимствовал у Далай-ламы. Он часто подчеркивает, насколько жизненно важна доброта для выживания – без нее мы бы погибли! Он рассматривает доброту как воду, а религию как чай. Чай — это роскошный опыт, который усиливает вкус жизни, поэтому его употребление может значительно увеличить удовольствие и обогатить ваши впечатления от всего этого. Тем не менее, вода по-прежнему необходима, и поэтому ежедневная доброта и ответственность должны составлять основу каждого жизненного пути - отличное напоминание о том, что нужно сначала заземлить себя в тех, о ком мы заботимся, прежде чем слишком глубоко вникать в тексты или значение абсолютных концепций.

Артур Зайонц, физик и созерцатель, считает, что самые дальние рубежи науки ведут к радикальной перестройке ценностей.
По словам Зайонца, интеграция естественных и гуманитарных наук — это просто еще один способ говорить о «связи всего, что составляет нас, с тем, что составляет этот мир».

Послушайте разговор между Артуром Зайонцем и Артуром Зейонцем.

Духовность не должна вращаться только вокруг веры; скорее, он должен понимать себя как приверженца знания. Благодаря медитации и созерцанию, регулярно практикуемым с 20 лет, медитация привела меня к убеждению, что внутри созерцательной духовности существует эмпирическая область, которая можт быть прояснена; в каком-то смысле даже научная, поскольку в ее основе лежит человеческий опыт, накопленный на протяжении тысячелетий и с которым мы можем сегодня работать способами, совместимыми с моей научной работой.

Вот ваше определение морали: «Мораль относится к нашим отношениям с другими людьми и более широкой средой, в которой мы существуем.

Мораль для меня уходит корнями в мое католическое воспитание; поэтому это часто связано с чувством вины. Знаете, грехи и простительные грехи...

Ошибки.
И все же ты всегда боялся, что как-нибудь, как-нибудь тебя кто-нибудь поймает, но в какой-то момент это казалось маловероятным; этот вопрос не мог просто диктоваться церковной иерархией; должен был быть другой источник. И еще за всем этим должен был стоять кто-то, кто лучше все это понимал.
Этика была важна не в своей общей форме, а как часть вашего индивидуального поведения, поэтому наука стала привлекательным способом исследовать

недостатки детерминистского мышления. Динамика хаоса или квантовая механика дают представление о том, что вещи могут быть менее жесткими; биологические императивы могут быть неполными; может быть место для свободы; также могут быть морально оправданные действия. Но если мы удалим все силы, оказываемые на нас родителями, священниками, учителями, группами сверстников или биологией (все они оказывают огромную силу), и создадим пространство для себя, каким будет ваш моральный компас или средства? Могу ли я исследовать это напрямую, а не гипотетически или посредством медитации? И существует ли подход, который кажется морально связанным и помогает мне поместить свою жизнь в один из них? Для меня это стало моим опытом.

Присутствие — это то, что вы культивируете время от времени.

Правильный. Но ваша точка зрения ясна. Реальность обширна, субъективность существует в реальности и является нашим другом; на самом деле эта новая наука представляет собой «радикальную переориентацию на жизнь», обеспечивая основу для нравственной жизни.

Ага. Аргументация звучит примерно так: с 17 века преобладали механизм и материя. Однако между 1900 и 1925 годами в физике произошла невероятная революция, поскольку мы поняли, что не можем полностью игнорировать наблюдателей; хотя в некоторой степени мы можем сделать это, аппроксимируя их, не присматриваясь внимательно; но не тогда, когда мы правильно занимаемся наукой; вместо этого мы всегда каким-то образом вовлечены либо через квантовую механику и теорию относительности, либо через субъективные измерения в общей науке   чего наши предшественники не осознавали, когда до недавнего времени вместе изучали механизм и материю!
Везде есть наблюдатель – реальный или воображаемый – наблюдающий за происходящим, чего от нас требует Вселенная. Мы не можем просто отмахнуться от этого как от приятного взгляда на вещи; этот элемент должен существовать, чтобы любой космос вообще имел смысл. Не существует внешней точки зрения, с которой вы могли бы наблюдать за происходящим, поэтому мне всегда кажется, что передо мной разворачивается одна большая история.

Опыт, история и повествование в некотором смысле являются единственными истинными вещами.

Как бы странно это ни звучало, переживание субъективной реальности возвращает нас к опыту и субъективности – не произвольным или капризным образом – а как реальности, связанной с моей личностью. С этой точки зрения субъективность становится не врагом, а союзником в моей жизни. Как только это происходит, моральные аспекты возвращаются в жизнь, потому что, очищая субъективный опыт, вы не оставляете места для моральных возможностей.

Как всегда, мораль возвращается на сцену, потому что то, что вы делаете, в конечном итоге имеет значение?

Реальность — это то, что вы делаете и испытываете, но каким-то образом то, что мы воспринимаем как реальное в нашей повседневной жизни — от детей и страданий до старения и рождения младенцев — объясняется с помощью старых парадигм с точки зрения разных вещей. Иногда я думаю об этом как об идолопоклонстве: вы указываете на богов, но не можете их увидеть, поэтому создаете статуи; аналогично и в физике, где модели существуют, но пока не получены реальные результаты, которые могли бы дать ответы, которые могли бы лучше представить реальность, но вместо этого им поклоняются, а не почитают, как следует поклоняться, а не благоговейно поклоняться тому, что оно действительно представляет; ваш опыт становится реальностью, а не поклоняется тому, что было задумано древним мышлением или каким-либо другим источником.
Понять, какая сторона этого разрыва находится в центре, сложно, но иногда вам нужно действовать как иконоборец, чтобы реанимировать непосредственный опыт, прозрения и понимание закономерностей, которые ведут обратно в жизненный опыт. Это также открывает моральные и этические аспекты, которые позволяют мне более полно заново открыть для себя жизнь.

Ричард Родригес — один из величайших американских писателей о себе и обществе. Он наблюдает, как расовые отношения в предыдущих поколениях меняются из-за того, что он называет «потемнением» Америки; более того, как католик, он искал понимания в отношении мусульман мира после 11 сентября. Жизнь Ричарда охватывает дискурсы слева направо, от иммигрантских к интеллектуальным, а также к светским религиозным традициям.

Послушайте разговор между Ричардом Родригесом и писательницей Эми Айдлман.

Моё воспитание было католическим, но это не совсем справедливо. Я вырос в Сакраменто, штат Калифорния, в районе, который лучше всего можно охарактеризовать как невзрачный; «Белый» не раскрывает всей истории: работал ли ваш отец шахтером или ваш сын трагически погиб во время плавания на каноэ. В моей школе преимущественно были белые: все мои одноклассники были католиками, за одним исключением был Бобби Райт, который был членом епископальной церкви и склонял голову, когда мы вместе молились. Ирландские голоса наполнили мой класс и послужили для меня знакомством с английскими словами и культурой. Как это часто бывает, Ирландия стала для меня воротами в изучение английского языка: все священники, монахини и прислужники были ирландскими женщинами, поэтому я впервые освоил английский язык. Кроме того, будучи прислужником, я выучил латынь, отвечая священнику на латыни. Даже сегодня это заставляет меня улыбаться, вспоминая об этом.

Я помню, как помогал переносить гроб от могилы до открытой ямы, а затем через час быстро вернулся на урок арифметики - такова была тогда жизнь. Однако мощное воздействие памяти, поэзии и прозы на молодые умы проявляется в ответах священникам латинскими фразами вроде: «Я пойду к алтарю Бога, дарующего радость моей юности». Итак, когда люди спрашивают, что для меня значит церковь сейчас? Мой ответ: это было очень увлекательно.

В ваших мемуарах «Голод памяти» содержится интересное заявление, которое мне показалось особенно поразительным: вы написали: «Из всех институтов, вовлеченных в их жизнь, только католическая церковь, похоже, осознавала, что мои мать и отец были мыслителями, а люди осознавали свой собственный опыт своей жизни». жизни.

Да. Мне кажется, что способность религии заставлять нас размышлять о нашей жизни способствует развитию внутренней сущности, которую можно было бы назвать интеллектуальной. Криста, для меня поистине удивительно, как крестьянская церковь до сих пор приносит такое утешение стольким людям по всему миру – даже тем, кто сам не верит в религию! Сейчас большую часть своего времени я провожу среди нерелигиозных или антирелигиозных людей. Мой брат считает себя не только атеистом, но и антитеистом. По его мнению, термин «атеизм» не полностью отражает его отношение к религии; поэтому, когда я пишу о религии, я беспокоюсь о том, что мои светские читатели могут подумать о моем письме, если мой тон покажется откровенно религиозным или слишком религиозным.
Подходят ли они для светской аудитории или слишком стильны для религиозных писателей? На мой взгляд, эти книги, скорее всего, подпадают под любую категорию; иногда использование иронии и парадоксов в религиозных текстах может остаться незамеченным.

Как только произошло 11 сентября, это стало поворотным моментом в нашей культуре, когда ислам – эта религия, насчитывающая более миллиарда приверженцев – стал восприниматься как «Другой». Вы сделали интересный контркультурный шаг, исследуя свое родство с террористами, поклоняясь тому же монотеистическому Богу, что и они, и исследуя свои связи с этими людьми, написав свой ответ: «Я тоже поклонялся Богу моего отца, поэтому здесь должна быть какая-то связь». Вы намеревались понять, что произошло, с этой точки зрения.

Ну, первое, что я понимаю, это тайна. Переехав в пустыню на Ближнем Востоке, я увидел, что Бог Авраама, которого разделяют и иудеи, и христиане, и мусульмане, открыл Себя там. Несмотря на то, что это свято, оно также может вызывать у людей беспокойство, когда мы уходим, чувствуя, что Бог так же одинок для нас, как Он кажется для Него; племенная преданность становится необходимой; что приводит как к утешительному утешению, так и к жестокой борьбе, которую мы видим сейчас.

Путешествуя по пустыне, важно осознавать, насколько ярким и ослепляющим может быть солнечный свет; но как успокаивают тьма и тень. Многие религии считают тень и тьму дарами Бога; Мухаммед даже получил свое откровение в пещере, освещенной только естественным светом! Иудаизм также помещает Моисея в закрытую пещеру, чтобы не быть ослепленным ее яркостью; воскресение даже произошло внутри другого! Иногда мы забываем, что живем среди темных мест, однако принятие тьмы как части нашей веры должно помочь укрепить ее!
Что ж, это подводит меня к моему вопросу к вам. Как вы пришли к пониманию того, как традиция пустыни и пещер сформировала вашу католическую духовность, которую вы считаете искупительной?

Кристофер Хитченс, наш великий американский атеист и комментатор кабельного телевидения, поставил перед собой задачу убедить нас, что Бог мертв. Я живу неполный год в Лондоне и могу заверить вас, что Бог здесь определенно не умер: и мусульман, и индуистов здесь можно найти в изобилии. После смерти Матери Терезы появилось несколько писем к духовникам и епископам, показывающих, что ее жизнь в последние 40 лет ее существования была полна тьмы.
Я хотел спросить, почему вы решили закончить свою книгу именно так, когда Кристофер Хитченс всю свою жизнь до самой смерти провозглашал свою веру в антибожественную философию, в то время как Мать Тереза в своем отчаянии остается безнадежно религиозной.

«Однажды я пошел с ней в тюрьму Сан-Квентин. Это был самый замечательный день, который я могу вспомнить с религиозной точки зрения: там была группа головорезов из камеры смертников, которые вели себя как школьники; она сказала им своим тонким голоском, что, чтобы увидеть Бога, они должны посмотрите на тех, кто рядом с ними - заключенных с татуировками на шее или на тех, кто убивал и насиловал других: вот где Его лицо!До этого я думал, но не осознавал: все это время я смотрел на вместо этого святые изображения, тот момент, когда это имело бы больше смысла! Отец Джордж Койн и брат Гай Консолманьо были с нами в тот день в тюрьме Сан-Квентин.

Более тридцати объектов на Луне названы в честь иезуитов; в конце концов, иезуиты помогли нанести на карту ее поверхность. Иезуит был одним из пионеров современной астрофизики; Только четыре в истории - один из них Игнатий Лойола - носили астероиды, названные в их честь - в настоящее время таким образом удостаиваются астрономы Ватикана брат Гай Консолманьо и отец Джордж Койн.

Послушайте беседу между братом Гаем Консолманьо, писателем, и отцом Джорджем Койном, духовным наставником.

Мне бы хотелось услышать, как обе ваши точки зрения, в значительной степени основанные на науке, перекликаются с католическим богословием и традицией в целом. Гай где-то написал, что интеллектуальные достижения католиков «включают в себя человеческую ошибочность с сопутствующими ей богатством и пафосом в ее основе». Неужели вы говорили не только о католическом богословии как таковом, но и о его влиянии на литературу, искусство, поэзию и культуру в целом?

Брат Гай: Верно. Помню, когда я писал это, я думал: это вернется и будет преследовать меня! Однако запись этих мыслей помогла мне увидеть, к чему это может привести, и подойти к этому как интеллектуально, так и эмоционально. Одна из радостей католицизма — наша давняя интеллектуальная традиция, которая также включает в себя запахи, колокольчики и гимны, которые отражают осознание того, что Бог существует, и я хочу что-то с Ним сделать.

Отец Койн: Позвольте мне добавить лишь один маленький момент. Быть невежественным увлекательно, и наше невежество в науке может быть связано с верой, которая включает в себя неопределенность, окружающую отношения любви с Богом, которые я называю верой. Например, на одном научном собрании я выступил с докладом о неопределенностях в методах определения возраста.
Как долго существует Вселенная? Существуют различные методы решения этой проблемы, каждый из которых имеет разную степень точности. Посещая научные конференции, я обычно не ношу религиозной одежды; это только еще больше запутает дело! Но я только что выступил с речью в церкви или где-то в

этом роде, надев римский воротник. Во время обсуждения один джентльмен встал, и первое, что он сказал мне, было: «Отец». Сначала я чувствовал себя униженным, когда он признал меня «Отцом», но затем он углубил нашу дискуссию, сказав что-то глубокомысленное: «Отец, должно быть удивительно, что, несмотря на всю неопределенность, присутствующую в научных занятиях, ты все еще обладаешь верой как источником поддержки. "Кто сказал, что моя вера всегда была здесь?" Я ответил в свою очередь. "Каждое утро, когда я просыпаюсь, у меня есть сомнения и неуверенность. Каждый день — это попытка помочь ему расти дальше, потому что вера — это любовь; так же, как брак, дружба, братская или сестринская любовь не остаются статичными и всегда оказывают нам поддержку.

Я имею в виду, что невежество в науке создает азарт заниматься наукой, и любой, кто ею занимается, знает, что открытия ведут только к дальнейшему невежеству. Брат Гай: Чем больше обнаруживается, тем больше мы понимаем, что до сих пор не знаем.

И согласны ли вы, что вера имеет для вас такое же значение?

Брат Гай: Абсолютно верно. Энн Ламотт придумала подходящую фразу, говоря о вере как ее противоположности; уверенность является его противоположностью. Если что-то кажется вам достаточно определенным, вера становится ненужной.

Вера может проявиться, когда есть сомнения, независимо от того, связаны они с наукой или нет. Разве она не упомянула веру как глагол вместо существительного?

Брат Гай: Да. То, что Джордж обсуждает относительно невежества, — это старая традиция, восходящая к Сократу, который сказал: «Я мудрее всех остальных, потому что я знаю свое невежество». Николай Кузанский, писавший о внеземных существах в XIV веке, писал на эту тему под тем или иным названием, например, «Книга невежества» или что-то подобное, как можно предположить из ее перевода.

Отец Койн: Наука всегда демонстрировала эту концепцию, но в последние десятилетия мы пришли к пониманию того, насколько обширной становится Вселенная. Мы поразились тому, что его расширение, казалось, балансировало на грани между вечным расширением или коллапсом – прямо на этом самом пороге возможностей. По сути, это само по себе удивительно. Из всех возможных сценариев, которые только можно себе представить в начале –

расширение настолько быстрое, что не образовались ни галактики, ни звезды; или достаточно медленно, чтобы она схлопнулась почти сразу же, как только начала расширяться - наша Вселенная находилась как раз на грани между этими крайними возможностями, радуя и удивляя нас до недавнего времени, благодаря точным наблюдениям далеких квазаров мы знаем, что она расширяется ускоренно.

Гравитация уже давно лежит в основе человеческого понимания, со времен Ньютона. Но эта идея бросает вызов гравитации как краеугольному камню.

Но я считаю, что вы предлагаете здесь то, что невежество может доставлять удовольствие.

Отец Койн: Знания порождают невежество.

Брат Гай: Осознание того, что мы не знаем всех ответов. Если бы это было так, наша жизнь стала бы бессмысленной; жизнь действительно станет бессмысленной.

В девять лет я помню день, когда дождь не позволил мне играть на улице и вместо этого по той или иной причине задержал меня внутри. В тот дождливый воскресный день, когда моя мама принесла колоду карт, чтобы поделиться ею, и мы вместе играли в рамми, моя мама часто обыгрывала меня в карты из-за моего возраста; но мы играли не за этим! Вместо этого для нее это был способ показать, что она любит меня, не говоря прямо: «Сынок, я люблю тебя». Наука может дать нам такое глубокое знание творения, как еще один акт любви самого Бога; тем самым предоставляя нам сокровенное знание, которое является одновременно игривым, но в то же время самим актом любви!

Отец Койн: Это интригующая идея – либо она, либо Бог играет с нами в игры. Оба могут быть правы: Он создал привлекательную вселенную. Для меня занятие наукой похоже на поиск Бога; наука никогда не дает окончательных ответов, потому что ее природа способствует ее загадке. Если бы я знал все, что нужно знать обо всем, что меня окружает, я бы просто сидел под пальмой с джином и тоником и смотрел, как проходит жизнь!

Брат Гай: Иногда это была бы не такая уж плохая идея. Отец Койн: Иногда это становилось довольно монотонным.

Маргарет Вертхайм изучала физику, прежде чем заняться научной литературой, чтобы передать острые ощущения от научных исследований в истории и культуре человечества, сделав их актуальностью лично для всех нас. Маргарет родилась в Австралии и вместе со своим однояйцевым близнецом и сестрой-художницей основала Институт фигурного катания в Лос-Анджелесе.

Послушайте этот диалог между Маргарет Вертхайм и Маргарет Адакер.
В детстве меня глубоко интересовали естественные проявления математических понятий в природе. В 6 или 7 лет, лежа на травке и глядя на солнце после того, как я только что получил в школе урок о Пи (неразрывная часть кругов), мои мысли обратились к тому, существует ли это число на самом деле: реально ли Пи или просто представлял? Что означает, что в ядре нашего Солнца, колпаках или любом круглом объекте, который вы видите, есть какое-то загадочное число? И чем больше изучаешь физику, тем замечательнее становятся примеры того, что математика повсюду в природе – как нам интерпретировать это явление? Что означает существование этих чрезвычайно сложных уравнений, описывающих такие явления, как лазеры? И понимание этих уравнений может привести нас к таким технологиям, как микрочипы? Это центральный философский вопрос, который я хочу лучше понять в жизни: почему математика является частью нашей повседневной жизни?

Итак, я нахожу удивительным тот факт, что наука признает, что свет может существовать как в виде частицы, так и в виде волны, в зависимости от того, как вы об этом спрашиваете. Это демонстрирует то, что мы все переживаем: оба противоречивых объяснения реальности могут быть правильными. «Двойственность волновых частиц лежит в основе нашего мира; или, скорее, его математическое представление». Но очень важно осознавать, что какими бы двусмысленными ни были наши образы, Вселенная остается целостной и не распадается на разрозненные фрагменты. Действительно, эта дразнящая целостность движет физиков вперед, поскольку вечно манящий свет манит все ближе и ближе; но всегда вне досягаемости». Ух ты, это очень красиво. Есть ли у тебя что-нибудь еще, чтобы добавить к этой мысли?

Да. Физика на протяжении более столетия имела два способа описания реальности: волны как непрерывные явления и частицы как дискретные или дискретные события, — оба они использовали для своего описания. Квантовая механика представляла этот дихотомический взгляд на реальность.
Общая теория относительности описывает частицы дискретно, тогда как квантовая механика описывает волнообразные непрерывные свойства. Общая теория относительности действует в космологическом масштабе, в то время как квантовая механика блестяще процветает в субатомном масштабе, однако с математической точки зрения эти теории плохо согласуются друг с другом. За последние 80 лет или около того одним из определяющих вопросов в физике было: «Можем ли мы найти объединяющую структуру, которая объединит общую теорию относительности и квантовую механику в один математический синтез?» Некоторые полагают, что теория струн может дать такое решение.

Современные физики пишут о нашем мире так, как будто это фундаментальная проблема; но на самом деле это просто неудобство для людей; все остальное происходит так, как и ожидалось в природе.

Верно, я не верю, что Вселенная шизофренична, скорее, мы, люди, шизофреничны. И это не означает, что в том, что делают физики, есть что-то неправильное; и квантовая механика, и общая теория относительности были доказаны с точностью до 20 десятичных знаков; это действительно впечатляет. Однако их несоизмеримость показывает, что нам еще многое предстоит узнать о нашем мире!

Вы заявили, что нейробиология никогда не предоставит нам всеобъемлющую теорию, объясняющую нас самих – счастье, любовь и боль – или почему мы делаем то, что делаем; вы думаете, что осталось что-то еще; Я слышал, как во многих ваших заявлениях вы упоминали, что считаете себя одновременно католиком и атеистом.
Нет, я не считаю себя атеистом; но давайте скажем так: хотя я, возможно, и не верю в Бога в традиционном смысле этого слова, моя любимая книга — «Божественная комедия», и она может пролить некоторый свет. Данте проникает в ткань вселенной, чтобы найти любовь в ее сердце; Я тоже верю, что такая сущность существует, и благодарен Данте за видение ее открытия. Поэтому я полагаю, что можно сказать, что я верю в Бога. И это часть того, что составляет концепцию «Ты атеист или нет?» трудный. Меня беспокоит то, что наше понимание божественности стало настолько тривиальным и банальным, что ответить на этот вопрос, не прибегая к догме, стало практически невозможно. Кроме того, печально растущее влияние воинствующего атеизма в обществе; Я считаю его деструктивность бесполезной и не думаю, что он вообще способствует развитию науки.

И я понимаю, что вы имеете в виду, говоря, что язык, окружающий Бога, может быть дискредитирован в результате использования или спора, поэтому независимо от того, используете ли вы эту терминологию или нет, у меня сложилось впечатление, что, проводя свои исторические исследования нашей человеческой истории науки, вы не говорите это скорее «изм» религии, а скорее о чем-то «запредельном», что могло бы обеспечить некий третий путь между человечеством и научным материализмом, дискредитирующим воображаемое существо, и самой реальностью.

Что ж, я думаю, что один из способов понять проблему Бога в отношении науки заключается в следующем: до зарождения современной науки христианские концепции Бога выполняли две функции. Он был одновременно создателем вселенной и спасителем человечества. Однако с появлением современной науки Его роль как Искупителя была отложена, и все вопросы и общественные дискуссии стали сосредотачиваться вокруг его роли как творца – вот почему Дарвин стал таким бунтарем; его аргументы, похоже, подрывают концепцию Бога как творца.

Сегодня на Западе преобладают дебаты о Боге и Его творческой функции; За пределами богословских кругов мы, похоже, не можем эффективно обсуждать искупление за пределами религиозных кругов. Я думаю, нам нужно более свободно обсуждать искупление. Вам не обязательно верить в концепцию первородного греха, чтобы обсуждать искупление; каждый человек совершает ошибки так же, как и все остальные, — коллективно совершая масштабные ошибки; остается вопрос, как мы можем искупить свою вину, чтобы загладить свою вину?

Реза Аслан предлагает смелый, но свежий взгляд на религию во всем мире, который учитывает как историю, так и человечество, чему новостные циклы часто пренебрегают. Аслан родился в Тегеране, но вырос в районе залива Сан-Франциско. Он изучал религии в Корнелле и известен тем, что написал бестселлеры об исламе и Иисусе, одновременно курируя независимые средства массовой информации и информацию из стран Ближнего Востока.

Послушайте этот диалог между Резой Асланом и Резой Арифом.

В тот момент я не воспринял его предупреждения всерьез и подумал, что было бы разумно покинуть Иран, пока ситуация немного не стабилизируется. Это было 30 лет назад – дело не успокоилось!

Религию следует понимать не просто как веру: это ее история».

Что ж, нельзя отрицать, что все великие религии сталкиваются с одинаковыми проблемами, связанными с политикой и насилием, пытаясь примириться с постоянно развивающимся современным миром. Похоже, среди большинства верующих людей существует заблуждение, что пророки появляются из ниоткуда и с заранее определенными посланиями, готовыми к доставке, в одно мгновение создавая совершенно новые религии. Но пророки не изобретают религию — они просто служат реформаторами тех, в которых они были воспитаны. Иисус не изобретал христианство — он сам был евреем и реформировал иудаизм, в то время как Будда, еще один индуист, реформировал индуизм.

Как историки религии, мы должны признать, что пророки тесно связаны со средой, из которой они появились. Обсуждая происхождение конкретных религий, я считаю, что очень важно отметить, насколько плавным является переход от домухаммаданской эпохи через пророчество и далее к постпророческому периоду; Мухаммед является прекрасным примером.

По мере того, как я приобретал больше опыта общения с мусульманами, я заметил, что идея о том, что ислам нуждается в реформировании, не находит большого отклика. Христиане не могут, например, сказать: «То, чего на самом деле требуют ислам и мусульмане, — это реформа, подобная нашей». Однако я заметил, что вы используете этот язык и делаете интересное предположение о том, что реформация в исламе уже произошла почти 100 лет, что она уже здесь, и мы переживаем ее. Не могли бы вы объяснить, что влечет за собой это утверждение, и описать точно?

«Реформа» описывает конфликт, присущий всем религиозным традициям: кто определяет, как следует определять веру: институт или отдельные личности? В случае с христианством именно это разделение между институтами и индивидами породило то, что мы сегодня называем протестантской Реформацией и католической непримиримостью, что и привело к его рождению – как будто протестантская реформа каким-то магическим способом победила католическую непримиримость! Но на самом деле все работало не так.

Мартин Лютер был еще одним человеком, который хотел стать лучшим католиком.

Верно. И тот, кто был абсолютно непрощающим к любому товарищу-реформатору, который не соглашался с его интерпретацией.

Да, ну, это тоже.

Однако, как только мы позволяем людям интерпретировать религию в соответствии со своими индивидуальными представлениями, мы открываем бесконечный запас червей. Когда каждая интерпретация становится одинаково достоверной и каждая интерпретация становится одинаково достоверной, тогда не только голоса звучат одновременно, но и самые громкие и жестокие имеют тенденцию со временем побеждать. Ислам прошел долгую историю реформирования из институциональной власти в частные руки с тех пор, как закончилось колониальное правление, и это продолжающаяся тенденция.

Власть начала разрушаться, когда мы стали свидетелями широкого доступа к новым и новым источникам информации и резкого роста грамотности и образования на Ближнем Востоке и в странах с мусульманским большинством. Кроме того, колониализм привел к усилению чувства индивидуализма среди африканских народов. Как это часто бывает в таких обстоятельствах, возникает индивидуалистическая интерпретация, пропагандирующая мир, толерантность, феминизм и демократию. Индивидуалистические интерпретации пропагандируют насилие, женоненавистничество, ненависть и террор. Исламу, имеющему более 1,6 миллиарда приверженцев во всем мире и являющемуся второй наиболее распространенной религией на Земле, не хватает авторитетного религиозного лидера, который мог бы определить, кто или что является истинным верующим; такой организации не существует, поскольку не существует центрального мусульманского религиозного органа, такого как Папа Римский или Ватикан, который мог бы вынести это решение о том, кого следует или не следует считать мусульманином и какое поведение соответствует исламскому поведению, а какое не соответствует. То, что мы имеем, — это просто уродливый крик между различными интерпретациями, в котором насилие является косвенным результатом реформы, а не доказательством того, что она должна произойти. В этот невероятный поворотный момент в мировых религиях мы являемся свидетелями чего-то действительно трансформационного, разворачивающегося перед нами. Но мы должны иметь в виду, что фундаментализм — это реакционное явление, а не независимая сила. Когда я вижу всплеск фундаментализма, я знаю, что это просто результат прогресса, достигнутого в обществе; поэтому я предпочитаю сосредоточиться на его росте, а не противодействовать ему.

Сильвия Бурштейн была одной из молодых еврейских искателей 1960-х и 70-х годов, которые помогли внедрить буддийскую философию в основную западную культуру, и сегодня она остается влиятельной и разносторонней духовной личностью.
Со временем она умело и успешно объединила еврейские учения и ритуалы с буддийскими верованиями и практикой, образовав привлекательную синергию, обогащающую оба набора.

Послушайте разговор между Сильвией Бурштейн и ее автором.

Что касается моего воспитания, оба моих родителя работали, и я был единственным ребенком. Мои родители уехали на работу, поэтому бабушка взяла на себя большую часть материнских обязанностей: купала, умывала и одевала меня в соответствии с моими вкусами, а также заплетала мне волосы и готовила еду, которая мне нравилась. Ей не хотелось реагировать, когда дети неоднократно выражали недовольство: я говорила: «Но я недовольна». Моя бабушка часто спрашивала: где написано, что мы все должны стремиться всегда оставаться радостными? Она никогда не использовала язык Талмуда в этом контексте; скорее это просто этническое. «Где написано, что счастье всегда должно преобладать?» В этот момент моя духовная практика началась заново: принять тот факт, что жизнь может быть сложной, и найти способы разумно ориентироваться в ней, не усложняя ситуацию еще больше. По прошествии 40 лет я обнаружил, что буддизм разделяет эту точку зрения; они тоже признали, что жизнь, несомненно, трудна, но как мы можем пройти через нее, не возложив на себя больше бремени, чем необходимо?

Как бы мы ни хотели, чтобы они были выносливыми в зачастую устрашающем мире, мы хотим, чтобы они также оставались устойчивыми.

Я не могу точно определить, когда это произошло, но это определенно произошло, поскольку люди часто говорят в ретритных центрах: здесь все чувствуют себя в безопасности и покое, и выход на улицу сделает меня слишком уязвимым. Потому что это дает мне возможность сказать: Честно говоря, я не думаю, что мы можем стать слишком уязвимыми. Я жду того дня, когда весь мир вдруг почувствует себя настолько небезопасно, что мы все оглянемся вокруг и скажем: остановись, поделись и убедись, что повсюду достаточно еды. Криста, мы можем разделить наши пути, надежды и мечты, но убивать друг друга не получится. Кроме того, не следует портить окружающую среду так, как это происходит сейчас – это был бы мой совет тем, кто покидает ретрит.

Как родитель, мне нравится объяснять, что, когда дети растут, им неизбежно приходится взаимодействовать с миром. Мы, как родители, имеем лишь ограниченный контроль над тем, сколько времени их ребенок смотрит телевизор или как часто он подвергается боли; когда жизнь кажется невыносимой, я нахожу утешение в том, чтобы восхищаться людьми; их устойчивость; как люди будут заботиться о тех, кого они даже не знают, если кто-то упадет или попадет в беду в общественных местах; люди обладают этой невероятной способностью и не нуждаются в уроках для этого; мы склонны быть любезным видом!

Когда я смотрю на людей и понимаю, что жизнь действительно удивительна – солнце сегодня утром взошло именно там, где и должно быть, – это действительно чудесно. Отмечайте времена года, дни рождения и святые дни, чтобы отметить особые события, такие как юбилеи; и при этом обращая внимание на тот огромный космос, на который смотрели и наши предки! Я сохраняю в себе это чувство чуда как способ роста и обучения на протяжении всей жизни.

Иногда это может быть поразительно. Мои внуки часто выражают удивление тем, что я показываю им что-то столь же обычное, как луна: когда наступает трехдневный лунный сезон, моя любимая луна. Если показать им это, они могут только подумать, что это тоже их любимая трехдневная луна! Это важный баланс: так же, как Будда учил видеть страдания в нашем мире, чтобы мы могли реагировать на них с добротой, он также напоминал нам, что нужно ценить жизнь и защищать ее с большой важностью.

Это заставило меня задуматься о том, насколько важно, чтобы мы всегда помнили о том, чему наши дети могут научить нас и передать им, поскольку некоторые вещи, которые они уже понимают, переданы лучше, чем мы когда-либо могли бы. Моя дочь недавно прокомментировала после просмотра новостей, против которых она была категорически против: «В мире так много прекрасных жизней, и это все, на чем они сосредоточены!»

Они не попадают в заголовки газет. Знаете, было бы замечательно (хотя я не знаю, будет ли это финансово устойчиво), если бы существовал новостной канал, посвященный позитивным вещам, происходящим вокруг нас.

Мне, как журналисту, сложно сделать хорошие новости привлекательными; еще одна мысль, которую я часто обдумываю. Возможно, хорошие новости следует воспринимать как доброту: их влияние может быть глубоким, но только тогда, когда мы приучаемся следить за этими моментами трансформации. Прекрасная жизнь приходит в эти маленькие, но важные моменты, если только мы посмотрим.

Были затронуты два ключевых вывода. Во-первых, когда мы по-настоящему уделяем внимание (а это включает в себя осознанность) другим людям, мы по-настоящему общаемся. Часто из-за спешки или по каким-либо причинам мы не можем полностью присутствовать даже на своих собственных детях; есть что-то совершенно особенное в том, чтобы уделять все внимание.

Мой опыт научил меня, что дети впитывают то, чем живут их родители. Примером может служить адвокат Джим Финли.
«Я научилась молиться, сидя рядом с матерью в церкви», — говорит христианский созерцательный психотерапевт Джоанн Рейснер. Она объяснила: «Что было для меня самым интересным в его переучении, так это не изучение слов, а изучение того, какие чувства она выражала, сидя там.

Духовность – это не просто сидение и медитация; Духовность означает аккуратно складывать полотенца и проявлять доброту к членам семьи даже после утомительного дня. Возможно, сказав им что-то вроде: «Послушайте, я знаю, что я вам всем понадоблюсь сегодня вечером на ужин, но мне бы очень хотелось сложить это потихоньку, если это поможет», или что-то еще, что уместно в данный момент. Люди часто говорят мне, что у них нет времени ни на что духовное в свое время – однако, чтобы быть мудрыми или духовными родителями, не требуется дополнительного времени – это происходит естественным образом благодаря таким родительским действиям!

Послушайте разговор между Шейном Клэйборном и Шейном Кейборном.

Считаете ли вы себя частью революционного движения в каком-либо смысле этого слова? Возможно, это слово уже упоминалось во время вашего обсуждения.

Мое колебание отчетливо слышно.

Да.
Я стараюсь не привязываться к какому-либо конкретному движению или революции, и жизнь Иисуса учит меня, что революция не обязательно должна быть чем-то грандиозным; мы можем постепенно реализовать это, работая внутри небольших сообществ.
Дитрих Бонхеффер был для нас бесценным учителем в вопросах общества.

Немецкий теолог, умерший в нацистской тюрьме.

Дитрих Бонхеффер утверждает: «Любой, кто влюблен в свое видение сообщества, разрушит его; но те, кто глубоко заботится о людях вокруг себя, создадут его повсюду». Нас объединяет то, что мы не увлекаемся каким-либо движением или революцией, а живем одновременно радикально и просто. Я считаю, что сегодня наш мир переживает захватывающий переход в мышлении; Особенно много надежды внушают молодые прихожане церкви.

Расскажите мне больше о некоторых людях в вашем сообществе, которые, по вашему мнению, формируют нынешнюю реальность или вносят свой вклад в это новое видение, которое вы представляете.

Есть так много сообществ, которые дают мне надежду. Недавно я встретил семью из пригорода, которая сказала мне: «Мы изучаем, что значит любить ближнего как самого себя». молодежь из группы риска может посещать колледж

- по мере того, как мы знакомимся с их семьями и взаимодействуем с ними, делая мечту возможной!" Знаете, мы пытаемся выяснить, как найти Калькутту вокруг нас, точно так же, как предложила Мать Тереза: Калькутта они повсюду, если бы у нас были глаза, чтобы видеть». Они пошли еще дальше, сказав мне: «Мы осмотрелись, пока не наткнулись на дом этих стариков и не вошли внутрь; эти дети — опрятные подростки-болельщицы; поэтому они сказали мне: «Мы пошли туда и спросили всех женщин, у которых нет посетителей или родственников, которых нужно навестить; затем пошли посещать всех этих женщин по отдельности, чтобы мы могли навестить их всех вместе и принести им все подарки радость от посещения своих личных друзей. Поэтому они сказали мне: «Мы пошли туда и опросили всех женщин, у которых не было посетителей или семьи, затем посетили всех этих женщин индивидуально, принося радость и надежду по пути;
Крася им ногти и ногти на ногах, мы находим время, чтобы послушать их истории.

Сегодня люди начинают исследовать жизнь за пределами нуклеарной семьи и обнаруживают, что это расширяет их кругозор и обогащает их лично. Супружеская пара, у которой я остановился, сказала мне, что они не могут иметь детей из-за приема противозачаточных таблеток. «Прогуливаясь по нашему району, они встретили беременную бездомную женщину. Оказав некоторые временные услуги по поддержке ее беременности и предоставив при необходимости жилье, они привезли ее обратно в свой дом, где сказали: давайте разберемся с этим по ходу дела, - что оказалось в нечто гораздо большее; вскоре она родила и жила с ними! Удивительно, но они продолжали жить вместе и вместе воспитывать ребенка. Недавно я снова приехал к ним в гости, и теперь, спустя более 10 лет, они все еще живут вместе как муж и жена; бывшая бездомная женщина теперь работает медсестрой; ее ребенок почти стал подростком; еще более удивительно, что одна из бывших супружеских пар теперь страдает рассеянным склерозом и умирает, пока за ней ухаживает медсестра в ее собственном доме! Такая сентиментальность может возникнуть только из искренних связей, которые есть у этой пары между собой, которые действительно приносят радость - такие выражения встречаются повсюду!

Как бы вы отреагировали, если бы кто-то сказал, что эти истории о хороших событиях, происходящих в этих сообществах, красивы, но носят анекдотический характер и касаются только отдельных лиц или небольших групп - вы не окажете существенного влияния на общество в целом?

Что ж, история показывает нам обратное: всегда так было. Группы людей собираются вместе и начинают делиться новым воображением и идеями, которые распространяются со скоростью лесного пожара.

Южане любят говорить, что вы «вылитая копия» кого-то. Мой дедушка часто называл меня своим «вымышленным образом», что является сокращением от «дух и образ».
Не только физически, но и в отношении черт характера.

Я думаю, что сегодня мы больше всего надеемся на то, что с точки зрения христианства мы увидим христиан, которые все больше напоминают образ Иисуса, выглядят и ведут себя более похоже на него, но при этом не отвлекаются на тех, кто претендует на Его имя, но занимаются различными другими видами деятельности. Есть люди, которые задают жизненно важные вопросы не только о том, что они планируют делать, когда вырастут, но и о том, кем они станут - что, я думаю, гораздо более важно.

Кристиан Виман — поэт и эссеист, который, к своему собственному изумлению, нашел в сегодняшней Америке голос голода веры и его проблем. Его техасское воспитание было отмечено как насилием, так и харизматическим христианством; хотя после ухода из дома он не был активно религиозным до тех пор, пока позже не женился на своей возлюбленной и ему не поставили диагноз неизлечимый рак - три поворотных момента, которые завершили для него христианство.

Послушайте, как Кристиан Виман обсуждает этот диалог между собой и Кристианом Виманом.

Кристиан, я слышал и читал множество историй о том, как детям прививают религию и духовность, но твоя история особенно мне знакома: ты был погружен в религиозное сообщество, которое значило все?

Когда я отошел дальше, религиозные аспекты потеряли значение как часть всего пакета.

Да. Да, это было для меня. Сначала я не осознавал, насколько глубоко это окажет влияние, потому что, как и многие другие, я просто перестал верить вообще и стал атеистом, или как бы вы это ни называли. Теперь, имея собственных детей, я задаюсь вопросом, как мне лучше всего обучать своих детей духовным вопросам; поскольку их воспитание было полностью укоренено в этой культуре.

Посещаете ли вы церковь два раза в неделю, в воскресенье и среду вечером?

Да, это тоже было частью нашей жизни: заучивание библейских стихов и сохранение их для дальнейшего использования.

Пение гимнов всегда было частью моей культуры.

Мой мир не был проколот; никогда не было никаких сомнений. Даже до колледжа никто из моих знакомых не верил, не говоря уже о самих сомневающихся. И все же, хотя этот мир, возможно, и придал моей жизни последовательность, интенсивность и импульс, я обнаружил, что он также создает проблемы; многие американцы просто недовольны каким-то аспектом своих религиозных убеждений, которыми они уже обладают - возможно, что-то не соответствует их пониманию святости или духовности, но нельзя просто отмахнуться от всего, что существует, ради нового способа веры - Недавно я разговаривал с теоретиком струн, который работает с инновационной формой математического языка, используя поэзию и прозу в качестве аналогий для передачи истин, которые невозможно передать с помощью одних только фактов; Точно так же могут существовать физические реальности, которые одно уравнение не может передать, но которые можно было бы передать с помощью более наглядной математики.

Боже, это увлекательно! Физика, кажется, очень увлекала многих поэтов; современные поэты находят физику особенно интересной, поскольку возникает некая реальность, к которой мы не можем получить прямой доступ через обычные каналы. Мистики, такие как Мейстер Экхарт, и более современные мистики, такие как Симона Вейль, являются для меня мистиками именно по этой причине; использование ими апофазиса, когда они что-то утверждают, оставаясь при этом расплывчатым или неясным по смыслу, находит глубокий отклик. Мейстер Экхарт однажды заявил: «Мы молимся Богу, чтобы Он мог стать свободным». «Он не собирался отказываться от религии как таковой; эта мысль не приходила ему в голову; скорее он хотел отказаться от концепции, что Бог существует как нечто отдельное от нашего сознания». Поэзия может перенести нас в пространство, где реальность немного ускользает, как уравнения в физике, так что внезапно наше восприятие радикально меняется по сравнению с тем, что было раньше. И это не обязательно должно означать воздушно-феерический мистицизм — я считаю, что здесь есть параллели с физикой и физическими науками, которые позволяют поэзии взять на себя эту роль.

Вера – это не просто состояние ума, а активное стремление к изменениям и прогрессу в обществе.

«Я определил это так: вера имеет осязаемые объекты, а вера — нет. Веру можно определить как угодно — как ориентацию жизни или энергию вашей жизни или что-то еще, что она для вас значит — но беспредметность всегда должна быть считается атрибутом веры».

Верно. И это помогло мне лучше понять эти термины и объяснить себе, почему мне нужна какая-то структура в моей жизни; почему я посещаю церковь, почему мне нужны именно религиозные элементы и т. д. Я нахожу утешение в чтении книг, молитве, медитации и созерцании - но если эти усилия не ведут наружу, в конечном итоге они могут привести к отчаянию; Один из способов узнать, что наши духовные тенденции действительны, — это когда они выводят нас за пределы самих себя.

Поскольку каждый борется за выбор своей духовной жизни в одиночку, я считаю, что ситуация стала чрезвычайно опасной. Создается новый язык, который многих приводит в замешательство. Хотя традиционный религиозный язык, безусловно, будет играть важную роль, появится еще одна совершенно новая вещь, включающая в себя совершенно разные религии и практики.

Дитрих Бонхёффер находился в тюрьме незадолго до своей смерти, столкнувшись с суровой реальностью того, что все аспекты религии были захвачены злом, и говорил о том, как может выглядеть «безрелигиозное христианство»; признавая при этом, что, хотя некоторые языки или идеи со временем могут стать менее актуальными, основные истины сохранятся и появятся новые формы для выражения этих истин. Я продолжаю вспоминать его опыт.

Бонхёффер всегда очаровывал меня, но одна вещь, которую он упомянул в письме, действительно запомнилась мне: его тяга к атеизму; чувствовать себя среди них более комфортно, чем среди верующих, — вот что он пытался понять о себе. Бонхёффер остается вдохновляющей фигурой не только потому, что вернулся домой, когда существовали другие варианты, такие как Америка, или даже остался там до пенсионного возраста; скорее, он остается настоящим образцом для подражания, несмотря на это личное откровение.
Он вернулся в Соединенные Штаты и чувствовал, что, не участвуя в разрушении Германии, он не мог бы серьезно присоединиться к ее восстановлению. Более того, он чувствовал себя призванным Богом – не так, как многие, а как мы, которые ждут, пока что-то не почувствует, что нужно сделать; Бог сказал ему не

ждать, а вместо этого следовать своей интуиции; в конце концов придет вера; поэтому он потерял за это жизнь. В какой-то момент он сказал что-то вроде: «Мы стоим с Богом прежде и снаружи». Его слова кажутся удивительно многозначительными.

Как культура, я думаю, мы достигаем некоего баланса жесткой экономии и ясности, к которому, я думаю, мы как личности стремимся, даже несмотря на то, что против этого было так много противодействия со всех мыслимых направлений (вся эта политическая риторика). В обществе все еще существует стремление к чему-то менее легкомысленному, которое слишком быстро ускользает из-под контроля; что-то не такое уж расплывчатое и глупое, чтобы не рассмешить нас откровенно; но в то же время что-то достаточно доступное, чтобы задействовать те части нас, которые не так легко понимают его намерения.
Сомнение неотделимо от моего представления о вере и не может быть отделено. Я убежден, что тот же Бог, который призывает меня в один момент петь о Боге, в другой момент ведет меня к безбожию. Иногда, если принять во внимание всю эту энергию, собравшуюся в этих дискуссиях, и всех этих людей, ищущих способы определить и поделиться своими системами убеждений, кажется возможным, что некоторые отзовутся от веры, чтобы она могла принять новые формы.

Человеческие существа состоят из плоти и костей. Но для некоторых людей эта реальность не приносит утешения, и вместо этого им приходится сталкиваться лицом к лицу, чтобы выжить в повседневной жизни.

Мистики и монашествующие молятся за тех, кто не может. В эпоху, наполненную невероятными открытыми вопросами, надежда становится императивом для тех из нас, кто может ее удержать, ради всего человечества. Надежда существенно отличается от оптимизма или идеализма; вместо того, чтобы жить, принимая желаемое за действительное, он на каждом шагу ссылается на реальность и почитает истину, в то же время живя с открытыми глазами в темноте как части повседневной жизни, которая иногда кажется подавляющей. Надежда может стать духовной мышечной памятью благодаря выбору, который становится практикой, которая помогает ориентироваться в реальности, а не ожидать, что все пойдет своим путем.

В августе этого года движение L'Arche отпраздновало свой пятидесятилетний юбилей – 50 лет с тех пор, как Жан Ванье пригласил Рафаэля и Филиппа из приюта в Париже жить с ними! Для меня было настоящей честью и удовольствием собрать членов сообществ с ограниченными возможностями по всей территории США, основных членов, трудоспособных помощников, всех, кто носит красоту, которую приносит принадлежность.

Сначала моим глазам потребовалось некоторое время, чтобы привыкнуть; этот новый пейзаж меня нервирует и нервирует безмерно; такой необычный срез человечества. Атаку возглавляли пары людей.

В рамках литургии среди различных участников были один здоровенный помощник двадцати с небольшим ростом шести футов роста и основной член церкви, который был на несколько футов ниже ростом и с другим цветом кожи, оба сияли от счастья. Когда мы наконец добрались до запланированного праздника, торт уже был доставлен, так что все направились прямо вниз, чтобы отпраздновать все вместе!

Тим Стоун из Чикаго быстро ответил, что L'Arche — это не просто решение, а скорее знак, который я ценю и считаю верным. «Надежда», — был его ответ. Тим - один из основных участников L'Arche, инвалид, однако это описание можно рассматривать как ограниченное; Тим очень любит своих друзей и семью, страстно любит готовить и известен как создатель абстрактного искусства; излучать эмоциональный интеллект, делясь огромными объемами знаний. Как и сам Тим, L'Arche является скромным источником надежды - так же, как Тим представляет таких членов L'Arche, как Тим.

Возникающая мудрость о нашем мире часто раскрывается незаметно: от проектов и людей, которых вы не ожидали, до связей между точками в пространстве и времени, которые на первый взгляд кажутся неважными. Мои ежедневные разговоры вращаются вокруг «знаков, а не решений» — бесконечно убедительной фразы, которая наполняет мою жизнь своими изменчивыми формами и яркими оттенками, настаивая на том, чтобы я воспринимал ее серьезно. Эти знамения не соответствуют апокалиптическим знамениям и чудесам религии моего детства, к которым я относился серьезно, но которые всегда были за пределами понимания. Лидеры движения за гражданские права часто искали проблески видения, а не тяжелую работу, необходимую для искупления человеческих жизней. Винсент Хардинг рассказал мне о встрече с молодыми афроамериканскими мужчинами и женщинами из центральной части города, которые сказали ему, что им нужны «живые человеческие таблички», которые могли бы помочь им увидеть и поверить в новые возможности для себя.

Послушайте разговор между Винсентом Хардингом и автором.

Одним из ключевых недостатков нашего образовательного процесса, особенно в отношении так называемых маргинализированных молодых людей, является их обучение быстрому выходу из тьмы на свет.
Вместо этого необходимо больше людей, готовых стоять в этой тьме, которые не будут бежать от глубоко пострадавших сообществ, а вместо этого смогут открыть возможности, которые могут увидеть только неравнодушные люди.

Когда-то карты, показывающие края и границы известного мира, были инструментами власти, которыми пользовались немногие и которые тщательно держали в руках. Теперь мы живем во взаимозависимом мире, определяемом историей, а не завоеваниями; тот, где связи создают наше существование в виде точек на карте; наше воображение еще не догнало эти новые границы, управляемые человеком, оставив всех нас в некоторой степени пленниками традиционных арбитров важности - или статуса «под радаром»; К сожалению, почти все и каждый, кто меняет нашу планету, теперь попадает под этот «под радар». Радар сломался.

Всегда ли мы жили в таких условиях? Джоан Читтистер напоминает мне, что в римском аналоге «Нью-Йорк Таймс» шестого века не было заголовков, гласящих: «ПРАВИЛА ПИШЕТ БЕНЕДИКТ!» У Бенедикта Нурсийского был тихий план: создать доступный ритм жизни, который мог бы вместить как отшельников, так и людей извне, заменив конкурирующих религиозных авторитетов той эпохи одной единой властью. Поначалу миссия Бенедикта прошла не гладко. Одна из первых общин, признавшая его своим лидером, попыталась отравить его; при жизни он основал двенадцать монастырей, в каждом из которых было всего двенадцать человек. Но Бенедикт привел в движение то, что со временем вернулось, чтобы получить большую награду: не осознавая этого ни сам, ни кто-либо из его окружения в то время, Бенедикт создал нечто, что поддерживало западную цивилизацию на протяжении тысячелетий спустя.

В этой истории можно найти смелость. Несмотря на все мои усилия как журналиста сосредоточиться на том, что полезно и питательно, я, вероятно, не вижу всех изобретательных людей, которые могли бы спасти мир через 100 или 1000 лет.

Тем не менее, я поражен всем добром, которое вижу вокруг себя, и надеюсь, что поделился частью этого на этих страницах - даже одна или две частички этого добра так сильно коснулись моей жизни, что мои руки и сердце наполняются благодарностью.

Ум разрывается от знания того, что исцеляет нас, даже когда я пишу, даже когда мы не осознаем этого и не просим об этом. Под исцелением я подразумеваю создание возможностей для углубленной совместной жизни: стать мудрее и целостнее, а не просто старше или умнее.

Мой путь с ранних лет жизни в Оклахоме завел меня настолько далеко, что некоторые могут обвинить меня в слишком сильном преувеличении ценности надежды. Тем не менее, мой разум сейчас склоняется к этому сильнее, чем когда-либо; Я отказался от идеи, что интеллектуально достоверная точка зрения всегда должна исходить из скептицизма: интеллект не работает против тайны; терпимость не заменяет любовь; ни цинизм не является адекватной альтернативой - в отличие от многих достойных начинаний в жизни, цинизм никогда не подвергается испытанию коррупцией или катастрофой; ни генеративный; скорее, он просто судит о вещах такими, какие они существуют, не пытаясь изменить их дальше или сделать что-то большее, чем необходимо. На данном этапе истории я наблюдаю, как люди всех возрастов проявляют амбиции. Это отличается от амбиций; скорее, амбициозность означает стремление быть лучшими и попытки выяснить, как это может выглядеть. Как мы обнаруживаем, мы нужны друг другу, чтобы добиться успеха. Я нахожу вдохновение в том, что говорят молодые люди о том, как и кем они хотят стать, а не сосредотачиваюсь только на одном аспекте того, кем или чем они хотят стать. Сильвия Бурштейн напоминает нам, что наши дети не всегда обращают внимание на то, что мы говорим, но они всегда наблюдают за нами. Некоторые, например Шейн Клэйборн, используют такие слова, как «одинокий» и «неустойчивый», чтобы описать культуру взрослой жизни, которая была смоделирована до них в детстве.

Я слишком поздно беспокоюсь о том, достаточно ли серьезны мои размышления и сочинения. Ведь есть во мне что-то освежающе игривое, как и в этом мире, где быстро растет мудрость – надежда не всегда несет в себе тяжелый смысл! Мудрость не обязательно должна быть универсальной, чтобы ее можно было считать прогрессом, а это подорвет писателей как наших лучших поведенческих психологов, нейробиологов и космологов. Мы больше не переросли время у камина, где делились захватывающими и страшными историями, которые помогли нам легче встретить истинные чудеса и ужасы жизни. Сегодня наши встречи у камина проходят на больших и маленьких экранах, а также демонстрируются традиционные рассказывания историй и поэтические вечера; Я читаю художественную литературу как часть своей привычки к чтению на досуге.

Философские трактаты занимают большую часть моего свободного времени, а телевизор я смотрю слишком много, что объективно положительно на меня мало влияет. Хотя меня очаровывают детективные романы и убийства, игра необходима для человеческого существования – один из ее основателей, врач Стюарт Браун впервые вошел в эту область, изучая убийц, чье детство часто сопровождалось отсутствием игры – то, что Стюарт обнаружил, изучая их разум как часть изучение игривости (беспорядочные игры в детстве способствуют развитию сострадания).

Человеческие существа — удивительные, но сложные существа, постоянно меняющиеся существа, существующие одновременно в обоих/и. Мы — продукты нашего времени с его все более захватывающими игрушками и заманчивыми образами успеха и ужасающего провала; тем не менее, внутри нас есть место – нечто большее из нас, что мы чтим, защищаем и взращиваем – для того, что питает и вдохновляет нас; надежда – это ориентация, призванная извлечь мудрость и радость из непредсказуемой реальности, которая лежит перед нами всеми.

Первой страстью Тейяра де Шардена была геология. Он родился и вырос в вулканическом горном районе Франции. Он был очарован камнями – материей в ее самом чистом смысле – и проводил большую часть своего времени, созерцая их свойства, прежде чем стать носильщиком во время Первой мировой войны и написать, исходя из этого опыта: позже он описал человечество как «материю на самой взрывной стадии».

Тейяр был одновременно созерцательным и иезуитом; таким образом, его духовное и научное мировоззрение привело его к более широкому взгляду на историю. Он обнаружил окаменелости, которые продемонстрировали физиологический прогресс человечества на протяжении тысячелетий. Он

пришел к убеждению, что эволюция стремится к сознанию и духу, что дает ему надежду, основанную на научных наблюдениях. «Моей отправной точкой, — отмечал он с подходом, более соответствующим нашему времени, чем его, — является фундаментальный исходный факт, что каждый индивидуум волей-неволей переплетен всеми аспектами своего физического, органического и психического существования со всем, что его окружает. " Как обсуждалось ранее, Тейяр считал, что человеческие артефакты и изобретения создадут ноосферу — воображаемую концепцию, взятую из греческого noos, что означает разум. Его теория пророчески предсказала, как геологи нашего времени назвали наш период антропоценом — признание того, что влияние человечества нельзя сбрасывать со счетов в нашей истории.
Человечество оставило на планете след, охватывающий геологические временные рамки. Точно так же, как наше индивидуальное поведение влияет на нас индивидуально, коллективные действия существенно изменили свою форму.

Тейяр де Шарден мирно скончался на Пасху 1955 года после того, как его начальство-иезуит запретило ему при жизни публиковать какие-либо работы, кроме палеонтологии. Когда его духовные книги («Феномен человека», «Божественная среда») наконец стали доступны в 1960-х годах, они быстро стали бестселлерами; его идеи теперь распространяются по миру с новой энергией. Видение Тейяра призывает нас сбалансировать долгосрочную перспективу с инвестициями в развитие человеческого сознания и свободы действий, но немногие обладают словарным запасом для такого призыва. Вместо этого большинство дискуссий связано с искусственным интеллектом: разумные компьютеры становятся соблазнительными, злыми или приходят к власти - я ни разу не слышал, чтобы мы обсуждали само сознание: куда оно нас ведет и идет ли оно дальше или нет. Как может выглядеть духовная эволюция в широком масштабе?
И там я обнаружил интригующий диалог, который напрямую основан на идеях и вопросах Тейяра де Шардена и одновременно продуктивно адаптирует их на данный момент. Эволюционный биолог Дэвид Слоан Уилсон не читал Тейяра де Шардена до того, как посетил конференцию, состоявшуюся в Ватикане в 2009 году по случаю 150-летия публикации, а также 200-летия со дня рождения Чарльза Дарвина.

Послушайте беседу между Дэвидом Слоаном Уилсоном и автором, поскольку они делятся мыслями о своем взаимодействии.

Конечно, я был знаком с Тейяром, как и большинство эволюционистов. Но читали ли они его или считали его идеи актуальными? Для большинства эволюционистов ответом на оба этих вопроса, скорее всего, будет «нет»; Однако, к моему удивлению, я узнал, что Тейяр фактически опередил свое время в научном отношении; многое из того, что он написал, имело ценность с сегодняшней эволюционной точки зрения.

Его главное послание, которое недавно снова вошло в моду, заключалось в том, что, хотя человечество может показаться просто еще одним видом или приматом, на самом деле мы представляем собой совершенно новый эволюционный процесс, и наше развитие можно считать столь же важным, как и развитие самой жизни. Тейяр был прав в этом вопросе, и это меня поразило. Символическое мышление как механизм наследования и все наши разнообразные культурные практики действительно представляют собой новые эволюционные пути – идея, которую я был поражен, обнаружив подтвержденную.

Дэвид Слоан Уилсон — атеист, как и Тейяр де Шарден; тем не менее, он изучает религии с точки зрения эволюционной биологии как высокоэффективные адаптивные группы, часто движущиеся в направлении упадка, а не прогресса. Дэвид Слоан Уилсон посвятил большую часть своей работы применению идей эволюционной биологии на благо общества; в настоящее время работает над проектами обновления городов в Бингемтоне, штат Нью-Йорк, в этом духе, стремясь применить эти уроки для обновления там; в его книге, подробно описывающей этот проект, есть глава, посвящённая Тейяру де Шардену, под названием «Мы вступаем в ноосферу».

Послушайте разговор между автором Дэвидом Слоаном Уилсоном и им самим.

Он часто говорил о «зернах мысли». Для него это означало, что сначала люди жили небольшими группами с отдельными символическими системами, которые были оторваны друг от друга. Однако со временем эти зерна мысли начали объединяться – по мере расширения общества – что привело к единому глобальному сознанию, названному «Точка Омега».
Эволюция, увиденная через собственное зеркальное отражение.
Верно. В то время как общество расширяется во все возрастающих масштабах, от микрообществ до современных мегаобществ, любое предположение, что это в конечном итоге приведет к созданию единого глобального мозга, находится в пределах возможности, но определенно не является гарантией; коллапс остается возможным в любой момент времени. Возможно, Точка Омега существует где-то там, если только мы достаточно усердно работаем над ее достижением; иначе мы все проиграем!

Духовность должна вести человеческую эволюцию; для этого мы должны понять его определение, а также понять, почему духовные термины, такие как дух и душа, играют такую важную роль в повседневной жизни.
Как только мы это сделаем, я думаю, мы сможем придумать для них удовлетворительный смысл, который не будет зависеть от сверхъестественных сил. Таким образом, мы можем откровенно говорить о наличии души: у наших групп есть душа, у наших городов есть душа, даже у нашей планеты есть душа! На самом деле это может иметь доступную интерпретацию.

Тейяр подчеркнул, что духовность не должна заключаться просто в личном комфорте; скорее, оно должно стимулировать нечто большее, чем мы сами, для достижения большего блага. Когда я думаю о том, что вы делаете в Бингемтоне, эти мысли, кажется, поддерживают это.

Абсолютно так. С точки зрения эволюции, эволюция видит только действие; то, что происходит внутри вашего разума или в вашей системе значений, остается невидимым, пока не проявится в реальном поведении. Поэтому, если то, что происходит внутри вас, не вызывает у вас соответствующих действий, это означает, что ваша система значений может быть не столь эффективна в создании желаемого поведения у других.

Смысл имеет важное значение для мотивации нас действовать и поступать правильно, что в современном обществе должно включать в себя понимание всех связанных с этим фактов.
И мы должны помнить о наших ценностях, чтобы использовать эти факты для планирования действий в мире, который становится все более сложным и требует управления в планетарном масштабе.

Такой идеал, как «управление в планетарном масштабе», кажется мне надуманным; кажется, что это абсурдно не соответствует современному глобальному порядку или тому, что происходит прямо здесь и сейчас. Поэтому, когда журналист и блоггер по вопросам окружающей среды Эндрю Ревкин проводит аналогию между текущими глобальными событиями и событиями, наблюдаемыми в развитии мозга подростков; оба демонстрируют неравномерность: области большого прогресса соседствуют с областями безрассудства; оба одновременно обещают как творчество, так и разрушение.

Послушайте, как Эндрю Ревкин вовлекает автора в разговор.

Итак, посмотрим ли мы на фондовые рынки или на то, как события на площади Тахрир разворачивались, а затем модулировались через Twitter и Facebook, я вижу, что мы тестируем новую проводку, еще не имея четкого понимания ее функции. Ведение блога дает мне представление об этой области; Мгновенная ложь может вспыхнуть немедленно, но затем ее реальность вскоре вскроется так же, если не быстрее, чем при первоначальном разоблачении.

Это поднимает некоторые интересные вопросы. Есть такие, как Курцвейл, которые видят потенциал нашей системы стать даже более могущественной, чем люди; но я думаю, что на самом деле сейчас гораздо более мощным является растущая способность этой системы помогать нам совместно создавать вещи, чувствовать вещи и испытывать вещи способами, которые ранее были невозможны - именно эта способность делиться и формировать идеи наиболее впечатляет.
Потрясающе. Это выходит далеко за рамки простой вычислительной мощности; здесь должно быть задействовано нечто более существенное.

Эндрю Ревкин получил термин «ноуосфера» от ноосферы Тейяра.

Вот еще один ваш отрывок, который показывает, насколько сильно духовный язык закрепился в нашем обществе: какой бы термин вы ни выбрали – в данном случае «ноуосфера» – очевидно, что наш мир быстро объединяется новыми способами обмена наблюдениями и формирование идей, которые оказывают влияние на прогресс человечества. Это истинный духовный язык.

Ну, конечно; проблемы изменения климата часто кажутся научными. Однако при внимательном рассмотрении их человеческие процессы принятия решений быстро переходят от научного мышления к ценностным соображениям и оценкам. Когда мы рассматриваем все компромиссы между отказом от ископаемого топлива и замедлением повышения уровня моря или рисками неурожая (все это ненаучные вопросы!), то, как мы сопоставляем эти выгоды друг с другом, становится ясно. Эти решения затрагивают как экономические, так и ценностные соображения.

И хотя нам может быть легче обсуждать факты, когда мы начинаем обсуждать ценности, это становится намного сложнее.

Да. Эта эпоха стала известна как антропоцен – или период, когда люди контролируют Землю – и для того, чтобы она протекала гладко, нам нужно то, что я называю «антропофилией», или принятием различий друг друга.

Люди каждой группы населения склонны придерживаться разных мнений относительно общего объема знаний.

Когда мы связаны друг с другом посредством науки, использование Интернета становится частью нашей жизни, и наука от этого только выигрывает. Будучи частью чего-то большего, когда мы выходим в Интернет, мы не остаемся изолированными в своем собственном пузыре, будь то зеленый или либертарианский; скорее, мы выясняем мнения других людей, вовлекая их и обращаясь к ним. Это часть ноуосферы: найти людей с разными энергетическими предпочтениями, которые разделяют схожие цели в области энергоэффективности, с которыми вы потенциально могли бы вместе работать над решениями, - а затем осознать, что есть где-то, где мы могли бы работать вместе - это тоже часть всего этого.

Ни одна из проблем, с которыми мы сталкиваемся в Интернете, не является уникальной для этой сферы; они часть человеческого бытия. В комнате, полной людей, те, у кого более громкие и злые голоса, как правило, получают больше эфирного времени; Одна вещь, которую я пытаюсь сделать в своем блоге, — это разработать инструменты, позволяющие более спокойным участникам тоже внести свой вклад.

* * * Я очарован преображающей синергией, которая происходит между более тихими людьми, обретающими свой голос, раскапываемыми старыми истинами и созданием новых знаний - то, что многие люди давно знали, но затем забыли.

Когда экономика Детройта изменилась, и люди потеряли средства к существованию, внутренние противоречия удобства стали слишком очевидными. Опустели целые кварталы города. Некоторые из оставшихся начали сажать пищу на пустырях - сначала просто для того, чтобы выжить, а позже в знак надежды; эти эксперименты позже вдохновили на создание городских садов по всей Америке. Я встретил Миртл Томпсон и Уэйна Кертиса, в чьем саду было много чудес — от семян подсолнечника и трав до таких овощей, как тыква. Когда их спросили, что включает в себя их урожай, они дали впечатляющий список:

Послушайте беседу между Миртл Томпсон, автором, и Уэйном Кертисом, главным редактором.
В нашем саду выращивается капуста трех видов: листовая капуста, помидоры, сладкий перец, острый перец, баклажаны, кабачки, клубника, малина и арбузы, а также лук, картофель, такие травы, как кинза, базилик и петрушка. В прошлом сезоне мы также выращивали подсолнухи, кукурузу, подсолнухи, подсолнухи, немного кукурузы и в прошлом сезоне. Бамия привлекает людей со всего мира, а наши баклажаны привлекают людей индийской культуры, которые приходят за рецептами; Наблюдать за реакцией детей, когда мы узнаем, что что-то растет,

действительно полезно, как и видеть, как все развивается, хотя мы никогда не знали, что это произойдет настолько раньше! Наблюдение за реакцией детей по мере того, как мы узнаем больше каждый раз, когда появляется что-то новое, удивляет меня еще больше, и меня самого, когда мы сначала не ожидали, что это расцвело здесь!

Миртл и Уэйн демонстрируют такую же проницательность и науку, как Дэн Барбер или Майкл Поллан, когда обсуждают плотность питательных веществ, а также обсуждают со мной сознание.

Послушайте беседу между Миртл Томпсон, писательницей, и Уэйном Кертисом, автором.

Наша роль в развитии культуры, сообщества, идеологии и других аспектов не менее важна, чем выращивание продуктов питания, чтобы гарантировать, что наше дальнейшее существование больше не будет подвергаться риску. Культивирование сознания жизненно важно, поскольку этот сад предназначен не просто для выращивания продуктов питания, а для того, чтобы стать частью экосистемы, которая предшествует даже этому саду и в которую мы вносим свой вклад, становясь частью процесса его существования с начала времен - не только выращивая пищу, но и становясь часть этого, а также практика гуманистической практики, которая больше не зависит от Дель Монте в плане нашей идентичности.

Открытие заново того, что можно есть из того, что всегда существовало, может изменить культуру, поскольку вы понимаете, что, возможно, ездили по ценным вещам; или если заглянуть под поддоны, где кто-то меняет масло, и увидеть растения, которые потенциально могли бы накормить всех нас, это меняет ваши отношения как с землей, так и с окружающими вас людьми; поскольку теперь вы должны найти способы объяснить им все это.
Я провел увлекательный вечер в Луисвилле с мэром, начальником полиции, директором школ, лидерами религиозной общины Луисвилля и профсоюзными организаторами, а также членами его исторических семей. За ужином мы посещаем уютный «загородный клуб», который больше напоминает дом чьей-то любимой бабушки: затхлый подвал с прекрасным фарфором. По мнению кого-то, здесь всегда собиралась элита. Река Огайо течет за моим окном; его банки отмечают историческое разделение по классу и богатству. Но сегодня вечером эту разнообразную группу горожан можно встретить вместе, разговаривающими и слушающими. После своего избрания мэр Луисвилля Грег Фишер дал понять, что его целью в отношении своего города будет сострадание; что оно должно стать единым во всех аспектах их совместной

гражданской жизни. Они очень серьезно относятся к этому эксперименту. Теперь они перешли от романтики к социальным изменениям; внедрение долгосрочных проектов в школах, на которые могут уйти годы, прежде чем появятся какие-либо результаты. Один сын ведущего дома сказал мне, что это всего лишь стремление; однако гражданские устремления обладают огромной силой: они дают моральному воображению что-то осязаемое, к чему можно стремиться.

Среди этих замечательных событий выдающимся было то удивительное чувство доверия, которое возникло в этой комнате; страхи ослабли, и уязвимости обнажились без страха. Афроамериканский пастор рассказал мне, что действительно имело значение наличие политика, готового смириться с болью людей, не предлагая немедленно политику или решение; вместо этого позвольте ему существовать как чему-то, о чем можно скорбеть в комнате, прежде чем предложить утешение или сокрушаться в ответ на это - оплакивать, как древние пророки, о своих потерях! Хотя скорбь о наших потерях сама по себе никогда не бывает продуктивной или эффективной, без этой возможности мы никогда не сможем надеяться на устойчивый прогресс или движение вперед! Знание можно рассматривать как акт силы, если мы решим коллективно использовать его в таком начинании. Однако, к сожалению, эти знания вступают в противоречие с инстинктами, которые мы развили в течение двадцатого века, стремясь бороться за решение наших проблем с помощью войны – отношением, которое проникло во все аспекты нашей профессиональной жизни, внешней и внутренней политики, стилей воспитания и воспитания детей. Война использует гнев и амбиции в качестве топлива, откладывая причитания или чувство горя вместе с состраданием; его расчеты измеряют победу ценой проигрыша. После событий 11 сентября в Америке у нас было много слов мести врагам, но не было слов, которые могли бы помочь нам смириться с горем или печалью, вызванными потерей – тем, что нужно было пережить. После событий 11 сентября в Америке мы использовали надежные словарные слова мести, действуя в соответствии с ней, не делая пауз, чтобы потратить время и усвоить то, что произошло с тех пор. Американцев поразило беспрецедентное чувство уязвимости внутри наших сильнейших крепостей. Это побудило американцев установить новые связи с незнакомцами по всему миру, которые живут такой же жизнью; но наш ответ еще больше отдалил нас друг от друга.

Когда общество начинает вспоминать, что неудачи всегда были частью человеческого опыта, от бизнеса до образования и психологии, мы также осознаем их роль в духовном росте и личной мудрости. Я бы развил эту мысль дальше: неудачи и уязвимость являются важными элементами духовного и личностного развития. Независимо от того, что с нами идет не так, что бы мы ни воспринимали как наши слабости, а также как сильные стороны, этот опыт помогает сделать надежду разумной, а прожитую добродетель - возможной; они являются частью нашего уникального вклада в развитие человечества. Брене Браун стала востребованным учителем в различных сферах и на разных уровнях лидерства благодаря своему опыту в распространении этой древней, фундаментальной истины, которая выпала из нашего общего словаря на протяжении поколений. Эта работа началась в Высшем колледже социальной работы Хьюстонского университета, где она является адъюнкт-профессором.

Слушайте как автор, и у Брене Браун состоится обмен мнениями.

Я всегда задаю людям простой вопрос, чтобы оценить, считают ли они, что проявили по-настоящему смелое поведение, лично или будучи свидетелями того, как другой человек совершил что-то смелое. И как академический исследователь, располагающий 11 000 данных для работы, я не могу найти пример морального, духовного, лидерского или мужества в отношениях, не рожденного из-за уязвимости - однако слишком часто мы покупаемся на мифы о том, что слабость есть слабость, как оправдание бездействию. достаточно смело.

Эти открытия глубоко изменили Брене Браун в ее жизни как самопровозглашенной классической перфекционистки. Она решила поделиться ими на выступлении TEDx в Хьюстоне, где это с тех пор стало вирусным.
«Слушая стыд» остается одним из самых просматриваемых выступлений на TED за всю историю, несмотря на непривлекательное название: мне очень понравилось узнавать, что доктор Шин наткнулся на истины, которые негативно отзываются в ушах современников, исследуя искреннюю жизнь. Послушайте, как Брене Браун беседует с автором.

Я начал кодировать данные и искать в словах закономерности и темы, и вскоре они очень быстро проявились. Я начал составлять списки, в которых подчеркивались вещи, на которых искренние мужчины и женщины склонны сосредотачиваться на сознательном выборе, одновременно сознательно или неосознанно исключая определенные виды деятельности из своей жизни. И как только я взглянул на свой список того, что нельзя делать, в точности описывающий меня, - стало совершенно ясно: это даже не мое! Я понял, что вся моя жизнь там вообще не была — все мое существование казалось чуждым.

Так что же в нем было? Что ж, позвольте мне сначала спросить вас об этом. Ожидали ли вы найти доказательства того, что эти люди получали лучшее воспитание или меньше травмировались, и им была доступна более сильная система поддержки?

Поначалу мой ответ был несколько самодовольным. Я предполагал, что те, кто верил в себя и в свое достоинство, должно быть, вели жизнь с меньшим количеством разводов, банкротств, травм или зависимостей по сравнению с населением в целом; однако это было совсем не так; по этим переменным они ничем не отличались — они были такими же, как все!

Что в вашем списке лучше всего вас характеризует?

Перфекционизм, суждение, утомление как символ статуса, продуктивность как самооценка, хладнокровие, что думают люди, доказательство и стремление к уверенности — все это элементы, которые рисуют такую привлекательную картину.

Характеризуется ли эта искренняя жизнь уязвимостью, как вы сейчас используете этот термин?

Да, конечно. Это были люди, которые пришли в мою жизнь без особых обещаний и гарантий, поэтому, когда пару дней спустя я сидел за этим столом и принимал решение, что я сохраню их данные и вместо этого найду терапевта - и это сработало, это решение стало реальностью.

Я помню, как задавал себе этот вопрос: если это означает, что наша способность к искренности никогда не сможет превзойти нашу готовность переносить боль, то как это вообще возможно?

Это возвращается к нашему культурному отвращению к уязвимости – к тому, что мы сделали с нашим первобытным чувством уязвимости. Возможно, это началось как замечательный инстинкт защиты себя и тех, о ком мы заботимся, но со временем это превратилось в нечто совершенно иное. Мы склонны улучшать ситуацию, стремясь к совершенству, а не искренне защищая себя и своих близких.

Я согласен. К поиску помощи и желанию жить по-другому меня побудило то, что я увидел в воспитании детей. То, как мы взаимодействуем с миром, гораздо лучше предсказывает успех наших детей, чем любые знания, которыми мы можем обладать о его практике. В настоящее время я считаю, что мы переживаем эпоху мягкого пробуждения, хотя мои исследования начались всего за шесть месяцев до событий 11 сентября. В течение 12 лет я наблюдал, как страх выходит из-под контроля в семьях, и видел, как мы делаем все возможное, чтобы защитить себя и наших детей от неопределенности в современном мире - как через мою исследовательскую призму как профессора колледжа, так и через призму того и другого. я родитель и ученик.

К нам приходят студенты, которые никогда раньше не сталкивались с реальными трудностями и поэтому чувствуют себя беспомощными и безнадежными. Один из самых захватывающих аспектов — наблюдать, как эта игра разворачивается прямо перед ними.
Мой опыт работы в этой области научил меня, что люди с искренней надеждой часто обладают еще одной характеристикой: исследование К. Р. Снайдера из Канзасского университета в Лоуренсе показывает нам, что надежда возникает в борьбе.

Ваше письмо действительно поразило меня такими поистине захватывающими предложениями, как это.

Надежда — это не эмоция; скорее, это когнитивный и поведенческий процесс, который мы развиваем, сталкиваясь с трудностями, выстраивая доверительные отношения и приобретая веру у других в наши способности выйти невредимыми из трудных ситуаций.

Это отличается от нашей склонности слепо верить своим детям и как можно дольше игнорировать боль. Но ведь мы понимаем наше желание создать удивительный мир, жизнь и опыт для тех, кто нам дорог?

Но мы часто упускаем из виду красоту. Некоторые из моих самых ценных воспоминаний в жизни связаны с вспышками борьбы, которые я никогда не считал возможными; моменты, когда я думаю: «Бог создал меня таким человеком», — это моменты, которых я не ожидал и не ожидал.

Надежда разбивается на пути к чистоте сердца; надежда – это результат борьбы. Я спросил биолога-эволюциониста Дэвида Слоана Уилсона, есть ли что-то бессмысленное с точки зрения эволюции в том, что люди иногда прогрессируют, заново изучая вещи, которые мы когда-то знали, но забыли, например, источники пищи или зеленые насаждения в повседневной жизни; нечто подобное могло бы применяться, например, к человеческим изобретениям; возможно, нам нужно понять, что борьба — это часть взросления; Откройте для себя настоящую еду или зеленые насаждения, это может добавить яркости в повседневную жизнь или найти утешение, зная, что наш вид остался. Его ответ? Вот его объяснение: рыбы не живут вне воды, не выживут и не будут процветать; Человеческие изобретения могут сделать то же самое, заново изучая вещи, которые когда-то были известны и забыты. Вот его ответ - то, чего рыбы не делают естественным образом: вылезайте из воды и больше не выживайте и не процветайте, как люди, изучая то, что мы когда-то знали, прежде чем забыть то, что мы когда-то знали, прежде чем мы забудем то, что мы знали и забыли, прежде чем выйти на берег. воды и больше не выживают и не процветают точно так же, как рыбы могут выбраться из воды и больше не выжить и не процветать, точно так же, как люди разработали умные изобретения, сделали в точности эквивалент посредством изобретений, могут делать это бесчисленными умными способами, поэтому переучивание Борьба играет в взрослении, открытии заново настоящей еды или поиске утешения в знакомстве с нашими собратьями в массе - с общей жизнью, обеспечивая при этом зеленые пространства, оживляющие совместную жизнь, или комфорт от знания своих товарищей, которые переучиваются что-то делать, вырываясь из времени или просто знание того, что мы знали раньше, можем теперь; рыба не может! Когда мы находимся вне воды, мы больше не можем выжить/тогда просто не выживем/тогда в конечном итоге мы совершим аналогичный эффект, чтобы уничтожить себя. Вот все умные способы на любой вкус. повторное изучение того, что дает наша ролевая борьба, когда мы узнаем, что узнавая друг друга, мы улучшаем себя, лучше узнаем друг друга, например, знакомимся, зная так же в обычной жизни, не зная друг друга, зная, что нам комфортно знать все, если это необходимо / снова узнает / узнает так быстро и так удобно Знание другого, возможно, все же может дать утешение, известное заранее, или утешение, зная, что другие очень хорошие, на самом деле это переобучение (или просто знание). В сокращении воды это могло бы быть. на Соседи, эти изменения следует рассматривать не как поворот вспять, а скорее как пробуждение к тому, что нам нужно с точки зрения эволюции и духовного человечества. Восстановление элементов, необходимых для выживания и жизнеспособности, является шагом в правильном направлении; еще один способ говорить о мудрости, когда эволюция раскрывается обратно в себя.

* * *

Меня воодушевляет то, что устойчивость стала частью нашего современного языка – от городского планирования до психиатрической помощи. Устойчивость предлагает альтернативу простому прогрессу и устойчивости, признавая при этом, что на этом пути дела могут пойти наперекосяк. Все наши решения со временем изживут свою полезность. Мы будем устраивать беспорядок, и на нашем пути возникнут разрушения, которых мы не вызывали и не ожидали - это просто часть жизни! Эта драма существования держит нас на земле. Воспитание жизнестойких людей или городов предполагает привитие образа мышления, предвидящего трудности, и понимания неизбежной уязвимости. Устойчивость как концепция и стратегия учитывает реальность нашего бытия и жизни, что делает ее вдохновляющим руководством для создания процветающих систем и обществ. Устойчивость переходит от оптимизма, основанного на желаниях, к надежде, основанной на реальности. Устойчивость можно определить как значимое и устойчивое счастье, не зависящее ни от временных состояний совершенства или удовлетворения, ни от эмоциональной реакции на обстоятельства в данный момент, а как подход к жизни, охватывающий все эмоции и переживания, светлые и темные, которые в сумме составляют сама жизнь. Устойчивость требует быть проактивным, но прагматичным, оставаясь при этом скромным: признание того, что ему нужна поддержка со стороны других людей так же, как и преодоление неудач, - интеграция этого в то, что произошло до сих пор.

Эндрю Золли – один из тех, кто ответственен за популяризацию этого термина в предпринимательском жаргоне; он возглавлял возрождение сообщества социальных предпринимателей PopTech в течение десяти лет; теперь он советует проводить расследования о состоянии человека в таких местах, как Facebook. Держа руку на пульсе нашего коллективного пробуждения к последствиям новых научных и культурных представлений между столетиями, Золли находится в авангарде пробуждений от новых научных и культурных представлений между одним веком и другим.
Послушайте разговор между Эндрю Золли и Эндрю Толлиссом.

Что-то из того, что вы сказали, что действительно привлекло мое внимание, это ваш призыв к системам, которые могут «изящно выйти из строя». Например, эта идея очень актуальна при рассмотрении таких событий, как экономический спад 2008 года или ураган Катрина; однако мы редко думаем подобным образом в отношении наших институтов и того, как они управляют и организуют общую жизнь. Эта концепция имеет смысл.

Это правда. Частично это связано с нашим ошибочным убеждением, что мы можем избежать неудач; что каким-то образом, с помощью инженерных разработок или планирования, это можно предотвратить. Мой личный путь начался в 1990-е годы – сейчас интересно оглянуться на то, что происходило тогда. Советский Союз пал, мы не воевали, Интернет процветал, и люди публиковали книги с такими названиями, как «Конец истории». История в том виде, в котором мы ее знали, закончилась – как будто мы посетили изысканную вечеринку перед тем, как все ушли, а я ушел из дома; это произойдет и в моей жизни не в последний раз - борьба будет ограничиваться экономикой и творчеством, а не физическими ресурсами; чтобы между народами не возникало настоящих войн; мы вышли за пределы этой точки.

Все пойдет вверх; ничего бы не упало.

Это верно; действие законов физики было приостановлено, и мы были заняты тратой мирных дивидендов. Сравните это с тем, что произошло с тех пор, что, по мнению многих, началось с впечатляюще успешного глобального террористического акта, за которым последовали огромные, дорогостоящие, сложные и болезненные дела международного значения, на разрешение которых ушли годы.
История, вероятно, будет вспоминать это десятилетие как одно из худших, когда-либо существовавших в американской истории; не потому, что нам всем это понравится, а скорее из-за того, как быстро все перешло от относительного спокойствия к настоящему разрушению, чему-то, что просочилось в культуру. Таким образом, при рассмотрении корректного отказа первой предпосылкой должно быть следующее: отказ является неотъемлемым, здоровым, нормальным и необходимым в сложных системах.

Чрезмерные усилия и неудачи неизбежны, когда дело касается решения проблем и обслуживания. Инноваторы и активисты всех времен переживали выгорание так же, как и эксперты по ядерному оружию, с которыми я работал, когда мне было 20 лет. Существует тонкая грань между помощью в спасении мира и формированием других в наших собственных целях, пусть и с благими намерениями. Предпринимательство, включая социальное предпринимательство, иногда может вызывать мысли о человеке, который сделал себя сам: об этом благородном, но потенциально обреченном на провал импульсе попытки спасти мир с помощью одного человека. Однако моя собственная надежда связана с теми, кто моложе среди нас, особенно с молодыми людьми, которые, как я видел, преуспевают и адаптируются к переменам неожиданным и устойчивым образом. Основная группа среди них готова подавать пример и эффективно и устойчиво меняться. Кортни Мартин, выдающийся и харизматичный идейный лидер и активистка тридцати с лишним лет, понимала, насколько сложным и разочаровывающим может быть «спасение мира» в свои 20 лет, и отвергла присущую ему логику, которая разделяла человечество на «спасителей» и тех, кто нуждается в спасении, предполагая, что мир может быть разделен соответствующим образом. Кортни пишет: «Наша цель в жизни не в том, чтобы спасти мир, а в том, чтобы существовать в нем, несовершенные и жестокие, любящие и смиренные. Куда бы я ни обратился, Кортни и ее сверстники учатся как рефлексивно, так и активно – быть служением старейшин, а также сделать возможными новые реальности.

Эйнштейн рассматривал духовную гениальность как противовес технологическому прогрессу — эффективное средство использования науки, не нанося ущерба обществу из-за безответственного применения. Сегодняшняя мудрость сочетается с технологией; Интернет — это наша версия расщепления атома. Он обладает огромными полномочиями, одновременно опасными и многообещающими, способными разрушить традиционные учебные заведения, такие как университеты.
Древние и первобытные виды человеческой деятельности, такие как созидание, лидерство, принадлежность и обучение. Больше всего меня беспокоит и усложняет мою оценку нашего современного мира то, как Интернет рассеивает энергию и инициативы, которые он делает возможными. Сет Годин тоже прекрасно осознает эту опасность. Но, глядя на жизнь через призму Интернета, он также видит, что теперь мы обладаем беспрецедентной способностью расширяться за пределы того, о чем люди раньше могли мечтать. Теперь мы познаем себя не только благодаря общению с другими людьми, выходящими за рамки родственников и племени. Теперь у нас есть и средства, и свобода формировать наши собственные племена, связанные страстью и служением, независимо от родословной или географии. Эти виртуальные племена служат цифровыми аналогами концепции критических дрожжей Джона Пола Ледераха; они могут катализировать то, что известный антрополог Маргарет Мид назвала «эволюционными кластерами».

Существует так много цифровых племен, соединяющих интеллект с мудростью в пространстве, киберпространстве и времени. «Хакеры Бенедикта» Натана Шнайдера — лишь один из примеров; Блог Марии Поповой Brain Pickings — еще одна такая история.

Послушайте этот увлекательный диалог между Марией Поповой и автором.

Мои дни обычно заполнены стопками книг, письмами, дневниками и старыми книгами по философии, написанными мыслителями прошлых лет. Есть такой нью-эйджовский термин «духовное перевоспитание», который на мой вкус кажется слишком хипповым, хотя есть аспект, который мне кажется привлекательным: забота об этих ушедших мыслителях и в то же время передача их мудрости молодым умам по мере продвижения по пути. перевоспитания поколений прошлых и нынешних.

Мария Попова родилась в Болгарии во времена железного занавеса, когда все представления о душе были изгнаны. Но Мария тем не менее нашла для них голос.

Выросшая в квартире, заставленной книгами, ее бабушка и дедушка, она до сих пор изучает маргиналии в его книгах как форму духовной поддержки. Покинув Европу после Второй мировой войны, она выбрала для учебы Америку. Работая в офисе, чтобы оплатить обучение в колледже, Мария начала публиковать информационный бюллетень по электронной почте для коллег в офисе, в котором еженедельно обсуждались идеи. Я думаю, что центральноевропейские корни Марии дают ей откровенную веру в силу идей – что не так уж распространено здесь, в Америке! И каким-то образом ей удается использовать технологические инструменты на службе традиционной мудрости. К тому времени, когда я встретил Марию в 30 лет, она уже занималась этим 10 лет; Brain Pickings получил широкое признание и подчеркнул искупительный потенциал технологий; Как и Брене Браун, Мария раскрыла обширный словарный запас надежды, исследуя, казалось бы, разрозненные вопросы.

Послушайте аудиоразговор между Марией Поповой и писательницей Анной Белл.

Ваша работа, кажется, привлекает людей своим вдохновляющим качеством, а не «подрывным». У нас есть все эти предположения о молодых людях, что в них нет места глубине; что им следует брать вещи только небольшими кусками; тем не менее, вы открываете людям эту истину: они хотят, чтобы их мозги были напряжены. Я считаю, что в вашей работе есть что-то особенное и щедрое в вас как в человеке. Есть ли какое-нибудь объяснение этому феномену?

Что ж, я полагаю, что есть определенные основные убеждения, которые мне дороги. Одно из таких убеждений фокусируется на взаимосвязи между цинизмом и надеждой: критическое мышление без надежды равно цинизму, а надежда без критического анализа ведет к наивности. Поэтому я пытаюсь сбалансировать их обоих; жизнь где-то между этими крайностями позволяет мне строить свою жизнь на твердой основе, а не поддаваться цинизму как выражению смирения; механизм самозащиты в этом случае.

В то же время, опора только на надежду приводит к смирению, поскольку у нас нет стимула что-либо менять к лучшему. Я считаю, что для процветания как личности, так и цивилизации, критический анализ должен сочетаться с надеждой.

Часто кажется, что ваш контент для Brain Pickings обеспечивает баланс между своевременностью и вневременностью, что выдерживает испытание временем.

Большая часть культуры сосредотачивается на том, что срочно, а не на том, что должно быть приоритетом в общей схеме вещей, что приводит к возникновению своего рода смещения времени или предвзятости презентизма.

Презентизм. Я люблю это.
Отчасти это связано со структурой Интернета — от лент Twitter и лент Facebook до новостных веб-сайтов, — где самые последние новости всегда всплывают вверху в обратной хронологии, что заставляет нас думать, что недавние более значимы или имеют значение. меньше, заставляя нас ошибочно полагать, что все, что происходило или существовало раньше, больше не актуально и не важно - даже если оно действительно имеет значение или вообще существует. Таким образом, это привело к нашей убежденности в том, что все, что не отображается в Google или новостях, не существует, или существует, или не существует вообще – и все из-за этой обусловленности!

Красота Интернета заключается в его способности к самосовершенствованию; но до тех пор, пока он остается средством массовой информации, финансируемым за счет рекламы, его единственной мотивацией останется коммерческая деятельность – совершенствование списков, слайд-шоу и оракулов, а не обогащение пользователей гуманистическими ценностями и идеями.
Энн Ламотт упомянула Эмили Дикинсон, обсуждая важность надежды. Эмили Дикинсон написала, что надежда мотивирует наши действия в направлении прогресса, а «надежда вдохновляет проявлять добро».
«Когда люди говорят, что Интернет — это самосовершенствующийся организм, они часто имеют в виду, что рассматривают технологии как место, где человеческий дух может процветать и углубляться — этот язык редко встречается при обсуждении нашей жизни с технологиями.

Имейте это в виду: это все еще очень молодые средства массовой информации, мы еще не прожили с ними даже одного поколения, и, как и в любой области, которую мы исследуем с новаторским рвением, вероятно, будут как хорошие, так и плохие результаты. К сожалению, мы узнаем, как все обернулось, гораздо позже; но в то же время важны ежедневные решения, которые мы принимаем, и их волновые последствия; Я надеюсь, что в конечном итоге люди восстанут против вещей, которые больше не служат их духовным, интеллектуальным или творческим потребностям.

И мы являемся свидетелями этого на каком-то уровне. Молодое поколение (не обязательно с точки зрения возраста, а скорее люди, недавно вышедшие на сцену Интернета) похоже, более охотно, чем старшее поколение, платит за версии публикаций без рекламы или ограничивает то, с чем они взаимодействуют, и признает, что создание качественных публикаций требует времени, размышлений, усилий, ресурсов и приверженности всех заинтересованных сторон; кроме того, принятие решений на основе того, как что-то заставляет вас чувствовать, и его общий вклад в коллективный послужной список человечества становится все более заметным среди этой возрастной группы.

Слушая интервью Джимми Уэйлса, основателя Википедии, я услышал, как он утверждал, что люди вносят свой вклад бесплатно, потому что хотят сделать что-то полезное со своим временем. Я согласен и уже давно считаю, что это правда: люди в современном обществе жаждут чего-то, что облагораживает свое время, чего-то, что трудно измерить количественно с помощью утилитарных ценностей, таких как полезность. Мое основное убеждение заключается в том, что большинство из нас хотят творить добро, что люди предпочитают добродетель пользе больше, чем любая другая объективная мера. Я твердо верю, что люди хотят добра превыше любой другой цели, и уверен, что это явление существует среди всех нас.

При этом мы все стремимся стать лучше, развиваться, расти духовно – эта среда дает надежду в этом отношении.

Никто не видит мир таким, какой он есть; это потому, что каждый из нас вносит в него что-то уникальное. Уильям Джеймс сказал: «Мой опыт — это то, чему я согласен уделять внимание, и только те вещи, которые привлекли мое внимание, сформировали мое мнение». Выбирая, как мы находимся в мире, и выбирая, как мы вносим свой вклад, наш опыт и вклад определяются нами, формируя не только внутренний, но и внешний мир, но, в конечном итоге, и нас самих. Для меня это лежит в основе духовного пути – не утомительная, а обнадеживающая мысль, которая заняла у меня годы личного развития!

* * * Надежда необходима для поощрения появления добра. Он воспринимает добро как элемент самой жизни: обращает внимание на то, что хорошо. Эта фраза впервые пришла мне в голову через забавную статью в New York Times, опубликованную несколько лет назад накануне Дня Благодарения. Научные исследования ясно продемонстрировали пользу практики благодарности для здоровья; просто подсчитывать все хорошее за каждый день, включая даже то, что вы пытаетесь сделать. Это дало замечательные, измеримые результаты: более крепкий сон, большее душевное спокойствие, снижение уровня тревоги и депрессии, более доброе поведение и в целом более высокую удовлетворенность жизнью. Новое исследование продемонстрировало этот эффект, показав, как чувство благодарности снижает вероятность того, что

люди станут агрессивными, когда их провоцируют; что может помочь объяснить, почему так много зятьев пережили День Благодарения без серьезных травм».

Подобно надежде и доброте, благодарность может показаться невинной и лишенной веса. Как и счастье, его часто неверно представляют как статичное состояние, с которым человек либо рождается, либо нет; благословлен или нет. Лично для меня произнесение этого слова иногда может показаться неэффективным, но если почитать его как мудрость, оно становится намного богаче – привычка радоваться, веселиться. Хвала – это еще одна форма благодарности, встречающаяся в духовных традициях, таких как христианские псалмы, которые выражают наш опыт перехода от унижения к славе, даже когда мы сталкиваемся со страданиями. Похвала может действовать аналогичным образом, поскольку она действует аналогичным образом в еврейских библейских псалмах, которые озвучивают человеческие переживания, например, те, которые связаны со страданиями, через псалмы, выполняющие функцию хвалы, которые озвучивают каждый наш человеческий опыт, от унижения до блаженного удовлетворения.

Однако псалмопевец настаивает на том, что сегодня действительно Божий день, призывая своих читателей радоваться и радоваться ему.

Мои детские воспоминания не содержат в себе много утешительных мыслей; тем не менее, я до сих пор помню, как с радостью и облегчением прислушивался к некоторым отрывкам из Библии во время сильной, но непризнанной депрессии в моей семье, когда я рос. Я запомнил несколько прекрасных поэтических строк, написанных святым Павлом для молодой церкви в Филиппах: «Наконец, возлюбленные, все, что истинно, честно, справедливо, чисто и приятно, может быть похвально или достойно похвалы — что бы это ни было, подумайте о них внимательно». . «Делай то, что Я сказал и показал тебе, и Господь мира будет с тобой». Этот рецепт умственной и духовной устойчивости уже прошел два тысячелетия научных исследований, и в результате этих испытаний духовная технология стала светской духовной технологией.
Тем не менее, все это заставляет задуматься, почему что-то столь естественное и освежающее, как принятие добра, где бы и когда бы мы его ни видели, вообще требует каких-либо дополнительных усилий - зачем ему нужны все эти слова. Позитивное отклонение — это подходящий социально-научный термин для описания людей, которые идут вразрез с ожиданиями, созданными эволюционным взглядом на развитие человечества «выживает наиболее приспособленный». Моя карьера, которую я глубоко ценю, часто неверно

истолковывает то, что истинно, благородно, справедливо, чисто, приятно, похвально, превосходно, как положительное отклонение; это представляет собой действие обратного морального воображения. Всех, кого я упомянул в этой книге, можно считать положительными девиантами, которых предсказания судьбы легко списать на исключение из человеческих правил. И теперь я слышу критику за выбор Brain Pickings в качестве примера того, что делает возможным Интернет, когда изобилие порнографии, насилия и банальности в киберпространстве настолько очевидно.

Реальность — это и/и. В частности, как отмечает Мария Попова, Интернет все еще находится в зачаточном состоянии и представляет собой новый способ взглянуть на наше человеческое состояние и все его противоречия – такие как спасение и грех – с цифровой скоростью и вирусным тиражированием. Более того, оно действует как увеличительное стекло на все мыслимые человеческие склонности — будь они красивыми или ужасными, тривиальными или подлыми, щедрыми и любопытными.

Обратите внимание, как это осознание возвращает нам контроль над тем, как технологии повлияют на нас, возвращая власть в наши руки и показывая, как даже самое крайнее проявление зла способно привести к личной трансформации и размышлению. Обратите внимание, как осознание этого возвращает нам силу; мы можем решить, какой путь изберут технологии в формировании нас, и увидеть, как даже самое радикальное проявление его разрушительных возможностей Интернета часто может служить источником облегчения и исцеления.

Киберпространство заставляет нас противостоять издевательствам, которые уже давно существуют в физическом пространстве, где растут наши дети. На протяжении веков высшие слои западной цивилизации активно или пассивно терпели это как неизбежную часть взросления немногих несчастных; но наблюдение за тем, как его последствия разворачиваются на холсте Интернета, сделало издевательства невыносимыми, что на этот раз привело к изменению осведомленности о них; обучение детей тому, как предотвращать случаи издевательств, и одновременно инициировать кампании, направленные на то, чтобы навсегда положить конец издевательствам, что знаменует собой моральный переломный момент в истории.

За последние месяцы, когда я заканчиваю писать эту статью, прибыл драгоценный груз: лица и жизни, которые стали резко рельефнее благодаря способности технологий раскрывать нашу темную сторону в непосредственной, грубой детали. В число таких имен входят Кайла Мюллер, Деа Шадди Баракат, Юсор Мохаммад Абу-Салха, Разан Мохаммад Абу-Салха и Клемента Пинкни, чья жизнь показывает, кем мы все можем стать, изменив взгляды и решимость. Я помню их здесь, потому что их жизни представляют собой более масштабные искупительные истории о том, кем мы можем стать с каждым сделанным шагом вперед.

Кайла была взята в заложники боевиками ИГИЛ, когда выходила из клиники «Врачей без границ» в Сирии, и умерла 18 месяцев спустя. Деа и Юсор были женатыми студентами-стоматологами в Университете Северной Каролины, а Разан, невестка Юсора, была начинающим режиссером, обучавшимся в штате Северная Каролина. Все четверо вовлеченных молодых американцев были обычными людьми, рядом с которыми мог бы оказаться каждый из нас, — соседями, которых мы, возможно, знаем, и представителями поколения, которого мы часто отвергаем как потакание своим прихотям.

Моя естественная реакция — избегать новостей о страданиях, чувствуя себя беспомощным, чтобы помочь или облегчить их. Но меня заворожила изысканная медитация на Деа, Юсора и Разана моего исключительного друга и коллеги Омида Сафи – исламского ученого и религиозного педагога. Деа и Юсор ожили для меня благодаря фотографиям Юсор в свадебном платье за несколько мгновений до смерти; отчет о том, как Деа и Юсор использовали стоматологию как форму помощи беженцам в Турции, а также соседям здесь, в Северной Каролине; затем переходим к захватывающему, но глубоко вдохновляющему видео Разана, в котором десятки молодых американцев-мусульман из Университета Северной Каролины с улыбками, смелостью и с трудом завоеванной надеждой - включая лица самого Разана! Сегодня мы все еще видим многих, кто в каждой позе делает мощные заявления: они представляют все наши голоса, эхом разносящиеся во времени и пространстве:

«Было бы неискренне утверждать, что мое поколение отстранено и безразлично.

«В будущем я надеюсь стать частью инклюзивного сообщества, которое я построил сам».

Письма Кайлы Мюллер домой были свидетельством мудрости и изящества, далеко не по годам, о чем свидетельствует ее блог: «Это действительно дело моей жизни: идти туда, где есть страдания». Как и все мы, я учусь справляться со страданиями в мире внутри себя – управлять своей собственной болью, сохраняя при этом активную роль в обществе. Следуя своему призванию, она начала работать волонтером в таких организациях, как Amnesty International и Big Brothers/Big Sisters, а также Big Brothers/Big Sisters в ее родном городе. Кроме того, она служила от Индии до Гватемалы, прежде чем оказаться в Сирии; во время плена она написала родителям письмо, которое напомнило мне о моем чтении мистиков, таких как Юлиан Норвичский или Мать Тереза:

ее письмо напомнило мне о необходимости без промедления выполнить ее миссию!

«В моем опыте я пришел к такому моменту, когда во всех смыслах этого слова я полностью отдал себя нашему Создателю, потому что мне буквально больше нечего было делать... и благодаря Богу и вашим молитвам мне удалось чувствовал себя комфортно даже во время падения.

«Вы показали мне свет во тьме + я узнал, что даже в тюремных стенах можно найти свободу. За это я искренне благодарен».

Чтобы внести ясность: письма Кайлы никогда бы не попали в такие газеты, как Guardian и Washington Post, если бы она не умерла в плену; и мы бы не смотрели на YouTube видеоролики с участием Юсора, Разана и Деа из Северной Каролины, если бы они не были там убиты; и у меня не было бы возможности развивать такие интимные связи без технологий, которые так часто отвлекают меня в повседневной жизни.

Поэтому я спрашиваю себя, как я могу выйти за рамки воспоминаний? Как я могу признать эти жизни даром и выразить свое почтение в ответ?
Как мой опыт соотносится с жизнью, которую мне посчастливилось продолжать? Как мы можем – я свободно использую слово «мы» – присутствовать и поддерживать все прекрасные жизни, которые все еще продолжаются, чтобы помнить о тех, кого мы потеряли, и одновременно чтить тех, кто все еще среди нас?

Клемента Пинкни умерла в год трагических событий для чернокожих мужчин (и женщин) по всей Америке, часто от рук полиции. Он вполне может войти в историю как один из тех, кто ответственен за окончательное снятие флага Конфедерации со столиц штатов в Южной Каролине и Алабаме, спустя 150 лет после его развертывания во время окончания Гражданской войны в США. Оглядываясь назад, Клемента Пинкни, кажется, прожила свою жизнь быстро; от рукоположения в 18 лет до членства в Палате представителей Южной Каролины в 23 года, что сделало его самым молодым человеком, когда-либо избранным сенатором штата, - две вехи, которые нельзя отрицать, о чем свидетельствуют его карьерные достижения. Он был выдающимся государственным служащим в качестве постоянного служителя церкви Эмануэль AME в Чарльстоне, духовном сердце города. К сожалению, именно в этой церкви он и восемь сияющих членов его общины были убиты молодым белым человеком, которого они пригласили на изучение Библии по вечерам в среду.

«У нас есть выдающаяся возможность пролить свет и понимание на этот процесс, давая себе возможность видеть по-новому».
Наш мир наполнен тихой красотой и смелостью повседневной жизни, прожитой с добротой. Каждую минуту миллионы молодых и старых людей приносят жертвы ради служения другим и рискуют надеждой на улучшение – эта доброта имеет значение; пусть это влияет на нашу реальность больше, чем заголовки о насилии; примите его свет во тьме, как это сделали Разан, Деа, Юсор Кайла Клемента и их родственные души. Поиск добра, где бы и когда бы оно ни появилось, открывает новые окна в саму жизнь.
* * *

Меня пригласили в Янгстаун, штат Огайо, чтобы поделиться тем, что я узнал о создании новых диалоговых пространств и отношений на фоне проблем, которые нам нужно решать творчески, и тех, которые мы до сих пор не можем назвать. Янгстаун начинался как промышленный центр, но давно пережил тяжелые времена; поколения средств к существованию и самоуважения теряются из-за бедности, поскольку более половины детей Янгстауна сейчас живут за ее пределами. Моя речь в епископальной церкви душным и ненастным пятничным вечером в июне собрала аншлаг. После выступления я внимательно слушаю, как люди делятся историями, вопросами, ответами и мудростью — как в тот вечер, так и в следующий. Шаг за шагом они конкретизируют то, что я чувствовал в той комнате, прежде чем кто-то установит связь: это сообщество одновременно умирает и возрождается».

Их история — это наша история; что каждое сообщество семьи, места и родства мы формируем во времени и пространстве. Слишком часто нам трудно поверить в то, что после утраты наступит возрождение, однако история учит нас иному. Иногда, сталкиваясь с выбором относительно того, что будет дальше, мы можем чувствовать себя бессильными или растерянными, не зная, с чего начать. Однако именно тогда, когда мы позволяем нашим самым глубоким вопросам и самым чувствительным эмоциям выйти на поверхность среди нас, мы становимся способными пережить их вместе, а не отворачиваться. Одновременно уязвимое и сильное человечество является свидетелем существования нашего подросткового вида. Мудрость возникает именно тогда, когда мы должны объединить, казалось бы, противоположные реальности и удерживать их в творческом напряжении: сила и хрупкость, рождение и смерть, боль и надежда, красота и разбитость, тайна и убежденность, спокойствие и жизнерадостность... все это способствует созданию мудрости. .
Моя жизнь в диалоге, как и поэзия, является данью уважения невероятной способности человечества выражать истину, превосходящую то, что могут выразить слова. В заключение это письмо заставляет меня бояться и трепетать

перед всем, что осталось невысказанным или невыраженным в моих словах, - осознавая их необходимое смирение.

Смирение – еще одна добродетель, которую стоит отметить здесь, и которую можно найти на протяжении всей жизни, отмеченной мудростью и стойкостью. Хотя его значение со временем вышло из моды, разговоры о смирении помогли мне заново открыть для себя его важность. Подобно юмору и красоте, смирение смягчает нас к гостеприимству и вопросам, а также ко всем другим добродетелям, упомянутым выше.

Духовное смирение не предполагает принижения себя, унижения или умаления своей ценности, а, скорее, приближения ко всему и каждому с желанием увидеть добро и удивиться. Иисус аплодировал этому, поскольку оно демонстрировало детское смирение, в то время как научные и мистические деятели демонстрировали аналогичные атрибуты почтения к другим легкими шагами, без тяжести на сердце.

Легкость — это мой главный тест на распознавание мудрости, когда я вижу или ощущаю ее в мире или в себе. Вопросы, которые могли бы вести нас, уже ждут, чтобы их исследовали и воплотили в жизнь - это радость и привилегия вызывать их, внедрять в наши чувства, тела, места, где мы живем, и помогать исцеляться с их помощью, брать на себя ответственность за их исцеление. как приключение или призвание, утверждайте, что наша любовь друг к другу является приключением или призванием, восхищайтесь реальностью, которая заложена внутри нас, одновременно наслаждаясь ее необъятностью - наконец, держась за что-то прочное, но устойчивое, называемое надеждой, способно изменить все навсегда!

Искусство и тайна жизни огромны. Но они в пределах досягаемости: просто начните спокойно искать всю благодать, красоту, исцеление и внимательность, доступные в этот момент и в следующий.

КОНЕЦ